Birgit Fenderl
Anneliese Rohrer

Die Mutter, die ich sein wollte.
Die Tochter, die ich bin.

Birgit Fenderl / Anneliese Rohrer

Die Mutter die ich sein wollte
Die Tochter die ich bin

braumüller

Bibliografische Information der Deutschen Nationalbibliothek
Die Deutsche Nationalbibliothek verzeichnet diese Publikation in der
Deutschen Nationalbibliografie; detaillierte bibliografische Daten
sind im Internet über http://dnb.d-nb.de abrufbar.

1. Auflage 2018
© 2018 by Braumüller GmbH
Servitengasse 5, A-1090 Wien
www.braumueller.at

Druck: EuroPB, Dělostřelecká 344, CZ 261 01 Příbram
ISBN 978-3-99100-255-0

Für Anna und Katharina

Inhalt

Einleitung 9

Christine und Cornelia Wallner
  – Neue Heimat Afrika 19

Sanja, Dorothea und Patrizia
  – Gleiche Pole ziehen sich nicht an 33

Interview mit Bundesministerin Ursula von der Leyen
  – „Entscheidend ist die Zufriedenheit mit der
  eigenen Lebenssituation" 47

Hanna Ibrahim und Menerva Hammad
  – Der Aha-Effekt des Lebens 64

Maria
  – „Die Besuche bei meiner Mutter
  sind wie eine rituelle Teufelsaustreibung" 78

Helga und Franziska König
  – Wer denkt an die Kinder hyperaktiver Mütter? 95

Alexandra und Nejat Mantler
  – Angekommen 106

Interview mit Daniela Dantas-Fischleders
  – Klangwelt Mutterleib 124

Proschat und Sonja Madani
– Zwei Mütter sind eine zu viel 131

Susanne und Saskia Jungnikl
– Zwei Anrufe, die alles verändern 144

Interview mit Michaela Novak-Chaid
– Meine Tochter ist mein Coach 159

Margareth und Marcela Buschwenter
– Hundert Jahre Zweisamkeit, oder? 171

Elisabeth und Caroline Erb
– Die Freiheit, die sie meinen 189

Yuriko und Maiko
– „Die Pubertät meiner Tochter war
die schlimmste Zeit meines Lebens" 206

Doris und Olivia Rose
– Rituale als Anker...223

Helga, Vroni und Fini Male
– Das Weggehen hat uns gerettet 232

Monolog einer Mutter über ihre besondere Beziehung zur ältesten Tochter
– „Damit habe ich nicht gerechnet"........................250

MAMA MIA!

Es ist bitter kalt. Wir frieren. Der Zugang zur Zentrale der Sozialdemokratischen Partei Österreichs ist versperrt. Der erste Stock des Gebäudes in der Wiener Innenstadt ist hell erleuchtet. Dort fällt im Vorstand der Regierungspartei die Entscheidung über das, was später unter „die Wende" in der österreichischen Innenpolitik bekannt werden wird. Wird es SPÖ-Chef Viktor Klima gelingen, seine Partei auf eine Fortsetzung der Koalition mit der Österreichischen Volkspartei einzuschwören oder nicht? Stunden verrinnen in dieser Nacht vom 20. auf den 21. Jänner 2000.

Zusammen mit unzähligen Journalisten, Fotografen und Kameraleuten warten wir vor dem Haus Löwelstraße 18 auf ein Ende der Sitzung und einen Beschluss der Partei. Mitternacht, ein Uhr früh, zwei Uhr, drei Uhr. Die Stimmung ist angespannt. Wir sind erschöpft. Es passiert nichts. Irgendwann in dieser Zeit kommt es zu einem „Vorfall", der uns viele Gespräche und viele Jahre später dazu brachte, gemeinsam dieses Buch zu schreiben. Denn während wir beide, zitternd vor Kälte und müde vor Langeweile, zur nächsten Zigarette greifen, kommt plötzlich Bewegung in die wartende Meute. Ein Kameramann, unweit von uns entfernt, schultert sein Gerät und richtet das Objektiv in unsere Richtung aus. Plötzlich ist die Müdigkeit verflogen. Wir sind hellwach. Rauchen vor laufender Kamera? Niemals! Schnell weg mit der Zigarette. Meine Mutter darf nicht sehen, dass ich rauche! Meine Tochter darf nicht wissen, dass ich wieder angefangen habe! Es ist vier Uhr früh. Die Sitzung ist zu Ende, die amtierende Regierung Geschichte.

Im Nachhinein wussten wir, dass unser kurzer Dialog ein großes Thema angerissen hat. Eines, das viele Frauen ein Leben lang beschäftigt. Wir haben uns damals und auch kurz danach nicht mehr darüber unterhalten, was dieser Reflex einer Mutter und einer Tochter zu bedeuten hatte. Das große Thema war das Ende sozialdemokratischer Regierungen nach dreißig Jahren. Viele Wochen und Monate lang. Der „Vorfall" geriet in Vergessenheit. Er gab aber Jahre später den Anstoß, sich mit der Vielfalt, der Komplexität, der oft lebensentscheidenden Konsequenz der Mutter-Tochter-Beziehungen näher zu beschäftigen.

Diese „Mutter aller Beziehungen", wie sie in der Psychologie oft bezeichnet wird, prägt maßgeblich Biografien von Frauen. Beziehungsmuster, Karriereweg, Familienplanung – sobald Frauen darüber reflektieren, führt es sie meistens zurück zu ihrer Mutter. Zum Rollenbild, das ihnen ihre Mutter vorgelebt hat. Zur bedingungslosen Mutterliebe, die sie bekommen haben oder eben nicht, mit Auswirkungen auf ihr gesamtes Leben. Zu viel Liebe oder zu wenig, zu streng oder zu liberal – im Zweifelsfall sind die Mütter schuld. Und wenn Töchter dann selbst Mütter werden, geht diese unendliche Beziehungsgeschichte in die Fortsetzung. Dann verändert sich der Blick auf die eigene Mutter und Frauen staunen, wie ähnlich sie als Mutter ihrer eigenen Mutter werden oder wie sehr sie sich selbst als das Gegenmodell definieren. Nicht alle Frauen sind Mütter, aber alle Frauen sind Töchter – und bleiben, ob sie wollen oder nicht, ihrer Mutter gegenüber ein Leben lang in dieser Kinderrolle. Jetzt könnte man einwerfen, das gelte genauso für Söhne. Auch Söhne haben Mütter, auch Söhne erleben diese Urprägung durch die Mutter. Selbstverständlich! Genauso wie Väter und Töchter oder Väter und Söhne eine ganz wichtige, einmalige Beziehung miteinander haben können. Aber keine andere Eltern-Kind-Beziehung reicht in der Komplexität an jene zwischen Mutter und Tochter. Oder erzählen Männer, wie sie sich Abende lang mit Freunden über das Verhältnis zu ihrer Mutter unterhalten? Wohl nur wenige. Viele Frauen aber machen eine Therapie, um ihr Verhältnis zu ihrer Mutter und die Auswirkung auf ihr Leben besser zu verstehen. Töchter leiden unter ihren Müttern und umgekehrt. Andere Töchter und Mütter wiederum erleben eine ganz besonders intensive und schöne Bindung. Mütter, die von kleinen Mädchen wie ihr größeres Ich angehimmelt werden, werden spätestens in der Pubertät vom Podest gestoßen. Will ich mich als Frau einmal so ähnlich positionieren wie sie? Dem Partner gegenüber oder im Job? Oder kann ich mir vorstellen, mein Leben – so wie meine Mutter – ganz der Familie zu widmen? Mütter fungieren als Orientierungshilfen im Erwachsenwerden von Töchtern, Töchter als Projektionsfläche für Mütter, die ihre eigenen verlorenen Lebensziele bei ihren Töchtern gerne erfüllt sähen.

Das birgt Konfliktpotenzial. „Du bist wie deine Mutter", ein Satz, der von Töchtern selten als Kompliment aufgefasst wird. Denn bei aller Liebe, welche Tochter will schon als Kopie ihrer Mutter wahrgenommen werden? Mütter wiederum sehen sich gesellschaftlichen Erwartungshaltungen in ihrer Lebensrolle ausgesetzt. Lange Zeit galt es für Töchter fast als Tabu, ihre eigene Mutter zu kritisieren oder sie gar für Defizite im eigenen Leben verantwortlich zu machen.

Der Mythos der grenzenlosen Mutterliebe, der liebevollen Solidarität zwischen Müttern und Töchtern, verbat das. Kein Wunder, dass in den 1970er-Jahren das Buch „Wie meine Mutter" der amerikanischen Autorin Nancy Friday von der Kritik als „Buch wie ein Schock" rezensiert wurde, bevor es zum Bestseller avancierte. Das Buch ist ein schonungslos ehrlicher Blick auf das Verhältnis zwischen Müttern und Töchtern. So schreibt Friday: „Egal, wie wir das Netz von Emotionen zwischen uns und anderen weben, häufig ist es geprägt von dem Muster, das zwischen ihr und uns besteht. Viele der Beziehungen, die wir als Erwachsene führen, enthalten Elemente der Mutter-Tochter-Beziehung." Es war wie ein Befreiungsschlag für viele Frauen, die sich durch dieses Buch ermutigt fühlten, sich mit ihren Müttern ehrlich auseinanderzusetzen. Viel hat sich in den letzten Jahrzehnten verändert. Und doch beschäftigt viele erwachsene Frauen ein Leben lang die Frage, wie und ob sie den Erwartungshaltungen ihrer Mütter entsprechen, es sollten oder eigentlich gar nicht wollen.

Auch in Literatur und Film sind Mutter-Tochter-Storys stets ein guter Plot. Ob Elfriede Jelineks autobiografischer Roman „Die Klavierspielerin" oder jüngst der Film „Lady Bird" – Mutter-Tochter-Geschichten verlieren nie an Brisanz. Die Unterschiedlichkeit und Vielfalt der Beziehungen fasziniert. Und spiegelt Gesellschaftsbilder und Trends.

Sollte die Mutter früher für Töchter vor allem eine Respektsperson sein, werden Mütter und Töchter mittlerweile gerne medial als beste Freundinnen inszeniert.

Auf den ersten Blick kaum zu erkennen, wer Mutter, wer Tochter ist – eine attraktiver und jugendlicher als die andere. Aber kann das funktionieren? Vom Eltern-Kind-Verhältnis zu einer Begegnung auf Augenhöhe? Bleibt eine Mutter nicht immer in einer anderen Rolle, als wir es uns von einer Freundin erwarten? Muss dieses freundschaftliche Setting nicht zwangsläufig zu Enttäuschungen auf beiden Seiten führen?

Oder ist das alles völlig übertrieben? Sind Mutter-Tochter-Beziehungen einmal besser, einmal schlechter und die Auswirkungen auf das Leben von Frauen völlig überzeichnet?

Fragen über Fragen, die wir in diesem Buch sicher nicht beantworten werden. Nicht können und auch nicht wollen. Wir sind keine Therapeutinnen und haben auch keinerlei therapeutischen Ansatz. Wir sind Journalistinnen, die gelernt haben, genau hinzuschauen und gut zuzuhören. In vielen, sehr persönlichen Gesprächen sind wir in den vergangenen Jahren immer wieder beim Mutter-Tochter-Thema gelandet. Auch in der Beobachtung politischer und gesellschaftlicher Entwicklungen. Auf den Kern reduziert, erklären sich Verhaltensmuster von Menschen in ihren ersten Prägungen. Da landet man bei Frauen recht schnell bei ihrer Muttergeschichte. Das war Grund genug, uns dem Thema einmal ausführlicher zu widmen.

Unsere Perspektiven sind unterschiedlich – die eine könnte die Mutter der anderen sein, das gibt naturgemäß einen anderen Blick. Beide sind wir Mütter von Töchtern, die wir allein erzogen haben oder erziehen. Die eine erlebt seit Jahren eine mehr als gelungene Beziehung mit ihrer erwachsenen Tochter, die andere hofft, dass ihr das mit ihrer Tochter auch so gut gelingen möge, und steckt gerade mitten in den Herausforderungen, die sich einer Mutter im Zuge der Pubertät der Tochter stellen.

In diesem Buch erzählen Mütter und Töchter ihre ganz persönlichen Mutter-Tochter-Geschichten, jede aus ihrer Sicht – manchmal ist diese ähnlich, manchmal völlig konträr. Eines haben alle Geschichten gemeinsam – sobald wir Mütter zu ihren Töchtern befragten, berichteten diese innerhalb kürzester Zeit über ihre eigenen Mütter und ihre Prägungen durch diese. Die Mutter, die ich sein wollte. Die Tochter, die ich bin. Eine unendliche Beziehungsgeschichte.

Auch wir wollen am Beginn dieses Buches einen Blick zurückwerfen auf unsere Mütter, die wir beide sehr früh verloren haben.

So viel Liebe und trotzdem alles andere als einfach – Birgits Blick auf ihre Mutter

Seit einigen Jahren entdecke ich an mir zunehmend äußerliche Ähnlichkeiten mit meiner Mutter, der ich eigentlich überhaupt nicht ähnlich schaue. Meine Mutter, ein dunkler Typ, immer sportlich, immer schlank. Ich blond und blauäugig, nicht sehr sportlich, völlig anderer Körperbau – absolut Vaterlinie. Vergleicht man Kinderfotos meiner Mutter und mir – man findet keine Ähnlichkeiten. Und doch gibt es seit einiger Zeit plötzlich Fotos, auf denen ich Gesichtszüge oder Gesten an mir entdecke, wie ich sie von meiner Mutter kenne. Da kommt etwas durch. Dabei habe ich in vielem das Gegenmodell zum Lebensentwurf meiner Mutter gewählt. Ganz bewusst, das habe ich ihr in vielen heißen Diskussionen als Pubertierende auch gesagt. Nie im Leben wollte ich eine Familie um den Preis, mein eigenes Leben dafür aufzugeben. Das tat meine Mutter nämlich und ließ es mich seit Kleinkindtagen auch nie vergessen. Ihre fast abgeschlossene Pianistenausbildung, ihren großen Freundeskreis, ihren Job – meine Mutter ließ ihr Leben komplett hinter sich, als sie heiratete, in eine neue Stadt zog und mich bekam. Sie war ausschließlich Hausfrau und Mutter, aber in dieser Rolle nicht glücklich. Das war zu spüren und das verbalisierte sie auch.

Schon als Kind hatte ich ihr gegenüber deshalb oft ein schlechtes Gewissen. Mühsam habe ich mich davon in meinen Zwanzigern befreit oder es zumindest versucht. Aber immer noch träume ich mindestens einmal im Jahr irgendeine Geschichte, in der ich ein ungeheuer schlechtes Gewissen meiner Mutter gegenüber habe, obwohl sie vor mehr als zehn Jahren gestorben ist. Meine Mutter bezeichnete es als Fehler, ihr Leben derart der Familie untergeordnet zu haben. Sie erklärte sich ihre Entscheidung für dieses Lebensmodell als ihre Reaktion auf das Leben ihrer Mutter, mit der sie zeitlebens eine äußerst schwierige Beziehung hatte und die als Alleinerzieherin immer berufstätig war und im Erleben meiner Mutter wiederum zu wenig Zeit für sie hatte. Ich bin ein Einzelkind und wurde überschüttet. Überschüttet mit Liebe, aber auch mit Aufmerksamkeit und mit Ideen, was für mich am besten wäre. Sicherlich entsprach es durchaus auch meinen Vorlieben und bis zu einem gewissen Grad meinen Begabungen, aber dass mich meine Mutter von klein auf in musikalische Früherziehung, in Tanzkurse, in Zeichenkurse, später als absolut jüngste Teilnehmerin in Musicalkurse von Susi Nicoletti steckte, hatte sicherlich auch etwas mit ihren eigenen unerfüllten künstlerischen Hoffnungen zu tun. Als ich mich nach der Matura entschloss, Politologie zu studieren, statt die Aufnahmeprüfung am Max Reinhardt Seminar zu machen, also Schauspielerei zu versuchen, war meine Mutter sehr enttäuscht und bis zu ihrem Lebensende davon überzeugt, dass sie einen für mich passenderen Berufsweg gewusst hätte, als den, den ich ihn eingeschlagen habe. Freunde erzählen mir heute noch, wie stolz meine Mutter trotzdem auf meinen Job war, mir selbst konnte sie das nie so direkt sagen. Meine Mutter unterstützte mich, so gut sie konnte, aber die Richtung gab sie ganz klar vor. Meine große Rebellion blieb wohl nur deshalb aus, weil das Schicksal mit dem frühen Tod meines Vaters einen Rollentausch zwischen meiner Mutter und mir erzwungen hat, als ich zwanzig Jahre alt war. Sie war allein. Plötzlich fühlte ich mich für sie verantwortlich. Jahrelang fühlte ich mich mehr in der Mutter- denn in der Tochterrolle. Den natürlichen Prozess der Abnabelung oder Auseinandersetzung, wie er für die Entwicklung einer reifen Mutter-Tochter-Beziehung wahrscheinlich gut gewesen wäre, gab es nie. Als ich selbst Mutter wurde, war eine neue Perspektive aufeinander nicht mehr möglich. Meine Mutter bekam die niederschmetternde Krebsdiagnose fast zeitgleich mit meiner Schwangerschaft. Ihre Enkeltochter gab ihr unglaublich viel Kraft für ihren tapferen Kampf gegen diese elende Krankheit, den sie jedoch verlor, als meine Tochter ein Jahr alt war. Trotzdem ist meine Mutter nach wie vor präsent in meinem Leben. Als „Wolken-Oma", wie sie Anna als kleines Kind nannte, weil ich ihr einmal erzählt hatte, dass ihre Oma jetzt sicher irgendwo auf einer Wolke sitze und sich über sie freue. Und als Mutter, die mich sehr geprägt hat und immer noch beschäftigt, ganz besonders natürlich bei der Arbeit an diesem Buch.

Der Einfluss von Ambivalenz – Annelieses Blick auf ihre Mutter

Birgit und ich teilen die Erfahrung der unheilbaren Erkrankung unserer Mütter. Mehr nicht. Meine Nachkriegsgeneration war von praktischen (Über)Lebensfragen geprägt, nicht von der Beschäftigung mit der Beziehung zur Mutter oder dieser zu den Töchtern. Es waren meist materielle Fragen oder solche der Abgrenzung und Befreiung von den Schatten der Vergangenheit. Frauen der Generation meiner Mutter konnten wahrscheinlich mit Themen wie der Erziehung zur Selbstbestimmtheit und Selbstständigkeit wenig anfangen. Den Luxus, über ihre eigenen Prägungen nachzudenken, sie zu diskutieren, hatten sie nicht.

Diesen haben wir Töchter uns erst sehr viel später genommen – in meinem Fall erst mit Beginn der eigenen Mutterschaft. Wahrscheinlich ist auch ein Aspekt der Mutter-Tochter-Beziehung in meiner Generation bestimmender als in der nachfolgenden: die Ambivalenz. Wenn die eigene Mutter nicht so frei war, wie man es selbst gerne gehabt hätte, dann setzt das Verständnis erst viel später ein. Und auch die Erkenntnis, wie sehr man selbst von dieser Unfreiheit beeinflusst wurde und welche Auswirkungen sie auf das eigene Muttersein hat. Wissend, dass keine ihrer Töchter den Lebensweg eingeschlagen hat, den sie sich für sie gewünscht hätte, war mir immer klar, welchen Kummer das manchmal meiner Mutter bereitet haben muss. Die Ambivalenz und die Konflikte, die sich daraus ergeben haben, verfehlen bis heute nicht ihre Wirkung. Für meine eigene Tochter habe ich daher schon sehr früh, zuerst für mich unausgesprochen, später auch für sie ganz offen, nur eine Linie festgelegt: „Follow your bliss", folge deinem Glück, greif nach den Sternen, wo immer diese für dich sind, ich bin zur Förderung und Unterstützung da. Im Scherz beeilte ich mich immer hinzuzufügen: Die Grenze ist Kriminelles oder Ähnliches. Aber als Postulat gilt: Lebe deine Leidenschaft.

Diese Haltung, resultierend aus der Ängstlichkeit und den Bremsversuchen der eigenen Mutter, ist jedoch auch nicht ohne Ambivalenz: Mitunter kann auch die Toleranz, die Liberalität der Mutter Angst machen. Und mitunter kann die Tochter dann mit der gewährten Freiheit auch nicht alles anfangen.

Andere Mütter und Töchter

Wie schaut das bei anderen Müttern und Töchtern aus? Wie ist es ihnen gelungen, eine reife, vertrauensvolle Beziehung zwischen zwei erwachsenen Frauen zu entwickeln oder woran sind sie gescheitert? Auf diese Fragen haben wir viele ehrliche, sehr persönliche und völlig unterschiedliche Geschichten gehört. Für die Offenheit, mit der Mütter wie Töchter erzählt haben, möchten wir uns ganz herzlich bei ihnen bedanken! Ohne ihre Bereitschaft dazu gäbe es dieses Buch nicht.

Ganz herzlich bedanken möchten wir uns auch bei allen, die uns beim Schreiben dieses Buches unterstützt haben, mit denen wir unsere Ideen diskutieren konnten oder die uns schlichtweg den Rücken freigehalten haben, um schreiben zu können. Im Besonderen: Katharina, Anna, HP! Unser besonderer Dank gilt auch unserer Lektorin Anita Luttenberger und last, but not least Bernhard Borovansky, der trotz längerer Vorarbeitszeit immer daran geglaubt hat, dass dieses Buch wirklich fertig wird.

Birgit Fenderl und Anneliese Rohrer,
Wien im August 2018

Christine und Cornelia Wallner

Neue Heimat Afrika

„Diese Afrika-Geschichte habe ich geistig schon sehr lange aufgebaut. Eigentlich war ich seit meinem neunten Lebensjahr darauf fixiert, einmal nach Afrika zu ziehen. Also, so ist das nicht, dass eine 63-Jährige plötzlich ihr Haus verkauft und so mir nichts, dir nichts da runtergeht. Man sieht das nicht, aber es gab eine lange menschliche Vorbereitung."

Wenn Christine Wallner von ihrem außergewöhnlichen Leben erzählt, schwingt gleichzeitig die Analyse ihres Handelns und ihrer Entscheidungen mit. Und schnell erweisen sich Dinge als ziemlich anders, als sie auf den ersten Blick scheinen. Das trifft auch auf das Verhältnis und die ungewöhnliche Geschichte zwischen ihr und ihrer Tochter Cornelia zu.

„Die Leute haben schon oft gesagt: ‚Na, ihr beiden, das Gleiche studiert, beide so taff und jetzt gemeinsam dieses Hilfsprojekt'. Meine Tochter wurde sicher oft in meinen Topf geworfen, dabei stimmt das überhaupt nicht. Wenn ich sie mir heute anschaue, sie ist eine derart eigenständige Persönlichkeit und in vielem wiederum so anders als ich. Das finde ich schön und gut."

Hier bleiben, mitgestalten

Seit 2007 leiten die beiden Ärztinnen das Hilfsprojekt „Africa Amini Alama", das Christine Wallner mit unglaublicher Kraft in kürzester Zeit sprichwörtlich aus dem Boden gestampft hat. Herzstück ist die Krankenstation in Momella – einem Ort zwischen Kilimandscharo

und Mount Meru, zwischen den Stämmen der Massai und der Meru –
in Tansania, Ostafrika. Mittlerweile gibt es Schulen, Lehrwerk-
stätten, ein Waisenhaus und eine von den Massai betriebene Lodge
direkt am Fuß des Kilimandscharo. Eines Tages soll das Geld, das
Touristen dort lassen, ausreichen, um das Hilfsprojekt zu finanzieren.
Das zumindest ist die Vision. Eine von vielen, ohne die man so ein
Projekt wohl nicht angehen kann.

Dass sie das alles gemeinsam mit ihrer Tochter Cornelia aufbauen
und leben wird, war nicht vorgesehen. Ganz im Gegenteil. Der
schnelle und für die Mutter überraschende Entschluss der Tochter,
ihre eigene Heilpraxis in Norddeutschland, die diese gerade mit ihrem damaligen Partner aufzubauen begann, von heute auf morgen zu
verlassen, mit ihren beiden kleinen Kindern nach Afrika zu ziehen
und sich mit Haut und Haaren dem Projekt der Mutter zu verschrei-
ben, stieß bei ihr anfangs keineswegs nur auf Begeisterung.

„Als Mutter war das natürlich wunderschön. Jö, das Schatzi
kommt, die Enkelkinder kommen. Als Projektleiterin hatte ich zeitgleich andere Gedanken: Ich wusste ja noch gar nicht, wie das alles
aufgeht, dieses Abenteuer. Wenn meine Tochter mit den Kindern
kommt, habe ich eine ganz andere Verantwortung. Zusätzlich gab es
einen Teil in mir, der sagte: Jetzt lass mich doch endlich einmal was
allein machen. Ich weiß, wie stark meine Tochter ist. Außerdem hatte
sie doch gerade nach ihrer Scheidung damit begonnen, mit ihrem
neuen Partner etwas aufzubauen. Sie hatte in Wien alle Zelte abgebrochen, war aus unserer gemeinsamen Praxis ausgestiegen und mit
ihren Kindern zu ihm nach Deutschland gezogen."

Doch als Cornelia erstmals das Projekt ihrer Mutter besuchte, gab
es für sie nur eine einzige Möglichkeit: hier bleiben, mitgestalten.
„Es war klar, dass es nicht geht, woanders etwas aufzubauen, sie hat
gespürt, dass ihr Platz hier ist." Nicht hierherzukommen, wäre ein
Protest gegen die Mutter gewesen, also ein Zeichen der Schwäche.
„All meine Bedenken wurden von ihr abgeschmettert. Außerdem

sagte sie auch noch etwas, das mein Ex-Mann hätte sagen können",
erzählt Christine Wallner ernst, aber mit lachenden Augen. „Ich
komme, weil du das allein nicht geschafft hättest. Wumm, Schlag in
die Magengrube. Und jetzt? Jetzt realisiere ich mit dieser unglaublich
starken Persönlichkeit so ein tolles Projekt. Sie hat sich zu tausend
Prozent darauf eingelassen, und alle sagen, was für ein Glück."

Wie aus Distanz Nähe wurde

Am Anfang, erinnert sich Christine Wallner, hätte sie mit ihrer Tochter in Afrika aber auch Dinge erlebt, die sie, die bereits Erfahrungen
im Leben in einer völlig anderen Kultur hatte, vor den Kopf gestoßen
haben. „Ich war schon ein Jahr in Tansania, als Cornelia kam, und
ich erinnere mich, wie sie mich zu einem Treffen der Massai begleitet
hat. Sie ist Popo schwingend und mit ihren ganzen weiblichen Reizen
durchmarschiert. Und ich hab mir nur gedacht: ‚Oh du lieber Gott,
das kann sie doch nicht machen. Sie kann doch hier nicht so als
Frau auftreten.' Aber sie war eben eine 37-jährige Frau, die mit jeder
Pore Weiblichkeit ausstrahlte, und wahrscheinlich war ich auch ein
wenig eifersüchtig, weil ich nicht mehr so jung war. Einerseits. Und
andererseits wusste ich, dass das hier nicht geht. Aber inzwischen ist
sie reifer und hat ihr Frausein auf ihre Art gut im Griff. Das Projekt
steht einfach total im Mittelpunkt."

Wenn Christine Wallner von der Ähnlichkeit ihrer Tochter zu
ihrem Ex-Mann spricht, meint sie den verstorbenen, legendären
Casino-Chef Leo Wallner, mit dem Christine Wallner nach eigener
Definition unglücklich verheiratet war und mit dem sie ihre Tochter
Cornelia und ihren Sohn Clemens hat.

Als Kind hatte Cornelia ein eher distanziertes Verhältnis zu ihrer
Mutter. Ganz im Gegensatz zu ihrem Bruder, der als Bub ganz eng

mit der Mutter war. Später hat sich das ins Gegenteil gewendet – der Sohn hat den Kontakt zur Mutter vor einigen Jahren abgebrochen. Ein großes Desaster habe es gegeben, das für sie mit einem riesigen Schock geendet habe, erzählt Christine Wallner, die sichtlich sehr darunter leidet. Aber jetzt sei die Distanz besser, sonst würde sie daran zerbrechen und das lasse sie nicht zu. „Von mir aus gibt es diese bedingungslose Liebe als Mutter, aber er wird einen Grund haben und den respektiere ich. Er hat sich so entschieden, das wird ihm wohl guttun und daher muss ich damit fertigwerden."

Die Geschwister untereinander haben nach wie vor Kontakt. Die Schwester erzählt auch von ihrem Bruder, wenn es um ihre Beziehung zur Mutter geht.

Cornelia ist die Erstgeborene; nach ihren ersten Erinnerungen gefragt, fällt ihr eine Szene ein, die sie als damals 8-Jährige sehr prägte: „Sie stand im Badezimmer und hat ihre Wunden behandelt, die sie immer im Gesicht hatte. Das war jedes Mal sehr traumatisch. Ich glaube, daher habe ich mich wenig auf körperliche Nähe mit ihr eingelassen. Sie hatte Angst, dass wir ihr Schmerzen zufügen, wenn wir ihr Gesicht berühren. Sie musste ihre Narben und Wunden abdecken, um schön zu sein. Das hat sehr geschmerzt. Ich glaube, deshalb habe ich mich als junges Mädchen oder jetzt als Frau nie geschminkt. Ich habe als Kind sehr viel von ihrem Leiden mitbekommen. Mein Bruder hat das, glaube ich, anders erlebt. Er ist ein bisserl jünger, und als wir klein waren, war er meiner Mutter sicherlich näher als ich. Auch körperlich. Ich kann mich daran erinnern, dass er oft bei der Mama im Bett geschlafen hat. Ich hatte mein Zimmer, und Clemens war immer ganz nah bei der Mama. Das ging so, bis wir in etwa elf, zwölf Jahre alt waren."

Christine Wallner leidet an „Lupus erythematodes", einer heimtückischen Autoimmun- und entstellenden Hautkrankheit, die nicht nur ihr eigenes Leben, sondern auch das ihrer Kinder beeinflusst hat. Die langen Krankenhausaufenthalte und die Schmerzen hat

Cornelia als Mädchen natürlich mitbekommen. Inzwischen geht es ihrer Mutter gesundheitlich wesentlich besser, aber die überschminkten Narben im Gesicht sind nach wie vor präsent, so wie es die fragile Gesundheit der Mutter immer war. „Ich glaube", meint Cornelia, „dass ich gerade als Tochter auch unbewusst sehr viel von ihrer Tragik mitbekommen habe. Und ich glaube auch, dass das ein Aspekt meiner damaligen, mir nicht bewussten Distanz zu ihr war. Denn ich bin überhaupt kein distanzierter Mensch, im Gegenteil, mir ist Nähe sehr wichtig."

Über Muttersein und Mutterwerden

Christine Wallner erinnert sich an ihre Zeit als junge Mutter: „Das Mutterwerden und Muttersein, das war keine spezielle Herausforderung in meinem Leben. Das ist wahrscheinlich eine Gabe, ich hätte endlos Kinder bekommen können. Von mir aus mit jedem Mann eines. Das war für mich von Anfang an etwas ganz Natürliches. Ich habe mein Leben gelebt und die Kinder haben sich so gut eingefügt. Andere Dinge in meinem Leben waren sehr schwierig und problematisch, die Kinder nie. Ich habe meine Tochter sofort bedingungslos geliebt. Dabei war sie mir damals gar nicht so nah. Sie war von klein auf schon eine Persönlichkeit, und ich habe das respektiert."

Auch wegen ihrer Krankheit war Christine Wallner ausschließlich zu Hause bei den Kindern, bis diese circa elf, zwölf Jahre alt waren. Die Tochter erinnert sich mit Freuden daran, dass ihre Mutter stets viel mit ihnen unternahm, es viel gemeinsames Programm und Sport gab. „Ich habe immer gespürt, dass wir das zentrale Element im Leben meiner Mutter sind. Das hätten wir Kinder ja auch als Belastung empfinden können, aber das war nicht so. Das Belastende, wenn man so will, war das Schicksal, das meine Mutter zu tragen hatte. Wir hatten es wirklich gut, aber ich habe von Anfang an ihre beiden Persönlichkeitsanteile gekannt. Da war die Frau, der es schlecht geht, die sich zurückzieht. Und da war die Frau, die, wenn zum Beispiel Opernball war, strahlend und hübsch im roten Kleid vor uns stand. Das ganze Haus war dann von ihrem Parfüm erfüllt. Aber in ihrer Mitte habe ich meine Mutter in dieser Zeit selten erlebt. Als Mädchen habe ich dauernd diese beiden Elemente in ihr gesehen und ich glaube, ich habe mich durch eine gewisse Distanz zu ihr davor schützen wollen, vor dieser Art von Leid, die im Frausein auf einen zukommen kann."

Als junges Mädchen kleidete sich Cornelia am liebsten sportlich, Mädchenkleider wollte sie partout nicht anziehen. „Ich weiß noch, ich habe damals gedacht, dass das Frausein einen nicht glücklich macht. Sich über das Frausein zu definieren, sah ich als zum Scheitern verurteilt an. Das hab ich von meiner Mutter sehr stark vermittelt bekommen: ‚Mach was Gscheites, schau, dass du in der Schule gut bist.'" Christine Wallner hat aus dieser Zeit eine Situation im Kopf, die sie als typisch für die Reaktion ihrer Tochter auf ihre eigene Krankheit empfindet: „Ich kann mich erinnern, als ich wieder einmal im Spital war und der Arzt mir strikt verboten hat, zu verreisen, weil das seiner Meinung nach für mich lebensgefährlich wäre. Diese Reise war aber lange mit Freundinnen und deren Kindern geplant und meine Kinder hatten sich sehr darauf gefreut, also hat dieser Arzt ihnen erklärt, warum es nicht geht. Mein Sohn hat pragmatisch reagiert: ‚Die Mama ist krank, also fahren wir eben nicht.' Aber Cornelia, die war ganz anders, innerlich ganz fest, sie wollte trotzdem fahren. Das war dieses Abgrenzen bei ihr. Sie wollte auf ihr Leben schauen und sich nicht so hineinziehen lassen. In dem Moment war das sehr hart, aber es war wichtig für sie. Diese innerliche Distanz hat sich Cornelia behalten, das ist gut, sie kann sich gut abgrenzen. Das ist gerade bei unserer Arbeit hier in Afrika sehr notwendig."

Als Christine Wallner, die als junge Frau „ohne Begeisterung" Jus studiert und auch abgeschlossen hatte, mit dem Medizinstudium begann, hatte sie nicht mehr so viel Zeit, um sich hauptsächlich um die Schule der Kinder zu kümmern. „Meine Kinder waren meine Stütze, sie waren das Gute in meinem Leben und ich habe immer ein Grundvertrauen in sie gehabt, dass schon gut gehen wird, was sie machen. Als ich studiert habe, haben wir zu dritt daheim gelernt, die Kinder für die Schule, ich für die Uni. Das war dann so ein Klima zu Hause: Man lernt hier", lacht sie.

Und ihre Tochter: „Meine Mutter ist erkrankt, bevor wir geboren wurden, und es war gar nicht klar, ob sie wegen der Krankheit Kinder haben kann. Dass es ihr oft schlecht ging, hat sie uns nie drübergestülpt. Das ist, glaube ich, eine Stärke meiner Mutter, dass sie dieser Krankheit etwas Gutes abgewinnen kann."

Sehr prägend war für Cornelia als Kind ihre Großmutter mütterlicherseits, mit der sie als kleines Kind ein sehr inniges Verhältnis hatte. Ganz im Gegensatz zu ihrer Mutter, die unter ihrer eigenen Mutter sehr gelitten hat: „Man sagt ja, was man als Kind an Mutterliebe mitbekommt, das wendet man dann als Mutter an. Ich hab mir aber immer gedacht, wenn ich mit meinen Kindern genau das Gegenteil von dem tue, was meine Mutter mit mir gemacht hat, dann wird das passen. Ich habe es nämlich wirklich hart gehabt mit meiner Mutter. Ich war mir komischerweise eigentlich immer sehr sicher, dass das, was ich für meine Kinder mache, richtig ist. Ich selbst hatte viel aufzuarbeiten mit meiner schwierigen Kindheit. Es gab Lebensereignisse, die mich gebrochen haben. Mein Vater hat mich, als ich ein kleines Mädchen war, missbraucht, das wusste ich ganz lange gar nicht. Das erklärt meine seelischen und gesundheitlichen Probleme. Ich wollte immer raus aus dieser Familie, aber ich war zu schwach. Meine Mutter war wahnsinnig hübsch und intelligent – und sie war unglaublich dominant. Aber sie hat immer nur mit ihren weiblichen Qualitäten gepunktet. Als junger Mensch war ich zu schwach. Daraus entstanden schwache Entscheidungen. Und aus schwachen Entscheidungen wurde eine schwache Zeit. Aber mich ganz von meiner Mutter zu trennen, das habe ich nicht geschafft, da hätte ich ein viel zu schlechtes Gewissen gehabt", erzählt Christine.

Und ausgerechnet diese Mutter hat sich ihre Tochter als Lieblingsenkelkind auserkoren. „Die Oma hat mich sehr verwöhnt und sicher versucht, mich auf ihre Seite gegen die Mama zu ziehen. Sie hat zu mir so Dinge gesagt wie: ‚Schau, der Clemens, der hat die Mama, aber du, du hast ja mich.‘ Meine Großmutter hat meinen Bruder ganz anders behandelt als mich. Wenn wir bei ihr übernachtet haben, dann habe ich immer neben ihr geschlafen und er unten am Boden auf einer Matratze." Eine fatale Situation für Christine Wallner. Im Rückblick erklären sich sowohl Mutter als auch Tochter damit, dass sie erst später, als Cornelia erwachsen wurde und sich auch zunehmend von der Oma distanzierte, enger zusammenfanden. Der Tod der Großmutter sei für ihre Mutter eine Erleichterung gewesen, glaubt Cornelia. Als sie selbst merkte, dass ihre Oma sie instrumentalisierte, entschied sie sich ganz klar für ihre Mutter, ihr beizustehen und dieses Spiel der Großmutter nicht in der nächsten Generation zu tolerieren. Ihre Mutter sei in ihrer Familie immer sehr allein gewesen, mit einerseits ihrer dominanten Mutter, andererseits ihrem Mann, der sich nicht um Kindererziehung oder Familienleben gekümmert hat, sondern vor allem sein eigenes Leben lebte. „Meine Großmutter hat meinen Vater sehr verehrt, die beiden waren ein richtiges Gespann. Meine Mutter war absolut allein und de facto alleinerziehend. Aber sie war gleichzeitig abhängig. Wenn ihre Krankheit wieder schlimmer wurde, brauchte sie ihre eigene Mutter, also meine Oma, damit wir versorgt waren."

Gleichzeitig gab es noch einen anderen Mann. „Es war die große Liebe meiner Mutter. Sie ist aber nicht aufgegangen", erinnert sich Cornelia an diesen Mann, den sie kannte, seitdem sie denken konnte und der wie ein Onkel in der Familie präsent war. „Wir Kinder haben das nie hinterfragt, er wurde richtig in die Familie eingeführt und von uns absolut akzeptiert." Ein Happy End gab es für diese große Liebe ihrer Mutter jedoch nicht.

Von der armen Mama zur Wow-Mama

Das späte Medizinstudium und die Scheidung von ihrem Mann veränderten Christine Wallners Position in ihrer eigenen Familie wesentlich. „Plötzlich war ich die Wow-Mama und nicht mehr die arme Mama", scherzt sie und schildert, wie sie durch ihr Studium, die Begeisterung für ihren Beruf und den Aufbau einer eigenen Praxis nach und nach endlich zu sich selbst gefunden hat. „Ich bin dann auch gesünder gewesen. Und die Kinder haben mich als tüchtig, erfolgreich und gesund wahrgenommen. Da waren sie schon recht groß, aber mir hat das gutgetan, nicht mehr die arme Mama zu sein."

Für die Tochter war die Scheidung der Eltern eine Erleichterung, endlich gab es keinen Streit mehr zu Hause. „Mir war es damals als 15-Jährige wichtig, zu sagen: ‚Ja, meine Eltern sind geschieden, aber sie verstehen sich jetzt besser als vorher.'" Dass der Kontakt zu ihrem Vater später durch dessen zweite Frau immer schwieriger wurde, bis er ganz abriss, erklärt sich Cornelia auch damit, dass sie wohl ihrer Mutter immer ähnlicher wurde und sie die neue Frau ihres Vaters als Bedrohung wahrnahm.

„Der richtige Bruch mit meinem Vater kam, als ich Anfang zwanzig war. Seine Frau wollte mit mir nichts zu tun haben. Und mein Vater war vom Charakter her bei Frauen nicht so stark. ‚Wenn sie das so will, dann ist das halt so', hat er sich vielleicht gedacht. Jedenfalls ist unser Kontakt dann völlig abgerissen. Seine zweite Frau konnte nicht mit meiner Mutter und ich bin nun mal die Tochter meiner Mutter und da bin ich dann auch an ihrer Seite gestanden."

Wahrlich keine einfache Familiengeschichte. Und trotzdem hört man zu diesem Thema weder von der Mutter noch von der Tochter Bitterkeit oder Traurigkeit. Und auch darin sind sie sich einig, dass das Mutterwerden und -sein für sie beide nie durch die schwierige Familiengeschichte belastet war.

Und wie die Mutter, so ist auch die Tochter absolut davon überzeugt, dass in uns allen, wie sie es nennt, „karmische Erfahrungen" mitschwingen. „Bei uns gibt es ein Thema, das ganz stark ist. Wir wissen, dass wir uns schon eine unglaublich lange Zeit kennen, viele Leben miteinander verbracht haben. Und die waren nicht nur schön, daher muss jetzt dieses schöne Miteinander sein. Es kommt nicht von ungefähr, dass wir uns beide so intensiv mit dem Leben und der Spiritualität beschäftigen", meint Christine Wallner und fügt hinzu, dass ihre Tochter und sie genauso gut auch als Zwillinge auf die Welt hätten kommen können. Und wenn man diese Spiritualität nicht nachvollziehen kann? „Ich glaube, dass es außerhalb dieses Lebens noch viele andere Aspekte gibt. Wieso kann es sonst sein, dass aus einer Traumbeziehung zwischen beiden Elternteilen oft Kinder hervorkommen, die unfähig zu einer Partnerschaft sind? Andere kommen aus zerrütteten Familien und bekommen dann einen Partner, der sie trägt", bringt es Cornelia Wallner auf den Punkt.

Mit dem Vater ihrer Kinder hat sie, wie sie sagt, ein gutes Auskommen, und das, obwohl sie sich kurz nach der Geburt ihrer Tochter von ihm getrennt hat. „Ich musste mich von ihm trennen, weil mir plötzlich klar wurde, dass wir beide nie miteinander glücklich werden können. Seine jetzige Frau passt viel besser zu ihm, das hätte ich ihm nie geben können."

Ihre Mutter wiederum hatte in Afrika noch einmal eine große Liebesgeschichte, die wohl auch an den kulturellen Unterschieden gescheitert ist, wie ihre Tochter meint. „Das war eine irre intensive und wichtige Beziehung für meine Mutter, das habe ich von Anfang an gespürt. Aber ich habe eben auch die Schwierigkeiten mitbekommen. Manchmal habe ich sie dabei auf Dinge aufmerksam gemacht, weil ich nicht anders konnte. Ich war traurig für sie, dass es nicht möglich war, diese Beziehung zu leben. Als es dann auseinandergegangen ist, glaube ich schon, dass ich da eine Stütze für sie war."

Muttersein in Afrika

Jetzt leben und arbeiten die beiden Frauen seit Jahren gemeinsam. Ob sie zu stark für Männer sind?

„Ich fürchte, ja", lacht die Tochter, „also, wenn man das im Sinne von Männern sieht, dann könnte das wohl so sein." Ihre Kinder würden es aber als das Normalste der Welt empfinden, nur mit Mutter und Großmutter aufzuwachsen.

In Afrika sind Kinder oft monatelang allein mit Mutter, Großmutter und Tanten, während die Männer für die Arbeit unterwegs und nicht bei der Familie sind. In Tansania sei ihre Familienstruktur keineswegs etwas Außergewöhnliches. Wobei Mütter und Töchter in der traditionellen afrikanischen Gesellschaft aus der Beobachtung von Christine und Cornelia Wallner meist ein ganz anderes Verhältnis zueinander haben als in westlichen Gesellschaften. „Das Muttersein in Afrika hatte ich ganz anders in meinen Gedanken, als ich es hier mitbekomme, das muss ich ganz ehrlich sagen. Mütter hier tragen ihre Kinder ganz nah bei sich, aber nicht um der Nähe willen, sondern weil es schlicht und einfach praktischer ist. Die Babys hängen an der Brust, sie werden gefüttert, und die Mutter kann trotzdem weiterhin die Feldarbeit erledigen. Diese Zeit ist zwischen Müttern und den ganz Kleinen körperlich sehr nahe, aber sobald die Kinder gehen können, werden sie oft allein gelassen. Wirklich allein gelassen. In Afrika gibt es nicht nur die leibliche Mutter, sondern auch die Mama Mdogo, die kleine Mutter, das sind oft die Ersatzmütter. Das können zum Beispiel Tanten sein, die sich um die Kinder kümmern, wenn die Mutter krank ist oder gestorben. Also wenn jemand von seiner Mutter spricht, dann muss das noch lange nicht die leibliche Mutter sein. Hier gibt es noch dieses Clan-Denken", meint Cornelia.

Und auch die Geschlechterrollen sind nach wie vor sehr traditionell bestimmt, was die Mütter immer noch an ihre Töchter weitergeben, wie Christine erzählt: „Die afrikanische Mutter erzieht ihre Tochter so, dass sie sich als afrikanische Frau bewehren kann. Und das ist eine wirkliche Katastrophe, weil afrikanische Männer Machos bis zum Gehtnichtmehr sind. Frauen haben ausschließlich ihren Platz in der Küche und den Männern zu Diensten zu sein. Das ist archaisch, nicht? Wenn er nach Hause kommt, will er zu essen haben, und wenn er Sex haben will, muss der Sex stattfinden. Unser Projekt bemüht sich unter anderem darum, aus Töchtern reifere afrikanische Frauen zu machen, die mehr Wahlmöglichkeiten haben. Schon jetzt gibt es solche Frauen, aber es sind noch wenige. Wir hoffen, dass es immer mehr stolze Afrikanerinnen geben wird, die ihren Weg gehen und ihren Töchtern das weitergeben, was sie in ihrem Leben erfahren haben. Und vor allem werden sie versuchen, ihre Töchter loszulassen, weil sie selbst eine Ausbildung absolviert und etwas eigenes Geld haben und die Töchter nicht mehr hauptsächlich als Lebenssicherung im Alter sehen. Wichtig ist dabei, dass diese Frauen in diesem Prozess ihre afrikanischen Werte nicht verlieren. Das zu realisieren, wäre unser Wunsch. Weil das, was sich bei uns an Einsamkeit und Verdrossenheit und Leere im Herzen abspielt, das gibt es hier nicht."

Für ihre Enkelin sei sie deshalb sehr glücklich, dass sie beide Kulturen mitbekommt, freut sich Christine, die aber auch sichtlich stolz darauf ist, dass sie und ihre Tochter der Enkeltochter ein starkes Frauenbild mitgeben. „Meine Enkeltochter ist jetzt zehn und sie will so stark werden wie wir beide zusammen", lacht sie, „also, wenn aus der einmal nichts wird, dann müsste ich sie völlig falsch interpretiert haben."

Im Moment seien sie sich gegenseitig jedenfalls die größten Stützen, die diese schwierige Arbeit in Afrika ohne einander nie im Leben so gut meistern und das Projekt nie so gut und schnell weiterbringen könnten, darin sind sich Mutter und Tochter absolut einig. Einmal gemeinsam einen Urlaub zu verbringen und nur Oma, Mutter, Tochter zu sein, das bleibt dadurch allerdings auf der Strecke.

Dass Mutter und Tochter so eng zusammenleben und arbeiten können, das hätten sie sich richtig erarbeitet, meint Christine Wallner: „Auf unseren vielen Reisen, zum Beispiel durch Indien, da war Cornelia ganz klar die Reiseleiterin und wir waren gar nicht so sehr Mutter und Tochter, sondern vielmehr diese zwei Personen, die sich einfach mochten. So würde ich das sehen. Wir haben damals sicher viel Arbeit geleistet, die eben zu tun ist, wenn man einen reifen Beziehungsstatus bekommen will."

Ihren Alltag in Tansania bestimmt das Projekt: „Wenn man das klassisch formulieren möchte, würde man sagen: Cornelia ist der CEO, also die Generaldirektorin, und ich bin die Aufsichtsratsvorsitzende. Das spielen wir jetzt so. Überhaupt versuchen wir, unsere Arbeit in Afrika als Spiel anzusehen, das man nicht immer allzu ernst nehmen sollte. Wir lachen gern und viel zusammen und geben uns gegenseitig viel Kraft. Und wir dürfen uns dabei nicht zu wichtig nehmen. Wie sagt man? Den großen Plan hat eh der da oben. Wir tun unser Bestes, und nach uns kommt jemand anders", lacht die Mutter.

Ihre Tochter formuliert es so: „Als Spiel würde ich es nicht bezeichnen. Aber man kann nie wissen, was sein wird. In der afrikanischen Kultur leben die Menschen im Hier und Jetzt. Ganz anders als wir Europäer, die immer über unsere Vergangenheit nachdenken und in der Zukunft und Visionen leben. Planen kann man sowieso nicht, das hat mir mein Leben bereits mehrfach gezeigt. Ich sehe dieses Projekt ganz unabhängig von meiner Mutter wie ein drittes Kind. Ich hatte immer das Gefühl, ich werde noch ein drittes

Kind bekommen. Das wird nicht mehr sein, aber dieses Projekt in Momella ist mein drittes Kind geworden."

Wenn Christine und Cornelia Wallner darüber und über ihr Leben in Afrika erzählen, dann ganz selten in der Ich-Form, sondern fast ausschließlich als „Wir". Als eine Einheit zweier extrem starker Frauen, die so viel gemeinsame Passion in das Krankenhaus, die Schule, das Waisenhaus, die Werkstätten, kurzum in das Hilfsprojekt am Fuße des Kilimandscharo, stecken, dass manchmal verschwimmt, ob hier Mutter und Tochter oder einfach nur zwei wesensverwandte Frauen am Werk sind.

Gleiche Pole ziehen
sich nicht an

„Ich glaube, dass viele Mütter, sobald sie Töchter bekommen, das Leben dieser in ihren Köpfen schon durchgeplant haben. Und ich glaube auch, dass viele Mütter, alles, was sie selbst in ihrem Leben nicht geschafft haben, in ihren Töchtern verwirklichen wollen." Zu diesem Schluss kommt Sanja aus eigenem Erleben und aus ihrer Beobachtung vieler Mutter-Tochter-Beziehungen in ihrer Familie, in ihrem Freundeskreis. Und genau dieses Muster wollte sie mit ihren beiden mittlerweile erwachsenen Töchtern nicht leben. „Meine Töchter profitieren davon, dass ich es anders machen wollte als meine eigene Mutter. Das klingt jetzt sehr negativ, so ist es aber gar nicht gemeint, da meine Mutter nur das Beste für mich wollte." Für sie als Tochter waren die Vorstellungen, die ihre Mutter für sie hatte, trotz aller Liebe und aller guten Intensionen nicht einfach. Auch als erwachsene Frau und Mutter zweier erwachsener Töchter hat Sanja manchmal immer noch ein schlechtes Gewissen ihrer Mutter gegenüber. Dann nämlich, wenn sie sich nicht so verhält, wie sie weiß, dass es ihre Mutter eigentlich von ihr erwarten würde. Deswegen erzählte sie ihrer Mutter oft nicht, wenn sie ein paar Tage Urlaub mit ihrem Mann machte, statt an ihren freien Tagen zu ihrer Mutter nach Bosnien zu fahren. Um ihre Mutter nicht zu enttäuschen, das sei so in ihr drinnen. „Meine Mama kann der Oma nicht einfach sagen, dass sie sich auch einmal was gegönnt hat. Wenn sie sich zum Beispiel eine Handtasche gekauft hat. Da erzählt sie ihr lieber, dass sie diese geschenkt bekommen habe. Oder wenn sie auf Reisen geht, will sie sich vor ihrer eigenen Mutter immer noch rechtfertigen, obwohl sie die ganze Zeit so viel arbeitet", berichtet Patrizia, Sanjas jüngere Tochter. „Aber ich sage ihr dann schon: Warum sagst du ihr nicht, wie es ist? Sage ihr doch einfach die Wahrheit und das war's." Sie selbst könne das überhaupt nicht nachvollziehen, aber ihre Mutter erkläre ihr dann, dass sie eben anders aufgewachsen sei. In Zentralbosnien, in einer anderen Zeit, mit einem anderen Familienverständnis als ihre Töchter, die beide in Österreich auf die Welt gekommen sind. Dabei waren Tradition und Familienzusammenhalt zwei Werte, die auch Sanja bei der Erziehung ihrer Töchter absolut wichtig waren. Allerdings mit unterschiedlicher Resonanz. Die jüngere Tochter bezeichnet sich „absolut als Familienmensch". Die ältere meint, sie sei eher kein Familienmensch, „von Natur aus nicht". Ein Grund, warum Konflikte zwischen Mutter und älterer Tochter offenbar vorprogrammiert waren.

Leben im Familienverband

Die Familie spielt im Leben von Mutter Sanja von jeher eine besonders wichtige Rolle. „Ich bin sehr behütet auf dem Land aufgewachsen. Im Nachbarhaus wohnte der eine Onkel, ein paar Häuser weiter Oma und Opa. Mein ganzes junges Leben lang war meine gesamte Familie für mich da, das gibt einem sehr viel Sicherheit, ich habe mich immer sicher gefühlt in diesem Familienverband", erzählt sie über ihre Kindheit in Bosnien. Ihre Eltern waren beide berufstätig, als älteste von drei Schwestern musste sie schon früh Verantwortung übernehmen. So musste Sanja beispielsweise zuerst ihre kleinen Schwestern zur Oma bringen, bevor sie selbst in der Früh in die Schule gehen konnte. Dass Kinder auch Verantwortung übernehmen, mithelfen müssen, war in ihrer Heimat in allen Familien üblich. Ihre eigene

Mutter hatte als ganz kleines Kind die Mutter verloren – sie starb kurz nach der Geburt ihres zweiten Kindes. Obwohl Sanjas Mutter als Mädchen später eine sehr liebevolle Stiefmutter bekam, meint Sanja, dass ihre eigene Mutter diese Mutterliebe immer vermisste. „Ich glaube, deshalb hat uns unsere Mutter auch immer wie Küken behandelt. Am liebsten hätte sie uns nie mit jemandem geteilt." Trotzdem verließ Sanja sehr früh ihr Elternhaus, zog sofort nach der Schule, also mit achtzehn Jahren, nach Dubrovnik, um dort zu studieren. „Ich musste für ein Studium von zu Hause weg, weil es dort keine Universität gab. Und natürlich waren meine Eltern sehr stolz, dass ich studiere. Ich war immer eine sehr gute Schülerin, und vor allem meiner Mutter war es sehr wichtig, dass ihre drei Töchter alle Chancen bekommen. Und so war es klar, dass ich maturieren, den Führerschein machen und auf die Uni gehen konnte."

Ihre Mutter hatte diese Möglichkeiten nicht gehabt, sie durfte nicht einmal ein Gymnasium besuchen, obwohl auch sie eine gute Schülerin gewesen war. „Ihr Vater war der Meinung, dass es für ein Mädchen genügte, wenn es die Grundschule absolvierte, weil ihre Aufgaben später im Leben ganz klar vorgegeben waren: heiraten, Kinder bekommen und sich um die Familie kümmern." Sanja sollte als Frau mehr Möglichkeiten haben. Das Verlassen der großfamiliären Strukturen, das neue Leben in einer Stadt empfand sie anfangs aber als „schrecklich", wie sie sich erinnert. Doch schon bald lebte sie sich in Dubrovnik ein, genoss ihr neues Leben und lernte ihren späteren Mann Peter kennen. „Aber das war ein Geheimnis für meine Mutter. Ein ganzes Jahr lang. Er arbeitete in Dubrovnik als Kellner, das entsprach absolut nicht den Vorstellungen, die meine Mutter für den Mann an der Seite ihrer Tochter hatte. Von dem Zeitpunkt an, als ich meinen jetzigen Mann kennengelernt hatte, hatte ich große Angst davor, wie meine Mutter reagieren würde. Weil ich wusste, dass er ihr sicher nicht gut genug sein würde." Ihre Mutter hätte sich eher einen Arzt oder auf jeden Fall einen Mann mit einem prestigereichen Beruf an ihrer Seite vorgestellt, „mit einem ganz langen Titel vor dem Namen vielleicht oder mit einer tollen Uniform. Jemand, von dem die ganze Umgebung beeindruckt gewesen wäre." Aber ein Kellner? Das konnte sie nicht verstehen. Die ersten Zusammentreffen zwischen ihrem Mann und ihrer Mutter waren ein Desaster. „Für mich war das wirklich schlimm. Wenn ich nach Hause fuhr, allein oder mit ihm, gab es immer diese Meckereien, immer Kritik, auch immer Provokationen vonseiten meiner Mutter. Und was machst du da? Auf der einen Seite ist deine Mutter, auf der anderen dein Mann und du liebst beide. Du willst beide respektieren, du willst nicht streiten, also war ich meistens still und habe gelitten. Mein Mann ließ sich unglaublich viel gefallen. Er versuchte immer Verständnis für meine Mutter aufzubringen, die damals auch sehr belastet war, weil mein Vater an Krebs erkrankt war. Aber hätten seine Eltern nur annähernd solche Dinge zu mir gesagt wie meine Mutter zu ihm, hätten sie mich nicht mehr gesehen." Damals, erinnert sich Sanja, habe sie sich geschworen, dass sie in dieser Hinsicht nie so sein werde wie ihre Mutter. Den ersten Freund ihrer älteren Tochter hätten sie und ihr Mann auch dementsprechend offen aufgenommen: „Also, wir haben nicht gefragt, was seine Eltern machen, ob sie reich sind oder arm, welchen Job sie haben, ob sie in einer Wohnung leben oder in einem Haus. Das Wichtigste ist, dass die Kinder glücklich sind. Und das, was ich mir nicht wünschen würde, das habe ich meinen Töchtern schon viel früher gesagt, als sie noch gar keine Freunde hatten." Also gibt es doch auch bei Sanja eine gewisse Vorstellung, die die Partner ihrer Töchter erfüllen sollten? „Ja, da gibt es einen wichtigen Faktor – das ist die Religion", meint Dorothea, die ältere Tochter. „Das ist total verbunden mit dem kulturellen Background. Wir sind ja alle römisch-katholisch und das ist meiner Mutter sehr wichtig. Da gibt es für meine Mama kein links und kein rechts. Wenn ein Mann römisch-katholisch ist, dann hat er bei ihr schon einmal fünfzig Prozent abgedeckt als potenzieller Schwiegersohn", lacht sie. Und ihre jüngere Schwester Patrizia meint dazu: „Meine Mama denkt da wie meine Oma, würde ich sagen. Ich glaube, sie hat Angst, dass wir für einen Mann unsere Religion aufgeben müssten. Ich bin da ganz anders, viel offener. Sicher auch, weil ich in Österreich aufgewachsen bin." Bis zu einem gewissen Grad verstehen Sanjas Töchter aber, warum ihrer Mutter das so wichtig ist, und beide sind der Ansicht, dass sie sich ohnedies in Kreisen bewegen, wo eine andere Religion kein Thema sei und diese Prämisse der Mutter daher noch nie ein Problem gewesen wäre.

Wendepunkt Krieg

Sanja selbst ließ sich von der Kritik ihrer Mutter an ihrem Freund nie beeinflussen, stand immer zu ihm und versuchte gleichzeitig, mit ihrer geliebten Mutter trotzdem gut auszukommen. Als die Situation in Dubrovnik kurz vor Ausbruch des Krieges wirtschaftlich immer schwieriger wurde, ging Peter in die Schweiz. Sanja wäre gerne mitgekommen, doch da gab es ein mütterliches Njet. „Da hat meine Mutter ihr Veto eingelegt. Ich war im letzten Studienjahr und sie bestand darauf, dass ich in Dubrovnik blieb und mein Studium abschloss." Doch die politische Situation spitzte sich immer mehr zu, Dubrovnik war kein sicherer Ort mehr. Der Krieg brachte die große Wende. Sanja folgte Peter in die Schweiz und die Mutter war froh, ihre Tochter in Sicherheit zu wissen. „Da konnte meine Mutter dann gar nicht mehr viel sagen. Ich war früher schon öfter in den Sommerferien in der Schweiz, als Kellnerin konnte ich dort im Sommer viel Geld verdienen, das ich während des Jahres in Dubrovnik dringend brauchte. Also konnte ich daran gut anschließen und arbeitete während des Krieges in der Schweiz in der Gastronomie." 1992 landeten Sanja und Peter schließlich in Österreich und aus einem Studentenjob wurde für Sanja ein Beruf. „Meine Mutter hatte damit ein großes Problem. Es war für sie etwas komplett anderes, ob ich als Studentin als Kellnerin mein Geld verdiente oder daraus jetzt meinen Beruf machte. Auch wenn sie genau wusste, dass mir der Krieg einen Strich durch meine Lebensplanung gemacht hatte. Und ich kann ihr auch überhaupt nicht böse sein. Ich war immer eine sehr gute Schülerin, dann war ich auf der Uni und dann im Service in einem Restaurant. Das war schon ein Bruch in meiner bisherigen Laufbahn." Noch von Wien aus setzte Sanja, wie sie erzählt, alles daran, ihr Wirtschaftsstudium doch noch zu Ende zu bringen. „In Dubrovnik hatte sich das ganze System geändert. Als ich dort wegging, war es Jugoslawien, dann war es Kroatien. Ein ganzes Jahr Studium wurde dadurch de facto annulliert. Sie schrieben mir zehn neue Prüfungen vor und ich versuchte, diese zu bestehen. Auch mit einem kleinen Baby, meine Tochter Dorothea war ja schon auf der Welt, aber das war sehr schwer. Ich musste in Dubrovnik anwesend sein, eine Woche bis zu zehn Tage lang dort bleiben, um die Prüfungen zu machen, das kostete auch viel Geld." Kurz vor dem Studienabschluss gab Sanja auf. Das neue Leben in Wien, mit einem Baby, mit ihrer Arbeit, das war einfach zu viel. Und so blieb ihr Wunsch und zugleich der Traum ihrer Mutter von einem Studienabschluss der Tochter unerfüllt. Die Gastronomie wurde vom Studentenjob zum Lebensinhalt.

Von der Wichtigkeit der Bildung

Bildung war für Sanja aber weiterhin von großer Bedeutung. Allerdings in einer neuen Rolle, der als Mutter, die sich ab dem ersten Volksschultag intensiv um die schulischen Leistungen ihrer Töchter kümmerte.

„Schule war meiner Mutter immer sehr wichtig. Da war sie wirklich sehr streng. Besonders Mathematik war für sie von der Volksschule weg ein großes Thema. Sie selbst ist ja so ein Mathegenie und hat mit uns gelernt und uns auch immer kontrolliert", erzählt Dorothea, die ihre Mutter als besonders warmherzige und liebevolle Mama beschreibt, aber während der Schulzeit auch als besonders streng. „Ich war mein Leben lang berufstätig, aber ich habe auch immer alles für die Kinder gemacht. Obwohl mein Mann da war, habe ich fast so gelebt wie eine Alleinerzieherin mit den Mädchen. Ich wollte das auch so, ich wollte mich um die Kindererziehung kümmern. Wahrscheinlich hatte ich das so gelernt, meine Mutter war auch sehr präsent bei uns Kindern", meint Sanja, die ihre eigene Mutter als ihre Lehrerin im Muttersein bezeichnet. „Ich bin überzeugt davon, dass wir aus gutem Grund selbst als Mütter vieles so machen, wie es unsere Mütter bei uns gemacht haben. In die Schule gehst du, um Lesen und Schreiben zu lernen, und dann begegnen dir Lehrer, von denen abhängt, ob du dich für ein Fach interessierst oder nicht. Weil sie es dir entweder gut oder nicht gut vermitteln. Und so hängt das sehr an der Person, die dir etwas präsentiert, das du bislang nicht kanntest. Genauso ist das mit den Müttern." Für sie als Mutter war es selbstverständlich, sich intensiv um die schulischen Leistungen ihrer Töchter zu kümmern. Schon in der Volksschule lernte sie mit den Mädchen, kontrollierte, ob sie ihre Hausübungen ordentlich erledigt hatten. Im Nachhinein stimmen beide Töchter überein, dass diese Kontrolle letztlich für sie gut war. Als Kinder und noch mehr als Jugendliche hätte sie die mütterliche Kontrolle aber oft furchtbar genervt. „Ich weiß eigentlich nicht genau warum, aber sie hatte da wirklich einen Kontrollwahn. Sie wollte, dass wir alles richtig machen, schon in der Volksschule war das so", meint Patrizia. Ihre Schwester erzählt, wie sie als Volksschulkind in der Früh immer zu allererst ins Wohnzimmer ging, um zu schauen, ob ihre Mutter einen Zettel hinterlassen hatte. Ein Zettel bedeutete, dass sie noch etwas bei den Hausübungen ausbessern musste, die ihre Mutter nach der Arbeit spät nachts noch durchgesehen hatte. Ein Zettel bedeutete auch, die Mama aufwecken und mit ihr die Schulsachen vor Schulbeginn noch einmal durchzugehen. „Das war schwierig. Für beide Seiten. Die Mama arbeitete ja immer in der Gastronomie, kam spät heim und musste dafür früh aufstehen, das hat niemandem Spaß gemacht", erinnert sich Dorothea. Aber ihre Mutter zog das mit großer Disziplin durch. „Ja, ich war sehr, sehr streng mit meinen Töchtern in der Schulzeit. Vielleicht auch, weil ich Respekt hatte vor diesem Dazugekommensein. Ich selbst bin ja nicht in Österreich in die Schule gegangen, das österreichische Schulsystem war für mich komplettes Neuland. Von meinen Kindern habe ich immer erwartet, dass sie noch perfekter sind als die anderen. Ich war sehr jung, Deutsch ist nicht meine Muttersprache. Also, wenn eine Lehrerin zu mir gesagt hätte, ihre Tochter ist aber schon sehr lebendig, das wäre für mich eine Katastrophe gewesen." Die Sorge ihrer Mutter, ihre Töchter könnten aufgrund ihres Migrationshintergrundes vielleicht benachteiligt werden und müssten deshalb besonders gut in der Schule sein, können Sanjas Töchter nicht nachvollziehen. Nie seien sie in der Schule anders behandelt worden, weil ihre Eltern nicht aus Österreich waren. Deutsch ist für beide genauso eine Muttersprache wie Kroatisch. Aber einen Dreier nach Hause zu bringen, das war für ihre Mutter bereits eine Katastrophe.

Die Geschichte mit dem Zeugnis

Und so kam es zu der Geschichte mit dem Zeugnis, erst bei ihrer älteren Tochter, später bei ihrer jüngeren. Beide Töchter fälschten für ihre Mutter ein Zeugnis. Ein Zeugnis, in dem stand, dass sie nur mit Nachprüfungen aufsteigen konnten. Ein Zeugnis, das sie ihrer

Mutter nicht präsentieren konnten. „Das war ein richtiger Schock. Ich war wahnsinnig wütend, aber ich war auch traurig, ich habe eine Woche lang nur geheult", erinnert sich Sanja. Ohne jegliche Vorwarnung landete sie zu Schulbeginn in einem Albtraum, als sie plötzlich in die Schule gerufen wurde, weil ihre ältere Tochter Dorothea eine Art Nervenzusammenbruch hatte, als sie die Nachprüfung nicht schaffte und das ganze Desaster aufflog. „Ich habe dieses Zeugnis in der vorletzten Klasse aus Angst gefälscht, ich konnte das meiner Mutter einfach nicht zeigen. Im Nachhinein betrachtet war das eigentlich alles halb so schlimm. Einmal durchfallen in der Schule ist ja nicht so etwas Schlimmes. Aber ich wusste, das kann ich nicht bringen. Für meine Mama war das wahnsinnig schwierig und es war ihr vor der ganzen Familie peinlich. Dieses Standing der Familie gegenüber, das war immer ein großer Punkt. Mir selbst ist das nicht so wichtig, und ich finde es blöd, in diese starren Vorgaben gepresst zu werden. Jeder hat seine Stärken und seine Schwächen, aber der Mama war immer wichtig, was die Leute sagen." Darüber entfachten sich zwischen Mutter Sanja und ihrer ältesten Tochter in deren Pubertät immer mehr Diskussionen. „Ich war immer ein Kind mit einem eigenen Kopf und habe nicht alles getan, was von mir verlangt wurde. Das wurde im Teenageralter, in dem man beginnt, sich selbst neu zu entdecken, immer stärker. Da sind oft die Fetzen geflogen zwischen meiner Mutter und mir. Meine Schwester Patrizia hingegen war immer die perfekte Tochter, die tat, was man von ihr erwartete. Bei mir war das nicht so." Das gefälschte Zeugnis führte zu einem richtigen Bruch zwischen Dorothea und ihrer Mutter, das sehen heute beide so. Damals verstärkte die Mutter die Kontrolle, ihre Tochter fügte sich, wiederholte die Klasse „bravourös" und maturierte mit gutem Erfolg. Doch die Stimmung zwischen ihr und ihrer Mutter blieb schlecht. „Ich habe ihr damals oft vorgeworfen, dass sie mich wie das schlimmste Kind der Welt hinstellt. Dabei war ich als Teenager eigentlich ziemlich brav. Bin kaum ausgegangen, kein Alkohol, keine

Drogen. Nichts. Es gab eigentlich wenig Sorgenpotenzial für meine Eltern." Trotzdem kam es zu dem großen „Crash", wie Dorothea es bezeichnet. Nach der Matura, als sie zu Hause verkündete, dass sie lieber nicht studieren, sondern sich gleich eine Arbeit suchen wolle. Für ihre Mutter ein Schock. „Meine Mutter war richtig wütend darüber, dass ich nicht studieren wollte, bei all den Möglichkeiten, die mir offen standen. Ich fand das sehr schade, dass sie nicht akzeptieren konnte, dass ihr Kind einen anderen Weg gehen wollte. Und ich habe ihr und meinem Vater dann ganz klar gesagt: Mama, Papa, ich bin erwachsen, ich führe mein eigenes Leben." Auf die „Eskalationen" zwischen ihr und ihrer Mutter hatte Dorothea nach Abschluss der Schule keine Lust mehr. Sie zog zu ihrem Freund, der ganz in der Nähe wohnte. Trotzdem war erst einmal Funkstille. Fast ein Jahr lang. „Ich brauchte das, auch räumlich von meinen Eltern getrennt zu sein. Nicht mehr permanent unter Beobachtung zu stehen. Ich mag es, in einem Land wie Österreich aufgewachsen zu ein, wo man ein Individuum sein kann. Am Balkan lebt man noch immer mehr in einer Sippe, dort steht die Familie an oberster Stelle. Auch wenn ich meine Familie wirklich sehr, sehr gern habe, ich war immer schon der Typ, der auch Abstand braucht. Dieses Jahr Abstand war gut für mich. Und das hat auch der Beziehung mit meiner Mutter gutgetan. Wir sind beide Alphaweibchen, da gerät man einfach aneinander. Inzwischen grooven wir uns immer mehr miteinander ein. Es hat gedauert, aber jetzt sind wir wirklich auf einem guten Weg miteinander", freut sich Dorothea.

Auch Patrizia erlebte als Teenager die Strenge ihrer Mutter, glaubt aber, dass sie anders als ihre Schwester immer auch die Sorgen ihrer Mutter dahinter sah. Das Desaster mit dem gefälschten Zeugnis hatte sie als die um fünf Jahre Jüngere sehr intensiv miterlebt und trotzdem entschied sich auch Patrizia in ihrer Not dafür, ihrer Mutter nicht das echte Zeugnis zu zeigen, als sie in der Oberstufe ein Jahr nicht schaffte. „Meine Töchter haben das Gleiche gemacht, aber ich glaube aus anderen Gründen. Die Ältere hatte Angst, mir das zu sagen, weil sie faul war. Das ganze Schuljahr hatte ich sie immer wieder ermahnt, mehr zu tun, und dann hatte sie am Ende wirklich zu wenig gelernt. Meine Jüngere hat mitbekommen, wie traurig mich das damals gemacht hat, und ich glaube, sie wollte mich vor dieser Traurigkeit schützen. Ich bin mir da ziemlich sicher, auch wenn ich das so mit ihr noch nie besprochen habe." Also fragen wir bei Patrizia nach. „Es mag komisch klingen, aber ich habe das wirklich getan, um meine Mutter nicht zu belasten. Meine Eltern haben immer sehr viel gearbeitet, meine Mutter hat sich sehr um uns Mädchen gekümmert. Und es war immer so: Die Schule war unser Ding. Das war, was wir Kinder leisten sollten. Und obwohl ich das Schlamassel damals bei meiner Schwester mitbekommen hatte, dachte ich mir, das schaffe ich schon, das wird nicht auffallen, damit belaste ich meine Mutter nicht. Und ich habe das auch niemandem erzählt, nicht einmal meiner großen Schwester. Das wollte ich ganz alleine durchziehen." Aber auch bei ihr ging der Plan nicht auf, auch Patrizia flog bei der Nachprüfung durch. Die Geschichte wiederholte sich. Und die Mutter reagierte gleich wie bei der älteren Tochter: Sie verstärkte die Kontrollen, checkte teilweise sogar das Handy ihrer Tochter, ihre Privatsphäre wurde überwacht, erzählt Patrizia. Mutter und Tochter sprachen wenig miteinander. Trotzdem begann die jüngere Tochter in dieser Zeit im Restaurant der Eltern zu arbeiten, das diese inzwischen gekauft hatten. „Das war nicht einfach, ich habe damals oft geweint. Es war so schwer für sie, verkraften zu müssen, dass ihre Tochter durchgefallen war. Meine Mama ließ es sich auch nicht nehmen, mit Gästen darüber zu reden und denen zu erklären, was alles passiert war. Ich wollte damals aber unbedingt zeigen, dass es anders geht, dass ich es kann, aber mit der Mama war es nicht einfach."

Etwas, das die Schwestern als schwieriges Schema ihrer Mutter beschreiben, kennen beide seit ihrer Jugend. Gab es Streit mit der Mutter, zog sich diese zurück und redete nicht mehr mit ihnen.

Tagelang, manchmal auch länger. „Wenn dir deine Tochter, die zwanzig ist, etwas an den Kopf wirft, das dich kränkt, dann bin ich der Typ, der sich zurückzieht. Bevor ich mit ihnen streite und etwas sage, das sie verletzt, sage ich lieber gar nichts. Ich glaube, das hat den Ursprung in meiner Beziehung zu meiner Mutter. Oft habe ich viel geschluckt, was sie meinem Mann gegenüber sagte, ich habe viel geschluckt, weil ich nicht streiten wollte und konnte. Wahrscheinlich bin ich dann bei Konflikten oft einfach still. Das kann auch durchaus einige Tage dauern", erklärt Mutter Sanja ihr Schweigen.

Das Ende der Schulzeit als Neuanfang

Mit dem Ende der Schulzeit fiel das große Konfliktthema zwischen Sanja und ihren Töchtern weg. Enorm sei das, wie gut sich ihre Mutter-Tochter-Beziehung seither entwickelt habe, meint Patricia, und auch Dorothea freut sich, dass sie sich mit ihrer Mutter mit den Jahren immer besser verstehe. „Diese Vertrauensbasis, die ist jetzt wieder da zwischen uns. Wir reden über Gott und die Welt, wir gehen gemeinsam shoppen. Die Schulzeit hatte schlimme Nachwehen, aber jetzt finden wir wieder sehr gut zueinander."

Denn eines ist beiden Töchtern heute ganz klar, dass die Strenge der Mutter immer aus Liebe zu ihnen geschah. „Ich wurde von meiner Mutter immer mit Liebe überschüttet. Mir hat es diesbezüglich als Mädchen nie an etwas gefehlt", meint Patrizia, und auch ihre ältere Schwester Dorothea erinnert sich an ein sehr inniges Verhältnis mit ihrer Mutter, das sich allerdings für sie änderte, als sie durch ihre um fünf Jahre jüngere Schwester „Konkurrenz" bekam. Seit der Geburt ihrer Schwester hätte sie sich deshalb sehr auf sich selbst fokussiert, vielleicht auch ein Grund, warum sie im Gegensatz zu ihrer Schwester jetzt als Erwachsene viel mehr Raum für sich selbst brauche. Im

Restaurant ihrer Eltern zu arbeiten, ihre Mutter dort als Chefin zu haben, wie es ihre Schwester neben ihrem Studium macht, kann sich Dorothea „absolut nicht vorstellen". Erst vor Kurzem habe sie mit ihrer Mutter darüber gesprochen, warum ihre Schwester und ihre Mutter so perfekt harmonierten und sie und ihre Mutter immer wieder so aneinander gerieten. „Weil wir beide so starke Persönlichkeiten sind, das glauben wir beide." Und ihre Mutter hat dazu noch eine andere Theorie: „Man sagt ja nicht umsonst, Plus und Plus stoßen sich ab. Wir Frauen, wir lieben und wir hassen uns eben. Ich bin absolut davon überzeugt, dass die Beziehung zwischen der Mutter und der älteren Tochter immer die schwierigere ist. Bei der ältesten Tochter lernst du noch deine Mutterrolle. Alles passiert zum ersten Mal. Auch beim Schulthema war ich sicher mit meiner zweiten Tochter schon etwas lockerer." Die Mutter hat noch eine Theorie, warum die Beziehung mit ihrer älteren Tochter nie so extrem eng war wie mit ihrer jüngeren. „Mittlerweile glaube ich, dass mir meine ältere Tochter wesentlich ähnlicher ist, als ich das früher dachte. Vielleicht hatten wir auch deshalb so viele Konflikte. Wenn sie rebelliert, dann ordentlich. Das habe ich ja auch einmal in meinem Leben gemacht – bis zur letzten Prüfung studiert und dann doch nicht das Studium abgeschlossen. Einen Mann gewählt, der nicht den Vorstellungen meiner Mutter entsprach. In gewisser Weise war das eine Rebellion. So wie meine Älteste, die nach der Schule absolut nicht studieren wollte."

Mit ihren erwachsenen Töchtern, erzählt Mutter Sanja, diskutiere sie jetzt immer wieder, was sie deren Meinung nach als Mutter falsch gemacht habe. „Ich weiß, meine Töchter finden, dass ich zu streng war in ihrer Schulzeit. Sie sagten damals schon zu mir: ‚Mama, sei doch locker. Es passiert doch nichts, wenn wir eine Klasse wiederholen müssen.' Oder meine Töchter sagen mir, dass ich zu viel auf Traditionen achte. Oder sie werfen mir vor, dass mir zu wichtig ist, was andere sagen. Das weiß ich. Ich gebe ihnen dann immer eine

Frage zurück: Wie werdet ihr reagieren, wenn ihr einmal Mütter seid? Was braucht ein Kind? Grenzen oder gar keine Grenzen? Unterstützung? Und wie unterstützt du deine Kinder am besten? Willst du ein Vorbild sein? Also, ich freue mich und ich bin neugierig, wie sie diese Fragen einmal selbst beantworten werden, wenn sie selbst in der Mutterrolle sein werden." Das Muttersein sei ein Lernprozess, aber nicht nur in eine Richtung. Denn sie selbst habe, meint Sanja, viel von ihren Töchtern, die „mittlerweile zu selbstbewussten, jungen Damen" herangewachsen sind, lernen können. Auch im Umgang mit ihrer eigenen Mutter. „Dank meiner Töchter habe ich meiner Mutter vor einigen Jahren einmal endlich ganz frei meine Meinung gesagt. Nicht mehr geschwiegen aus schlechtem Gewissen ihr gegenüber wie früher. Das war befreiend. In diesem Jahr zum Beispiel habe ich meine Mutter noch gar nicht besucht und trotzdem war ich mit meinem Mann schon auf Urlaub. Und das weiß meine Mutter auch. Aber zu mir sagt sie nichts mehr. Sie meckert sicher ein bisschen, aber nicht mehr mir gegenüber, sondern das erzählt sie dann eher meiner jüngeren Tochter und die geht damit ganz locker um."

„Entscheidend ist die Zufriedenheit mit der eigenen Lebenssituation"

Eines der zentralen Themen heute ist die Vereinbarkeit von Beruf und Familie. Die Töchter von heute sind die Mütter von morgen. Viele Mütter legen ihr Hauptaugenmerk, ob aus Neigung oder Notwendigkeit, auf Arbeit, Beruf oder Karriere. Welche Konsequenzen hat das Ihrer Meinung nach für die Töchter?

Ich habe zweierlei Erfahrungen: die eine als Tochter, die andere als Mutter. Ich komme aus einem Elternhaus mit sieben Kindern. Meine Mutter hatte in Germanistik promoviert und zwei Jahre als Journalistin gearbeitet. Dann kam das erste Kind, meine Eltern zogen nach Luxemburg, später nach Brüssel und es war selbstverständlich, dass damit die Berufstätigkeit meiner Mutter endete. Nach und nach wurden sechs weitere Kinder geboren. Meine Eltern führten eine sehr glückliche Ehe. Mein Vater war ein wunderbarer Vater, der zwar viel unterwegs war, aber wenn er zu Hause war, dann sehr präsent. Ich bin in einem Haushalt aufgewachsen, in dem die unterschwellige Erwartung meiner Eltern an die Töchter wie die Söhne war: Es ist ganz wichtig, dass ihr einen guten Studienabschluss macht. Meine kleine Schwester ist mit 11 Jahren gestorben. Ich war damals 13 Jahre alt. Von da an war ich das einzige Mädchen. Aber es galt für mich als Tochter genauso wie für die fünf Brüder: ein guter Abschluss.

Nach meinem Medizinstudium war ich gerade jung verheiratet und in der ersten Anstellung. 1987 erwartete ich das erste Kind, und es gab zwei Reaktionen: Im Krankenhaus war es die Enttäuschung, dass ich schwanger war. „Oh, wie schade, mit der haben wir noch so viel vorgehabt." Dieses „Auf die können wir jetzt verzichten" hat mich sehr gekränkt. Und dann gab es die Erwartung in meinem privaten Umfeld, nicht von meinem Mann, aber von anderen: „Ah, jetzt kriegst du ein Kind, jetzt bleibst du zu Hause." Beides ist so nicht eingetreten.

Ich weiß noch, wie mich das schlechte Gewissen zerrissen hat. Es gab damals weder einen Kindergarten, geschweige denn Kitaplätze. So habe ich versucht, mit einer Tagesmutter sowohl den Anforderungen der Klinik gerecht zu werden als auch der wachsenden Kinderzahl. Das Schlimmste im Rückblick war das schlechte Gewissen. Und wenn ich etwas der jungen Generation ersparen könnte, dann wäre es vor allem das schlechte Gewissen. Denn ich weiß heute mit meiner ganzen Erfahrung, dass es egal ist, ob die Eltern zu Hause sind, berufstätig oder auf welche Weise sie sich beides untereinander aufteilen. Entscheidend ist, dass sie mit ihrer Lebenssituation zufrieden sind. Eine Mutter, die zu Hause und frustriert ist, ist keine gute Mutter. Eine Mutter, die zerrissen ist und ausgebrannt in ihrem Beruf, ist auch keine gute Mutter. Umgekehrt, wer wirklich gerne zu Hause bleiben möchte, ohne latentem Vorwurf, wird eine zugewandte, gute Mutter sein. Wer seinen Beruf liebt, den werden die Kinder auch als eine zufriedene, glückliche und damit auch zugewandte Mutter erleben. Gleiches gilt für die Väter.

Also ist das im Grunde eine Frage der gesellschaftlichen Einstellung?

Ja, das ist richtig. Ich habe dieses schlechte Gewissen ja auch nur wegen der gesellschaftlichen Umgebung gehabt. Die zweite Erfahrung – und sie ist fast die wichtigere – habe ich nach der Geburt des dritten Kindes und nach unserem Umzug in die USA, nach Stanford, Kalifornien, gemacht. Dort war die Haltung völlig anders: „Ah, ihr seid beide

Ärzte, ihr habt drei Kinder, toll, ihr müsst ja sicher beide viel arbeiten, um die ganzen Kosten für Schule und Ausbildung hinzubekommen, wie können wir euch helfen?" Es gab Kinderbetreuung und man konnte sogar auswählen. Es wurde vom Vater genauso erwartet, dass er sich in der Schule engagiert und sich freie Zeit für Schulaktivitäten loseist, wie von der Mutter. Mein Mann und ich haben das als echte Befreiung empfunden. Wir haben gemerkt, was es bedeutet, wenn die Gesellschaft unterstützend ist. Die Aufgaben bleiben anstrengend, aber es wachsen ungeahnte Kräfte, wenn man ein unterstützendes Umfeld hat.

Welche Konsequenzen hatte das für Sie?

Das hat eigentlich meine gesamte politische Haltung geprägt, insbesondere als Familienministerin. Es war mir wichtig, dass sich die gesellschaftliche Tonalität ändert. Dass man Respekt vor jungen Vätern und Müttern hat. Sie geben ihr Bestes, nämlich Kinder zu erziehen und ihren Lebensunterhalt verdienen zu wollen. Also besser kann es ja eigentlich nicht sein. Die Frage ist, wie können wir als Gesellschaft da helfen. Und das sind jene Elemente gewesen, die dann politisch zu Elterngeld, Rechtsanspruch auf einen Krippenplatz, familienfreundliche Arbeitszeiten und all den anderen Themen geführt haben.

Gibt es da Fortschritte, gibt es eine veränderte Mentalität?

In Deutschland hat sich vieles deutlich verbessert. Inzwischen haben wir das breit akzeptierte Elterngeld und insbesondere die Vatermonate haben das Bild und Selbstverständnis junger Väter verändert. Es gibt den Rechtsanspruch auf einen Krippenplatz. Im Regierungsprogramm steht jetzt sogar der Rechtsanspruch auf Ganztagsbetreuung in der Grundschule, Unternehmen haben ausgefeilte Arbeitszeitmodelle für Familien verankert.

Was hätte ich vor zwölf Jahren für diese Einstellung gegeben? Natürlich ist man noch lange nicht am Ziel, aber es ändert sich etwas. Das ist er Punkt.

Als Mutter von fünf Töchtern und zwei Söhnen weiß ich jetzt natürlich nicht, wie das für sie sein wird, wenn sie Eltern sind. Es hat noch keines unserer Kinder eigene Kinder, aber die Gespräche der Töchter sind genauso wie jene der Söhne. Es ist nicht nur Ziel, eine gute Ausbildung zu schaffen, sondern sie überlegen sich alle, was sie beruflich machen werden. Sie denken viel darüber nach, wie sie das mit Kindern vereinen werden. Keine der Töchter denkt daran, nicht berufstätig zu sein. Sie fragen sich, wovon sie dann leben sollten. Früher, vor zwanzig oder dreißig Jahren hätte man gesagt: „Na ja, mein Mann wird das Geld schon verdienen." Dass sie gar nicht davon ausgehen, sondern sich überlegen, wie sie ihren Lebensunterhalt selbst verdienen, zeigt, wie viel sich verändert hat

Denken Ihre Töchter daran, dass sich ein gewisser Lebensstandard heute nur mehr absichern lässt, wenn beide Partner berufstätig sind?

Das kann man wirtschaftlich sehen. Es ist aber auch ein positives Beispiel. Ich habe früher am Anfang meiner Berufstätigkeit oft gedacht, wenn es hart war in der Klinik: Warum tue ich mir das alles an? Ich könnte es ja auch gemütlicher haben. Aber zwei Überlegungen waren immer wichtig. Die eine war: Mein Mann und ich haben uns immer viele Kinder gewünscht. Ich wusste, dass wir beide dafür das Einkommen verdienen müssen, sonst geht es nicht. Zweitens wusste ich: Wenn ich meinen Beruf als Ärztin ganz aufgebe, kriege ich später den Fuß nicht mehr in die Tür. Eines Tages würde ich meinem Mann dafür Vorwürfe machen. Das wäre ja auch nicht fair.

Sie haben einmal vom Wind unter den Flügeln gesprochen. Was meinten Sie damit?

Ja! Der Wind unter den Flügeln war da, seit wir als junge Eltern die Erfahrung im Ausland gemacht hatten, wie viel wir gemeinsam bewältigen, wenn beide zu Hause und im Beruf ihr Päckchen tragen. Die ersten Jahre war ich stärker für alles „zu Hause" verantwortlich. Es hatte sich einfach schleichend so ergeben. Er war nach 15 Jahren Ehe habilitierter Professor der Medizin und ich hatte bis dahin meinen Facharzt nicht geschafft, obwohl wir gleichzeitig angefangen hatten. Aber wir hatten sieben Kinder. Dann wurde ich Ministerin. Da haben wir quasi einen Rollentausch gemacht. Er war selbstständig in Hannover und derjenige, der die Kinder morgens in die Schule gebracht hat, und wusste, wenn eine Klassenarbeit in Mathe geschrieben wurde. Heute sagt mein Mann, das war das Beste, das ihm passieren konnte, weil er eine ganz eigene Beziehung zu den Kindern aufgebaut hat.

Außerdem wissen wir beide: Es hat unserer Ehe gutgetan. Wir wissen, wie schön und schwierig es zu Hause, wie schön und schwierig es im Beruf ist. Also wirft keiner dem anderen vor: „Wenn ich es nur so machen könnte wie du." Wir wissen, dass beides – Familie und Beruf – seine Höhen und Tiefen hat. Berufstätig zu sein, ist nicht nur sonnig. Zu Hause zu sein, ist auch nicht nur sonnig. Der entscheidende Punkt ist, den jungen Menschen so viel Flexibilität zu bieten, dass sie Zeit für beides haben können: für Beruf und Familie. Gehetzt zu sein, macht verzweifelt.

Aber in der Politik ist es doch ein Stück weit anders. Dort gilt der hundertprozentige Anspruch an Ihre Zeit und Kraft.

Mein Vorteil als Familienministerin war, dass ich abgrenzen konnte, mein Handy von Freitagabend bis Montagmorgen ausschalten konnte. Dazwischen war ich bei meiner Familie. Das wurde weitgehend akzeptiert.

Aber doch wohl nur bei Ihnen?

Ich habe das zumindest so klar kommuniziert. Natürlich hat es auch Kritik gehagelt, verpackt in die ewig wiederkehrende

Frage: Wie wollen Sie das schaffen? Ich habe immer geantwortet, dass ich die Frage beantworte, wenn sie auch allen männlichen Kabinettsmitgliedern mit Kindern gestellt wird. Die Kanzlerin unterstützt Eltern in ihrem Kabinett sehr. Familienpflichten sind voll akzeptiert. Die Belastung bleibt ja trotzdem. Man muss ja beides schaffen, Amt und Familie, aber der Vorwurf steht nicht mehr so offensichtlich im Raum wie früher. Die Arbeit wird nicht weniger, die Belastung wird nicht weniger und dieses schwierige Jonglieren zwischen den Verpflichtungen auch nicht. Das kann einem keiner abnehmen.

Sind Sie für alle Ihre fünf Töchter ein Vorbild?

Hoffentlich nicht. Das wäre zu viel. Sie gehen ihre eigenen Wege. Aber alle fünf denken darüber nach, in welchen Beruf sie gehen und wie sie das zeitlich bewältigen können. Also, sie denken über das Wie nach und nicht über das Ob. Manchmal fragen sie mich, wann die ideale Zeit ist, um Kinder zu kriegen. Meine Lebenserfahrung ist: Bekomm sie dann, wenn sie kommen, weil es nie die „richtige" Zeit gibt. Im Nachhinein ist man froh, dass sie gekommen sind.

Karriere, späte Mutterschaft und die Konsequenzen für die Kinder. Auch diese gesellschaftliche Veränderung wird uns in Zukunft mehr beschäftigen, oder?

Höhere Bildung, relativ späte Mutterschaft, bewusste Elternschaft kann gut oder schlecht sein. Überkontrolle versus Gelassenheit und Zuwendung. Es verändert sich auch noch viel mehr. Zunehmende Unabhängigkeit von Frauen … Ich will das jetzt nicht überzeichnen, denn in der Welt, in der ich als Verteidigungsministerin unterwegs bin, passiert das genaue Gegenteil, die zunehmende Unterdrückung von Frauen. Wenn man die Welt insgesamt betrachtet, dann erleben Frauen heute eher einen Rückschritt – hinter den Schleier, hinter die Mauern, zurück in das Korsett von Regeln.

Aber wenn ich nur den kleinen Kosmos Deutschland und Europa anschaue, dann hat sich viel zum Positiven verändert.

Hatten Sie in Ihrer Union nicht enorme Überzeugungsarbeit zu leisten?

Das war am Anfang schwer. Aber ich hatte einen mächtigen Mitstreiter, nämlich eine Gesellschaft, die sich schon längst verändert hatte. Ich wäre gnadenlos gescheitert, wenn die Bevölkerung nicht so entspannt gewesen wäre und gesagt hätte: Natürlich brauchen wir Kitaplätze. Wie soll es denn sonst gehen? Mir hat übrigens der eine oder andere ältere Mann in der CDU geholfen. Der hat dann gemeint: „Ich schaue mir meine erwachsenen Töchter an und ich würde mich über Enkelkinder freuen. Aber ich bin auch stolz auf meine Tochter, die Ärztin, auf meine Tochter, die Rechtsanwältin. Wenn wir da nicht besser werden, wird es mit den Kindern nicht funktionieren."

Kennen Sie Töchter, die nur zu Hause bleiben wollten als Gegenentwurf zur berufstätigen Mutter und dann gemerkt haben, dass dies heute weniger sozial akzeptabel ist als früher?

Ja, natürlich kenn ich das auch. Wie „Frau" es auch immer macht, sie handelt sich Vorwürfe ein, entweder den der Rabenmutter oder den des Heimchens am Herd. Wir sollten uns kein schlechtes Gewissen machen lassen. Entscheidend ist doch die innere Zufriedenheit.

Und wie wäre diese zu erreichen?

Für mich besteht der Spagat darin, den Druck des Politischen, die Probleme der Arbeit nicht nach Hause mitzuschleppen. Egal ob Vater oder Mutter, die Frage bleibt, wie man es schafft, den Ballast vor der Haustür abzulegen, um in dem Moment offen zu sein, in dem man durch die Tür tritt.

Zeit nur für die Jüngeren?

Auch für die Sorgen und Nöte der Großen. Meine Kinder merken immer, wenn ich Druck habe. Dann kommt immer der Satz: „Geht's dir gut, Mama?" Dann weiß ich, ich muss loslassen.

Und Sie haben noch nie den Vorwurf gehört: Du hörst mir ja nicht zu?

Doch. Auch: „Du verstehst mich nicht!" Vor allem in der Pubertät. Ich habe die Erfahrung gemacht, dass die Kinder nach der Pubertät, nach harten Jahren und knallenden Türen, irgendwann den Schalter umlegen. Gespräche sind nicht nur wieder möglich, sondern werden kostbar und tief. Gott sei Dank war das schwierigste Kind in der Pubertät nicht das älteste, sonst wäre ich verzweifelt und hätte gedacht, das liegt an mir. Ich habe verstanden, dass Kinder sich in der Pubertät von mir lösen und mir Vorwürfe machen dürfen. Du musst nur versuchen, sie lieb zu haben, egal, wie sehr sie dich beleidigen. Pubertät kostet viele Nerven. Aber ja, sie müssen über die Stränge schlagen, sie müssen sich ausprobieren. Man hofft nur, dass es im Rahmen bleibt und ihnen nichts passiert.

Man kann als Eltern darauf vertrauen, dass sich in der Kindheit etwas Tragfähiges, eine tiefe sichere Bindung aufgebaut hat. Dieses sichere Fundament verschwindet in der Pubertät unter einer dicken Schicht von Auseinandersetzungen und schier nicht enden wollenden Sorgen, um danach mit Macht wiederzukommen.

Diese Zeit muss schwierig für Sie gewesen sein. Was macht trotzdem eine gute Beziehung zwischen Mutter und Tochter oder Töchtern aus?

Man muss als Mutter diese Tochter erst einmal annehmen, so wie sie ist. Ganz egal, welches Idealbild im Hinterkopf sitzt. Man muss sich selbst immer wieder überprüfen bei all den Gefühlen, die man so entwickelt. Warum ist das jetzt so? Willst du etwas von ihr? Das ist das eine. Das zweite ist die Pubertät. Sie müssen rebellieren. Ich finde, man muss sie durch die Pubertät lieben und ihnen ihre Freiheit lassen. Es ist ganz schwer, sie lieb zu haben und nicht einzuengen, ihnen Grenzen zu geben und dennoch Freiheit. Das ist eigentlich ein Widerspruch in sich. Aber jetzt mit den erwachsenen Töchtern ist das enge Gespräch, der Kontakt, etwas ganz Wunderbares.

Machen wir wieder einen Schritt zurück zu Ihrer Mutter und Ihre Familie. Den Wert der Ausbildung haben Sie schon erwähnt. Gibt es Dinge, die Sie an Ihrer Mutter sehr geschätzt oder auch abgelehnt haben, die jetzt im Verhältnis zu Ihren eigenen Töchtern wieder auftauchen?

Wahrscheinlich werde ich mich oft wie meine Mutter verhalten. Das kann gar nicht ausbleiben, aber mir fällt jetzt nichts ein. Einen Punkt aber gibt es: Meine Mutter war meiner Berufstätigkeit gegenüber sehr ambivalent. Sie war nach außen hin stolz auf ihre erfolgreiche Tochter, aber nach innen gab es immer einen latenten Vorwurf.

Du kümmerst dich nicht genug um die Kinder?

Ja, dieser Vorwurf war da und er war spürbar. Er hat am Anfang wahnsinnig wehgetan. Sie erwähnte Sätze wie: „Ob das mit den Kindern und dem Beruf gehen wird? Ob du dem allen gerecht werden kannst?" Irgendwann bin ich dann gelassener geworden. Ich habe mir gedacht: Ich kann es im Nachhinein ohnehin nicht ändern. Du hast dein Leben in einer Zeit gelebt, ich lebe jetzt meines. Sie war eine sehr künstlerische Person. Ich glaube, sie hatte das Gefühl, unter ihren Möglichkeiten geblieben zu sein.

Und der Subtext war: Wieso kannst du machen, was ich nicht konnte?

Ja. Warum kannst du sieben Kinder haben und trotzdem einen Beruf? Sie war sehr glücklich mit ihren sieben Kindern, aber in ihrer

Generation war es undenkbar, mit Kindern im Beruf zu bleiben. Weil mir das aber so wehgetan hat und ich nichts dagegen machen konnte, habe ich mir vorgenommen, meinen Töchtern niemals einen Vorwurf zu machen, was immer sie tun werden. Sie sollen Kinder kriegen, keine Kinder kriegen, im Beruf sein, zu Hause sein, mit Mann, ohne Mann, mir ist das egal. Hauptsache es ist der eigene Weg.

Was war Ihre Antwort auf diese entscheidende Frage Ihrer Mutter: Warum kannst du das machen?

Sie hat sie nie ausgesprochen.

Sie haben das auch nie angesprochen?

Nein. Da waren nur Bemerkungen wie: „Bist du sicher, dass das für das Kind gut ist, wenn du jetzt schon wieder gehen musst?"

Da sind wir aber wieder beim schlechten Gewissen.

Na klar, und mein Herz hat geblutet.

Und was immer sie politisch unternommen haben als Familienministerin, das ist ein Punkt, der vom Staat nie zu regeln sein wird.

Nein, aber je mehr Akzeptanz da ist, desto leichter wird es. Vor allem müssen die Väter sich mehr beteiligen. Sie sind als Väter unverzichtbar.

Gibt es nicht auch die gegenläufige Entwicklung: immer mehr abwesende Väter, weil immer mehr Ehen zerbrechen?

Dauerhafte Ehen sind schön. Aber so wie ein Kind ein Recht auf seine Mutter hat, hat es auch ein Recht auf seinen Vater. Wenn Eltern sich trennen, dann müssen sie einen Weg finden. Das Kind hat nur diesen einen Vater und diese eine Mutter. Es braucht beide.

Natürlich kann die gesellschaftliche Entwicklung den Eltern nicht alles abnehmen, aber man kann zumindest die Rahmenbedingungen so schaffen, dass sie Hilfe und mehr Autonomie über die eigene Lebenszeit haben.

Sie haben gesagt, die Kinder sollen machen, was sie wollen. Wie viel Freiheit vertragen Kinder? Wann empfinden sie das als Gleichgültigkeit der Mutter?

Das meine ich aber auch nicht. Kinder brauchen schon einen Rahmen und Grenzen im Alltag, aber auch Spielraum und Entfaltungsmöglichkeiten, eben Wurzeln und Flügel. Ich finde es deshalb wichtig, als Eltern, Mutter, Vater, das vorzuleben, was man von den Kindern erwartet.

Zum Beispiel?

Benimm dich. Sprich nicht in diesem Ton mit mir. Bedeutet ja auch: Mutter, benimm dich, sprich nicht so mit den Kindern. Manchmal wird das richtig hart, vor allem, wenn es mit den Kindern Konflikte gibt. Oder: Kinder, hört auf zu streiten. Heißt auch: Eltern, lebt ihr vor, was versöhnen heißt?

Wenn ich Sie richtig verstanden habe, soll jeder das suchen und finden, worin er/sie sich einfach wohlfühlt.

Ja, diese Optionen muss man haben.

Kann die Politik in dieser Hinsicht überhaupt etwas machen?

Die Politik kann sehr viel machen. Auch die Wirtschaft kann viel machen. Eltern brauchen Zeit, Geld und Infrastruktur. Infrastruktur beginnt mit guten Kitas und mit Ganztagsschulen. Geld muss in den schwierigen Jahren helfen, wenn das Einkommen klein ist und die Familie wächst, deshalb das Elterngeld oder das Kindergeld.

Zeit sind familienfreundliche Arbeitszeitmodelle und verlässliche Familienzeit, wie die Elternzeit oder Pflegezeit.

Heute muss man den Kindern sagen: Ihr jungen Leute habt ein langes Leben vor euch, keiner wird euch dauerhaft aushalten, ihr müsst euren Lebensunterhalt verdienen. Sorry, hört sich hart an, aber es ist so. Und wenn ihr Kinder erziehen wollt, wunderbar! Wie können wir euch helfen?

Ich bin in Brüssel aufgewachsen und war als Kind in einer Ganztagsschule. Wir hatten von 8 bis 16 Uhr Schule, wurden morgens vom Schulbus abgeholt, hatten von Tag eins an Deutsch und Französisch, ein warmes Mittagessen sowie beaufsichtigte Hausaufgaben. Es wurde nachmittags Kunst, Musik und Sport unterrichtet und danach brachte uns der Schulbus wieder nach Hause. Um 17 Uhr hatten meine Geschwister und ich frei. Und so war es von montags bis freitags. Das ist eine Ganztagsschule, die ihren Namen verdient.

Hatten Ihre Kinder in den USA die gleiche Erfahrung?

Ja. Und das heißt, die Eltern wissen, von 8 bis 16 Uhr sind die Kinder nicht nur versorgt, sondern sie bekommen Zuwendung, Anregung und Bildung. Vor allem auch beaufsichtigte Hausaufgaben. Das finde ich sehr wichtig. Wenn alle müde nach Hause kommen und es gibt noch einen Berg von Hausaufgaben, dann übt das großen Druck aus. Druck auf die Kinder, Druck auf die Eltern, Druck auf die Familie.

Das Konzept der Ganztagsschule ist aber in Deutschland nicht überall populär.

Ja, stimmt. Aber es verändert sich. Natürlich spielt hier eine Rolle, dass Deutschland wirtschaftlich gut dasteht, händeringend Fachkräfte sucht und erlebt hat, dass immer weniger Kinder geboren werden. Mit der Erkenntnis wächst auch die Bereitschaft, darüber nachzudenken, wieso das so ist. Woran liegt es, dass junge Frauen in meiner Generation, die das Land verlassen haben, im Ausland Chefärztin werden konnten und Kinder haben? Die amerikanischen Universitäten haben zum Beispiel vor zwanzig Jahren angefangen, das Prinzip „dual career" aufzubauen: Wenn ich die Besten der Welt haben will, dann muss ich dafür sorgen, dass beide, er und sie, die besten Möglichkeiten für Beruf und Kinder haben. Wenn sie mit ihrer Lebenssituation nicht zufrieden sind, werden sie in der Forschung und der Arbeit unter ihren Möglichkeiten bleiben. Deshalb unterstützen wir Mütter und Väter, Beruf und Familie zu vereinbaren. Das zahlt sich für die Universität aus. Diese Haltung setzt sich bei uns jetzt langsam unter dem Eindruck des Fachkräftemangels durch. Gut.

Wovon, glauben Sie, hängt es ab, ob Töchter den Lebensentwurf der Mutter akzeptieren oder dagegen rebellieren?

Viel hängt davon ab, ob man einander zugetan ist oder eher in Konkurrenz zueinander steht. Ich spreche mit meinen Töchtern gelegentlich darüber. Bitte orientiert euch nicht an mir. Ihr seid jung – ich habe die meiste Strecke schon hinter mir. Geht euren Weg!

Haben Sie eine gute Begründung dafür?

Wenn ihr in die Zukunft denkt, nehmt uns Eltern nicht als Folie, meinen Mann und mich. Wir sind nur ein kleiner Ausschnitt, es gibt ganz viele unterschiedliche Berufe und Lebenswege.

Entscheidend ist, dass ihr diese innere Balance und Zufriedenheit findet. Um die muss man sich jeden Tag bemühen. Es ist ja nicht so, dass man glaubt, sie einmal gefunden zu haben und dann bleibt sie erhalten. Es gibt Zeiten, in denen ist es deutlich schlechter, und es gibt Zeiten, in denen ich auch mal vernünftige Entscheidungen treffe, die mich dann auch befreien. Dann geht's auch wieder besser. So ist es ja im Leben.

Das Problem, die Latte der Eltern zu überspringen, haben ja auch die Söhne, oder?

Ja, ja klar. Und ich hatte meinen Vater, der war ja auch Ministerpräsident (Anm.: Ernst Albrecht, Niedersachsen). Das hat sicher auch auf mich abgefärbt.

Und die Öffentlichkeit ist auch nicht hilfreich. Sie sind dann nur die Tochter von ... oder der Sohn.

Das kenne ich auch aus meiner Kindheit. Mir hat geholfen, dass wir viele Geschwister waren. Das ist entlastend. Weil wir zu siebt waren, konnte man sich in schlechteren Zeiten auch mal verstecken. Ich habe diesen Satz „Bist du nicht die Tochter von ...?" gehasst. Da bin ich erst einmal rot angelaufen. Ich wollte den ganzen Überbau nicht. Bei meinen Kindern ist es auch nicht anders. Aber jedes muss seinen eigenen Weg finden.

Und stärken sie sich gegenseitig?

Sie erzählen sich, was sie so erlebt haben.

Ist das in den letzten Jahren mit dem Imageverlust der Politik eher schlimmer geworden? Sie selbst haben ja jede Menge Zuschreibungen bekommen – Mutter der Kompanie etwa oder Zickenkriegerin. Nicht alle waren freundlich. Hat das die Kinder verletzt?

Sie haben nie geklagt. Ich rate ihnen, das zum eigenen Schutz einfach wegzuschieben. Das Wichtigste ist, den Kindern zu sagen, es verletzt mich nicht. Die Kinder beobachten ja, was das mit den Eltern macht.

Das Thema Zuschreibungen und Frauen ist nochmals etwas anderes. Einem Mann würde man ganz andere Konnotationen zuschreiben. Zickenkrieg ist ein klassisches Wort. Über einen Mann würde man sagen, er sei durchsetzungsstark, er behaupte sich.

Großer Ehrgeiz ist eher nachträglich, nicht wahr?

Ich weiß. Eine junge Frau wollte im Ministerium anfangen. Dort sind ja noch wenige Frauen. Dann kam der Abteilungsleiter und sagte, er wisse nicht, ob sie die Richtige sei. Man hätte ihm gesagt, sie habe so einen riesigen Ehrgeiz. Da sagte ich, wie bitte? Wir sollten uns doch freuen. Die will etwas. Wenn ein junger Soldat dort gestanden hätte oder ein junger ziviler Beamter, hätten sie gesagt: Der hat Ehrgeiz. Sofort nehmen.

Einmal haben Sie sich erfreut darüber gezeigt, dass es bei der Bundeswehr immer mehr weibliche Offiziere und mehr Offiziersanwärterinnen gibt. Wie verändert das die Gesellschaft?

Wenn die Bundeswehr als Freiwilligenarmee weiter bestehen und in unserer Gesellschaft verankert bleiben will, muss sie sich breit aufstellen. Sie muss ein Spiegel der Bevölkerung sein. Wir brauchen im Jahr hunderttausend Bewerbungen. Wir stellen im Jahr fünfundzwanzig- bis dreißigtausend junge Menschen ein. Die kommen freiwillig. Wir müssen genauso Männer ansprechen wie Frauen, egal, woher sie kommen, solange sie den deutschen Pass haben. Nur wenn wir uns breit aufstellen, haben wir so viele Bewerbungen, dass wir die am besten Geeigneten für unsere Aufgaben aussuchen können. Und die Bandbreite unserer Aufgaben ist vielfältig!

Aber kann ein Bereich wie die Bundeswehr solche Rahmenbedingungen, von denen wir vorher gesprochen haben, zur Verfügung stellen? Zeit, Geld, Flexibilität, Infrastruktur?

Ja, auf jeden Fall hier im Grundbetrieb. Im Einsatz geht das nicht, keine Frage. Aber es gibt keinen Grund, warum man die Soldatinnen und Soldaten, die im Einsatz für uns den Kopf hinhalten, im Grundbetrieb hier zu Hause schlechter behandeln sollte als alle anderen Beschäftigten. Im Gegenteil, man müsste sie eigentlich besser behandeln. Sie sind Väter, sie sind Mütter – und bringen auch als solche ihre Kompetenzen ein. Selbstverständlich brauchen sie verlässliche Arbeitszeiten im Grundbetrieb in der Heimat. Selbstverständlich haben wir als Bundeswehr ein Interesse daran, dass die jungen Soldaten und Soldatinnen Kinderbetreuung finden, damit sie auch mit Kindern ihrem Dienst nachgehen können. Sonst verlieren wir die patenten jungen Menschen.

Ein anderes Problem ist das Älterwerden. Die Tochter arbeitet, die Mutter wird pflegebedürftig, die Tochter gibt deshalb den Beruf auf. Es ist ja immer die Tochter für die Pflege verantwortlich. Im Endeffekt stehen dann nicht wenige Frauen deshalb ohne ausreichende Altersversorgung da. Wie geht die Politik damit um?

Das Grundkonzept – Zeit, Geld, Infrastruktur – gilt für die Kleinen genauso wie für die Alten. Eine Gesellschaft wie unsere, die altert, verlangt viel von der Generation in der Mitte. Sie muss sich um die Kleinen und die Alten kümmern; sie muss gleichzeitig ihren Lebensunterhalt verdienen, das ist enorm. Wenn wir im Alter menschenwürdig gepflegt werden wollen, brauchen wir das gleiche Grundkonzept: Pflegezeit, Infrastruktur, Tagespflege, gute Sozialdienste.

Habe ich Sie jetzt richtig verstanden? Idealerweise wollen Sie nicht, dass die mittlere Generation das Erwerbsleben verlässt, um die Alten zu pflegen?

Das sollte kein Zwang sein. Wenn sie wollen, ist es etwas anderes. Schauen wir uns einmal an, wie die Familien über Jahrhunderte gelebt haben. Eigentlich waren es immer Großfamilien. Sie haben die Aufgaben verteilt. Vater und Mutter mussten immer viel arbeiten, denn von irgendwo muss ja auch das Einkommen herkommen. Kinder hatten viele Geschwister und von Großeltern bis Tanten halfen viele mit. Es heißt nicht umsonst: Es braucht ein ganzes Dorf, um ein Kind zu erziehen. Das hat sich verändert. Es sind oft Vater, Mutter und Kinder, die allein alles bewältigen müssen. Da helfen Kita und Schule, denn Kinder brauchen andere Kinder. Da helfen Lehrer oder Sporttrainer, denn andere Erwachsene prägen auch. Die Eltern bleiben unersetzlich, aber sie müssen nicht alles allein schultern. Und das Gleiche gilt für das Alter. Nicht alle haben Kinder, aber jeder hat Eltern. Wir können als Gesellschaft viel helfen, um der mittleren Generation zu ermöglichen, Beruf und Pflege zu vereinbaren.

Hanna Ibrahim und Menerva Hammad

Der Aha-Effekt des Lebens

Wenn Mutter und Tochter zwar denselben kulturellen Hintergrund haben, die Tochter jedoch in einer Umgebung aufwächst, die der Mutter fremd ist, dann kann sich der sogenannte Aha-Effekt einstellen. Für die gebürtige Ägypterin Hanan Ibrahim und ihre Tochter Menerva Hammad ist dieser wichtig, damit sie einander verstehen können, wie sie lachend erzählen: „Aha, das meinst du also damit?" – „Aha, deshalb hast du so entschieden." Aha, Aha, Aha – auf Arabisch natürlich. Für Hanan ist nämlich Menervas plötzlicher Wechsel in den Ur-Wiener-Dialekt nicht immer leicht verständlich.

Dennoch ist klar, dass Menerva heute nicht die Frau wäre, die sie ist, hätte ihre Mutter nicht immer wieder die eigene, vertraute Welt verlassen, um sich für Menerva in der fremden Welt einzusetzen. Welche Frau? „Schreibmaschine, Mutter, Ehefrau, Schwester, Freundin, Weltenbummlerin, Nachteule, Tagträumerin, Kuchenliebhaberin." So beschreibt sie sich selbst in ihrem Blog „Hotel Mama" mit derzeit 3.000 AbonnentInnen. Das sollte man fürs Erste einmal so stehen lassen. Später wird die Maturantin, die Studentin, die Medienmitarbeiterin, die bewusste Muslima mit Kopftuch, die Feministin folgen, die Frau, von der ihr Gegenüber einmal sagen wird: „Ich sehe Alexandria und höre Wien."

Fremdes Wien

Das erste Mal wagte sich Hanan aus ihrer Welt in die fremde, die zukünftige ihrer Tochter zwei Wochen nach ihrer Ankunft in Wien.

Da ging sie, ohne ein Wort Deutsch zu können, zur zuständigen Stelle im Amtshaus des 21. Wiener Gemeindebezirks, um für die damals zweijährige Menerva einen Platz im Kindergarten zu beschaffen. Heute erinnert sie sich daran, wie sie den Beamten überzeugen konnte, dass es für das Mädchen besser sei, unter Gleichaltrigen die Sprache zu erlernen, als mit ihr den ganzen Tag allein in der Wohnung zu sein.

Eigentlich war ein längerer Aufenthalt gar nicht angedacht. Hanan war ihrem Mann, der als Fahrer begann und als Mitarbeiter des Kursalons Hübner in Pension ging, nach Wien gefolgt. Sie wollte ein paar Jahre bleiben und dann nach Ägypten zurückkehren. Es kam anders: „Österreich ist ein sehr gutes Land für Kinder. Die Schule ist wichtig, damit sie gut leben können. Für mich war alles wichtig, was für die Kinder gut ist." Nach Menerva sollten dann zwei Söhne folgen.

An dieser Stelle sollte man erklären, warum Mutter und Tochter verschiedene Nachnamen haben und die Vorstellung, dass in Ägypten alle Väter Söhne den Töchtern vorziehen, falsch ist: Einen gemeinsamen Familiennamen von Mann und Frau gibt es nicht. Die Frauen behalten auch in der Ehe den Namen ihres Vaters. Deshalb Ibrahim für die Mutter und Hammad für Menerva. Sie erklärt den Wunsch nach einem Sohn folgendermaßen: „In den arabischen Kulturen wollen Männer nur deshalb unbedingt Söhne, damit der Familienname bestehen bleibt. Denn wenn die Töchter Kinder bekommen, tragen diese den Namen eines anderen Mannes."

Hanan war 21 Jahre alt, als Menerva zur Welt kam: „Das war ein besonderes Gefühl. Meine Tochter, meine Schwester." Damals konnte sie nicht ahnen, dass sich dreißig Jahre später einmal jemand denken würde: Immer wird von dominanten Müttern in einer Familie gesprochen, wer aber spricht von den dominanten Töchtern?

Im Kindergartenalter schubste Hanan ihre Tochter also zum ersten Mal in die fremde Welt. Wäre sie die Frau, die sie heute ist, wenn sie ohne Deutschkenntnisse später eingeschult worden wäre?

Die Welt der zwei Kulturen blieb für Hanan wichtig. Sie brachte der Tochter den Islam näher, ging freitags mit ihr in die Moschee, wollte, dass das Kind und später die Kinder ihre Religion und beide Welten kennen, sich aus beiden das Gute aussuchen und das weniger Gute meiden: „Ich habe keinen Druck gemacht. Ich habe sie gelassen. Sie sollten die Religion und die Tradition kennen." Menerva dazu: „Im Endeffekt hat sie uns die Entscheidung überlassen, was wir tun möchten." Zwang habe es in der Familie nie gegeben.

Diese Ablehnung von Druck und Zwang kommt wohl aus Hanans eigener Kindheit. Ihre Mutter sei 14 Jahre alt gewesen, als sie Hanan auf die Welt gebracht hat. Und sie erinnert sich: „Wir durften unserer Mutter nur zuhören, nicht mit ihr sprechen. Wir durften nie sagen, wenn sie etwas falsch gemacht hat. Wir mussten das machen, was sie angeordnet hat. Ja, keine Fragen stellen." Und daher wisse sie: „Keine Freiheit zu haben, tut weh."

Das sei eine andere Generation gewesen, aber Hanan wollte nicht, dass ihre Tochter so erzogen werde. „Die Fehler ihrer Mutter wollte sie bei mir nicht wiederholen." Es ging also um Pflichten und nicht um Zwang. Man habe Pflichten, die man erfüllen könne oder auch nicht. Man habe die Werte der arabischen Kultur und jene der Umgebung, in der man aufwachse: „Und du kannst das Beste von beiden nehmen."

Auch deshalb wird Menerva später in ihrem Blog schreiben: „Ich bin zweisprachig und multikulturell aufgewachsen. Das heißt: In mir stecken ägyptisches Faultiertemperament und die wienerische Grantlerfähigkeit zugleich. Zu Hause wird in zwei Sprachen gesprochen, gegessen, gelacht und gelebt."

Acht Jahre nach dem ersten Einsatz der Mutter für die Tochter bei den Behörden folgte der zweite am Ende der Volksschule. Menerva blieb sowohl im Kindergarten als auch in der Volksschule im Hort bereits bis in die Nachmittagsstunden dort, obwohl Hanan immer zu Hause war. Für die Sprachentwicklung der Tochter war es besser so. Als es dann um die weitere Schulwahl ging, kam von einigen Seiten, auch von der Lehrkraft in der Volksschule, der Rat: Schicken Sie das Kind in die Hauptschule. Nein, beharrte die Mutter, die Tochter werde das Gymnasium besuchen. Das sei zu viel, das sei zu schwer, geben Sie Menerva in die Hauptschule. Nein, sie wird ins Gymnasium gehen. So war es. Welche Frau wäre aus Menerva geworden, hätte sie die Ratschläge berücksichtigt? Welchen Weg hätte die Tochter von der Hauptschule weg und nicht nach der Matura genommen? Welche Frau wäre sie geworden, hätte sich die Mutter den Vorurteilen, dem Schubladendenken und dem Klein- statt Großmachen nicht widersetzt?

Zum dritten Mal mischte sich die Mutter jenseits ihrer eigenen Komfortzone in das Leben der Tochter in der Pubertät ein. Menerva sei in dieser Zeit immer traurig gewesen, habe ständig geweint. Hanan blickt zurück: „Es war immer ein Drama. Ich dachte: ‚Was mache ich mit ihr?'" Sie habe sich Rat geholt, bei Psychologen nachgefragt. Und sie hat in der Schule interveniert. Einer der Gründe war Mobbing in der Klasse. Menerva: „Ich habe es meiner Mutter erzählt, aber der Klassenvorstand hat damals gemeint, die Klasse hätte eine so gute Reputation, diese werde er wegen einer einzigen Schülerin nicht aufs Spiel setzen." Es ist ihr sehr wichtig, zu betonen, dass dies damals in keiner Weise etwas mit Rassismus zu tun hatte. Noch sollte es Jahre dauern, bis sie zum Kopftuch greift. Für eine Klasse von zwanzig Mädchen und fünf Burschen sei sie damals einfach zu wenig mädchenhaft gewesen. Sie hatte an dem ganzen Girly-Getue der anderen kein Interesse. Und da gab es eine Mitschülerin, die ihre eigenen familiären Probleme „einfach an mir ausgelassen hat": „Das hat mich alles tief getroffen."

Hanan versuchte zu helfen. Der Wechsel in ein anderes Gymnasium wurde erwogen, doch die Tochter wollte nicht aufgeben. Jedenfalls nicht die Schule, auch nicht die Klasse. Das Problem erledigte sich. Menerva wurde zurückgestuft und wiederholte die dritte Klasse in einer anderen Gemeinschaft mit anderen Lehrkräften.

Heranwachsen und sich selbst finden

Das war aber auch die Zeit, in der die Mutter etwas Ungewöhnliches tat. Um die Tochter aus der Traurigkeit zu reißen, willigte sie in die Teilnahme an einem Model-Wettbewerb ein und begleitete sie zu dem Termin bei einer Agentur. Menerva erinnert sich: „Sie war am Anfang total dagegen – vor allem wegen dieser Branche und den Gerüchten von sexueller Belästigung. Ich war ja noch ein Kind." Obwohl sie sich große Sorgen gemacht habe, sei sie doch mitgegangen. Ohne Wissen des Vaters. Heute finden beide, dass aus der Modelkarriere zum Glück nichts geworden sei. Die Agentur habe sich nie mehr gemeldet. Welche Frau wäre aus der Tochter geworden, hätte ihr die Mutter in der problematischen Gymnasiumszeit nicht den Rücken gestärkt? Hätte sie den leichteren Weg gewählt und die Tochter doch in eine Hauptschule überstellt? Schließlich hatte eine der Lehrkräfte schon ein Jahr zuvor „gewusst", als Menerva 12 Jahre alt war: „Aus dir wird nie etwas werden."

Daran denkt sie heute noch. Auch das hat sie angetrieben – zu maturieren, zu studieren, zu arbeiten, „3000 Sachen gleichzeitig zu machen": „Ich wollte mich beweisen – als Frau, als Muslima. Ich wollte beweisen, dass wir nicht nur Putzfetzenfrauen sind, sondern auch Lehrerinnen, Ärztinnen, Künstlerinnen. Ich wollte es doppelt und dreifach beweisen, um anerkannt zu werden." Ihre Mutter sei immer hinter ihr gestanden, „auch wenn sie nicht gut fand, was ich machte".

Und da gab es einiges. Hanan wollte, dass Menerva Ärztin wird, weil in ihrem Kulturkreis alle erfolgreichen Kinder entweder Ärzte oder Ingeneure werden. Eine Zeit lang wollte Menerva das auch. Latein in der Schule sollte den Weg in die Medizin ebnen, aber dann merkte sie bald, dass sie davon eine falsche Vorstellung hatte, sie hatte die TV-Serie „Grey's Anatomy" im Kopf. Der weiße Kittel war attraktiv, wie sie heute erzählt, nicht die Verantwortung.

Die Mutter stand auch Menervas stärkerer Annäherung an den Islam skeptisch gegenüber, ihrem Wunsch, durch das Kopftuch als Muslima sichtbarer zu werden, in der Annahme, es könnte ihr auf ihrem Berufsweg schaden. Diese Annäherung begann schon in den letzten Schuljahren. Es war wohl auch dem Bemühen der Mutter geschuldet, zwischen den Kulturen eine Brücke zu bauen: „Zwischen uns und unserer anderen Art, unserer anderen Mentalität und der Schule. Sie war ja mehr in der Schule als zu Hause. Leicht war das nicht für mich." Aber Hanan wollte wissen, was für die Tochter richtig wäre und was nicht. Sie sprach mit Psychologen und Lehrkräften, von denen eine meinte, sie sollte Menerva mehr Freiheiten geben: „Lass sie locker."

Irgendwann nach der Phase der Miniröcke, der Bikinis, der Sonnenbäder an der Donau – mit der Mutter – entwickelte Menerva dann vor dem Abschluss des Gymnasiums eine stärkere Beziehung zur Religion, als ihre Mutter sie damals hatte: „Ich habe angefangen, selbstständig zu recherchieren. Ich habe viel gelesen, vor allem auch die feministische Interpretation des Korans. Das ist ja Teil meiner Identität. Ich bin als Muslima geboren, aber ich wollte wissen: Was heißt das? Wer bin ich? Und überraschenderweise habe ich mich darin gefunden." Sie wollte auch den Stellenwert des Kopftuches für Frauen verstehen und sei auf „andere Gründe" als die herkömmlich bekannten gekommen. Man trage doch beim Beten das Kopftuch, auch wenn man es sonst ablegen kann. Menerva: „Deshalb ist das Ausdruck der Spiritualität zwischen mir und Gott. Ich möchte, dass das konstant bleibt, und deshalb trage ich es. Das hat mit Unterdrückung gar nichts zu tun." Fünfmal am Tag suche man sein „inneres Zentrum". In ihrer Familie sei Beten immer ein Thema gewesen, das Kopftuch nie. Auf das eine hatte die Mutter geachtet, diese Botschaft wollte sie der Tochter mitgeben, auf das andere weniger. Die Frage, ob sie religiöser geworden sei als ihre Mutter, verneint Menerva. Auch ihre Mutter trage ein Kopftuch, nur eben jetzt nicht.

Da mit dem Tragen des Kopftuchs in der Schule die Bemerkungen rassistischer wurden, Bemerkungen, die sich zuvor auf „Mulattenkind" und Ähnliches beschränkt hatten, fand die Mutter den Weg der Tochter in Richtung Theater, Medien, Kommunikation nicht gut. Menerva: „Sie hat sich Sorgen gemacht. Das sei doch eine brotlose Branche. Was machst du dann damit und überhaupt mit Kopftuch? Du wirst sicher beim Arbeitsmarktservice landen."

Gelandet ist die Tochter noch während des Studiums bei „KroneHit", dann für drei Jahre beim Magazin „Biber", später beim Integrationsfonds in Wien in einer Anstellung und gleichzeitig beim TV-Sender PULS 4 als freie Journalistin. Denn: „Schreiben war das Einzige, das ich konnte und wollte." Die Ambitionen als Schauspielerin habe sie nach diversen Projekten aufgegeben, nachdem ihr jemand eine Karriere in England angeboten habe, wenn sie das Kopftuch abnehme. Die Sorgen jeder Mutter um die Zukunft der Tochter kannte auch Hanan in dieser Zeit: Wie der Tochter klarmachen, dass sie ihren Weg finden müsse? Wie sie ohne Druck dazu bringen, mit ihrem Leben etwas anzufangen?

Der Vater als Feminist

Und dann kam ein Lebensabschnitt, der Hanan anfangs „das Herz gebrochen hat", wie die Tochter heute glaubt. Menerva lernt einen Ägypter kennen, dessen Welt das internationale Ölgeschäft ist. Sie kündigt beim Integrationsfonds und verabschiedet sich von PULS 4. Hanan: „Sie hatte doch eine gute Ausbildung. Sie sollte doch weiterarbeiten." Menerva habe sich ihre Zukunft bis dahin „schwer erarbeitet" und nun werfe sie diese weg. Einfach so. Menerva geht aus Österreich weg, dorthin, wo ihr Mann Arbeit hat, nach Kuwait und Texas. Wieder fällt bei Hanan das Wort einer schweren Zeit:

„Eine meiner größten Ängste war, dass Menerva wegzieht und das mitmacht, was ich mitgemacht habe. Und das ist passiert."

Wenn Menerva davon erzählt, kommt erstaunlicherweise die Feministin zum Vorschein: „Ich war immer gegen heiraten, total gegen diese Idee. Ich wollte nie heiraten. Kinder wollte ich schon, aber ich wollte mich nicht binden. Damals dachte ich, vielleicht adoptiere ich einmal ein Kind." Und dann war alles anders, jemand machte ihr „einen Strich durch die Rechnung". Aus heutiger Sicht macht sie die moderne Einstellung ihres Mannes dafür verantwortlich: „Ich glaube, er hat mich gesehen, als ich eigentlich noch unsichtbar war. Ich habe ja noch studiert und war eher eine unangenehme Person. Sehr ehrgeizig, sehr nervös und hektisch. Er jedoch hat mich zum Lachen gebracht. Er hat mich sehr beruhigt." Ihm sei es um eine Beziehung von Mensch zu Mensch gegangen, nicht um eine traditionelle, in der der Mann das Geld beschaffe und die Frau sich um die Erziehung der Kinder kümmere: „Es war sehr schwer, jemanden zu finden, der so denkt. Egal wo. Es gibt Menschen, die gehen zivilisiert mit diesen altmodischen Ideen um, aber sie haben sie trotzdem. Egal wo."

Wenn man sich freiwillig zu einer solchen Rollenverteilung bekennt, sei das in ihren Augen in Ordnung, aber als Zwang sei sie einfach schlecht. Wann genau sie zu ihrer feministischen Einstellung gekommen sei, vermag Menerva nicht zu sagen: „Immer schon", meint sie und widerlegt im selben Atemzug die landläufige Annahme, dass Töchter jedenfalls stärker von den Müttern geprägt sein müssten als von den Vätern. „Immer schon" bedeutet nämlich, dass ihr Vater ein viel stärkerer Feminist sei als die Mutter. Und überhaupt: „Wenn man als dunkelhäutige Muslima in Österreich aufwächst und als andersdenkende Ägypterin in Ägypten zu Besuch ist, dann wird Gleichberechtigung automatisch ein Thema. Da wie dort."

Menerva hat in ihrer Erzählung der Ereignisse von damals nicht „geheiratet". Sie hat im ur-wienerischen Dialekt „g'heirat". Und dann

wieder etwas getan, das ihr die Mutter eigentlich unter allen Umständen ersparen wollte: Sie bekam ein Kind, die heute zweijährige Laila,
und folgte ihrem Mann zu seinen diversen Arbeitsplätzen. Allein mit
einem Kind in einem fremden Land ohne Freunde? Hanan wollte auf
keinen Fall, dass die Tochter eine ähnlich schwere Zeit erlebt wie sie
anfangs in Österreich.

Ganz vergleichbar waren die Jahre nicht, denn Menerva sprach in
Kuwait zumindest die Landessprache. Dennoch: Es folgt eine depres-
sive Zeit. Sie vermisst die Berufstätigkeit, sie vermisst das Schreiben.
Aus diesem Tief stammt die Idee zum Mamablog, „mein zweites
Kind", wenig jünger als Tochter Laila. In der Zeit ihrer „Weltreise"
als Mutter und Ehefrau schreibt Menerva über die Schicksale jener
Frauen, die sie in den verschiedenen Ländern trifft. Und wieder
taucht die Frage auf: Welche Frau wäre Menerva geworden, hätte
die Mutter nicht auf den ganz frühen Erwerb der Deutschkenntnisse
im Kindergarten, dann auf die Ausbildung und Selbstständigkeit der
Tochter bestanden?

Der Mamablog

Der Blog „Hotel Mama" ist in verschiedene Kategorien eingeteilt –
und Muttersein ein durchgängiges Thema. Unter „Mamaste", der
Kategorie, die Anonymität zusichert, findet sich zum Beispiel die
berührende Erzählung einer Frau, die mit 13 Jahren von ihren Eltern
um der finanziellen Absicherung der Schwester willen zwangsverhei-
ratet wurde: „Ich trug sein Kind in mir und ich hasste es. Ich hasste
es einfach. Aber als es da war, habe ich gemerkt, dass es nicht seines
ist – es ist meines, es hatte so viel von mir und nichts von ihm. Es
war ganz allein mein Kind. Ich habe mein Kind – eine Tochter – das
erste Mal gesehen und erst da wusste ich, was es bedeutet, jeman-

den wirklich zu lieben. Jemanden bedingungslos zu lieben. Und da war mein Unverständnis meinen Eltern gegenüber noch viel größer: ‚Wie konnten sie mir das antun?‘ Ich war damals doch erst 13." Diese Frau konnte letztlich mit ihrer Tochter in ein selbstständiges Leben fliehen.

Unter „Frauenstark" werden namentlich Frauen vorgestellt, die anderen als „Role Models" dienen könnten. Ziel sei es, so schreibt Menerva in dem Blog, „anderen Müttern hin und wieder durch alltägliche Geschichten ein Lächeln ins Gesicht zu zaubern und ihnen somit zu sagen: ‚Du bist in diesem ganz normalen Wahnsinn nicht allein.'" Sie warnt aber auch Mütter, die an dem Blog interessiert sein könnten: „Wenn du nicht auf (manchmal dunklen) Mamahumor stehst und eine tolle, fehlerlose Mutti bist, die immer alles richtig macht und weiß, dann wirst du wahrscheinlich nicht lange auf meinem Blog bleiben – trotzdem bist du hier willkommen."

Mit dem Humor hat sie recht. Menerva lacht viel und aus vollem Hals und man kann sich vorstellen, dass sie damit ihrer Mutter, vielleicht nicht als Jugendliche, aber sicher später als Frau über nicht so leichte Tage hinweggeholfen hat. Und sie macht sich über sich als Mutter und das Muttersein generell auch mal lustig wie in dem Blogbeitrag über „Mama-Glow, Hängetitten und das Verliebtsein ins Muttersein": „Während der ersten acht Monate Schwangerschaft war ich schwerelos vom Mama-Glow überwältigt, habe mich gesund ernährt und war täglich schwimmen. Dass mir die Haare büschelweise ausgefallen sind, war für mich kein Problem, ich trage in der Öffentlichkeit ein Kopftuch (da soll mir noch einmal wer unterstellen, ich trage es aus Unterwerfung). Dass mir Augenringe aufpoppten und ich etwas von einem Panda hatte, kann man mit viel Fantasie auch noch süß finden. Dann aber kam der neunte Monat und der fühlte sich an wie ein ganzes Jahr. Dass ich nach der Geburt meiner Tochter keine Top-Figur haben werde, wusste ich. Ja, das war für mich kein Geheimnis. Weil ich nie eine Top-Figur hatte …" Die Frau in ihrem Zimmer war da anders, flacher Bauch, keine Schwangerschaftsstreifen: „Total auf das Universum angefressen lag ich also im Bett und spielte mit meinen Hängetitten, die ich ‚Ernie' und ‚Bert' taufte. Die Monate darauf war ich so in das Muttersein verliebt, dass mir keine Zeit blieb, mich über meinen Körper aufzuregen. Ich habe mich auch oft davor über ihn aufgeregt und geändert hat es nichts. Wieso also jetzt."

In der Folge geht es in diesem Blogeintrag um die Akzeptanz des Ich und an einer Stelle auch um jenen Vergleich zwischen Mutter und Tochter, der in manchen Fällen das problematische Konkurrenzdenken einer Mutter-Tochter-Beziehung ausmachen kann. Nicht in dieser: „Ich musste mir oft von Verwandten anhören, dass ich leider nicht die Schönheit meiner Mutter geerbt habe, nicht so hell bin wie sie, auch keine zierliche Nase besitze, wie es für eine Frau sein sollte. Ich mag meine Nase. Sie erinnert mich zwar an die Sphinx, aber ich mag sie. Nicht das Schönheitsideal muss sich ändern, sondern unsere Idee vom Idealen. Ideal ist, dass ich durch meine Nase gut atmen kann. Ideal ist, dass jeder Hautton als schön betrachtet wird und wir nicht in Farben einteilen."

Der Blog sollte Bekanntheit bringen. Tageszeitungen, Monatsmagazine, Radiostationen bitten sie zum Gespräch. Mit ihrem Bekenntnis zum Burkini sorgt sie 2017 für Aufregung in den sozialen Medien. Der Zeitung ihres Wohnbezirks erzählt sie, dass ihre Mutter sie beim ersten Mal mit Kopftuch gar nicht erkannt habe und wollte, dass sie es abnehme, dass die Mutter sich um Diskriminierung und schlechtere Aussichten im Beruf gesorgt habe, schließlich aber ihrem Beispiel gefolgt sei.

Freundinnen sind Mutter und Tochter, so berichten sie, eigentlich seit Menervas Pubertät. Da geht es offenkundig auch um das Zurechtfinden der Mutter in einer Umgebung, die ihr weniger vertraut ist als der Tochter: „Ich sage ihr schon, wenn sie etwas nicht richtig macht. Ich erzähle ihr aber auch alles. Und wir besprechen, wie wir

Probleme lösen können." Eine Phase der Entfremdung habe es in ihrem Leben nie gegeben, weder in der Pubertät noch später. Die Frage, wie sich Mütter mit dominanten Töchtern fühlen, ist wieder relevant.

Ankommen in beiden Welten

Hanan geht es jetzt jedenfalls gut. Die Tochter sei in beiden Welten angekommen, in der arabischen und der österreichischen. Sie sei sehr belesen, stark und zielstrebig. Menerva wiederum weiß, dass die Mutter ihrer Entwicklung applaudiert hat: „Sie sieht, welche Frau aus mir geworden ist. Sie sieht, dass ich trotzdem meine Wurzeln nicht vergessen habe, dass ich alles logisch begründen kann, warum ich so bin, wie ich bin. Das findet sie gut."

Zwar sind Mutter und Tochter nach eigenen Angaben fast nie einer Meinung und befinden sich im Zustand der permanenten Rebellion, aber sie reden viel miteinander. Sie verstehen einander auch wortlos, nur mit Blicken. Dieser besondere Draht zwischen Mutter und Tochter hat offenbar zwei Kanäle: Der eine stammt aus der Anfangszeit in Österreich, in der die Familie kaum soziale Kontakte, die Mutter keine Freundinnen hatte. Da war die Konzentration auf die Kinder selbstverständlich. In Menervas Einschätzung hat Hanan ihre eigene, offenbar sehr strikte Kindheit zuerst mit Menerva und dann auch mit den beiden Söhnen irgendwie nachgeholt oder „ausgelebt", wie die Tochter sagt. Die Entfernung zur Gesellschaft in einem fremden Land brachte die Nähe zur Tochter. Der andere Kanal speist sich aus der Offenheit der Mutter und der Tatsache, dass die Tochter das Gefühl hatte und hat, über alles mit ihr reden zu können. Es sollte eben das Gegenteil der Erfahrungen der Mutter als Kind und Jugendliche hier gelebt werden. Über alles offen und ungehemmt reden zu können, auch über Sexualität, habe sie lange Zeit für Normalität gehalten. Heute weiß sie: „Diese Beziehung, die wir haben, ist nicht selbstverständlich." Und sie hofft, dass sie später zu ihrer eigenen Tochter auch einmal ein ähnlich gutes Verhältnis haben werde.

Vorerst aber beschäftigt sie die Erkenntnis, dass sie früher vieles ganz anders als ihre Mutter machen wollte. Sie wollte nicht so streng zu Laila sein. Sie wollte bei ihrer Tochter wettmachen, was die Mutter versäumt habe: die Kinder zu sportlichen Aktivitäten animieren; den Kindern das Künstlerische nahebringen, also alle Defizite ausgleichen, die sie selbst empfunden habe. Allein, das zähle jetzt nicht mehr so viel, meint sie: „Jetzt bin ich selbst Mutter und denke mir: Hoffentlich mache ich es nur halb so gut wie meine Mutter."

Immer wieder frage sie sich: „Wie hat das meine Mutter gemacht? Wieso hat sie so und nicht anders gedacht? Heute weiß ich es. Vor allem wird man in der eigenen Mutterschaft dankbarer. Es gibt oft Situationen, in denen man nicht weiß: Wie hat sie das psychisch ausgehalten? Und dann noch mit drei Kindern."

In einem Punkt folgt sie dem Beispiel ihrer Mutter schon jetzt ganz deutlich: Laila wurde in einem Kindergarten eingeschrieben. Wieder geht es um die frühkindliche Sprachförderung in Deutsch, die ihrer Mutter vor 28 Jahren so wichtig war. Dafür gibt Menerva selbst die Freiheit auf, dorthin zu reisen, wo ihr Mann gerade arbeitet. Das war so lange möglich, solange Laila überall mitreisen konnte. Jetzt soll das Kind auf einen Schuleinstieg ohne die häufigen Sprachprobleme der Kinder von Migrantenfamilien vorbereitet werden.

Wenn es der Mutter immer wichtig war, dass die Tochter „etwas aus ihrem Leben mache", dann ist für Menerva jetzt der Zeitpunkt, wieder zu entscheiden. Dem Wiener Radiosender „Stephansdom" erzählte sie von den Tagen, an denen sie träume, als Lehrerin in einem Klassenzimmer zu stehen und das für den Rest ihres Lebens. und davon, eigentlich mehrere Dinge zu machen und keines davon lebenslänglich oder von einem Master in Gender Studies und einem

Sprachkurs, um perfekt Italienisch sprechen zu können. Ob sie mit Schreiben auf ewig ihr Geld verdienen werde? Das könne sie jetzt nicht sagen. Vielleicht doch ein Pädagogikstudium, vielleicht doch der Lehrberuf.

Die Mutter wird sich auf jeden Fall schon auf die nächste Überraschung einstellen können oder müssen, denn überrascht sei sie von ihrer Tochter immer wieder geworden. Zuletzt als Menerva ankündigte, ab sofort Vegetarierin zu sein. Aha!

Maria

„Die Besuche bei meiner Mutter sind wie eine rituelle Teufelsaustreibung"

Die Geschichte der Beziehung dieser Frau zu ihrer Mutter ist eine Geschichte der Gewalt, der körperlichen und psychischen Misshandlungen. Darüber zu reden und sie anderen mitzuteilen, ist für die Tochter einerseits wie eine Therapie und andererseits ein wichtiges Anliegen, damit andere Töchter dieses Leid, das ihr angetan wurde, nicht mehr ertragen müssen. Damit sie sich besser wehren können und die Spirale der Gewalt, die es in manchen Familien gibt, durchbrochen werden kann.

Ihr eigenes Leben lang wird sie ihre grauenhafte Kindheit und Jugend nie ganz abwerfen können, auch wenn sie sich jahrzehntelang in Therapien mit ihrer Mutter auseinandergesetzt und für sich selbst einen guten Weg aus dem Elend gefunden hat.

Die Tochter, die von ihrer offenbar psychisch kranken Mutter schwer misshandelt wurde, hat Psychologie studiert und arbeitet als Psychologin auch immer wieder mit gewalttätigen Frauen und Müttern. Sie hat drei Kinder und ist mittlerweile mehrfache Großmutter. Ihre eigene, schreckliche Kindheitsgeschichte hat sie ihren Kindern erzählt, aber für unser Buch hat sie um die Anonymität ihres richtigen Namens gebeten, deshalb nennen wir sie einfach Maria.

„Die Hauptemotion meiner Kindheit war Angst", erwidert Maria auf die Frage nach ihren ersten bewussten Erinnerungen an ihre Mutter. Und sie erinnert sich an die Wohnung im Souterrain eines herrschaftlichen Wiener Gründerzeithauses, in dem ihre Mutter als Hausmeisterin arbeitete. Diese Wohnung bestand aus einer Küche, die gleichzeitig das Vorzimmer war, und einem großen Zimmer, in dem sie und ihre kleinere Schwester schliefen. Das gesamte Leben spielte sich in der Küche ab – vom Baden über Kochen und Essen. Durch ein Schmiedeeisengitter sahen die Mädchen auf einen langen Gang, von dort kam die Mutter, wenn sie mit dem Putzen des Hauses fertig war. Ungefähr drei oder vier Jahre alt sei sie gewesen, als sie in dieser Wohnung lebten, erinnert sich Maria. Eine für ihre Kindheit typische Situation hat sie noch deutlich vor Augen.

Ihre Mutter rauchte damals und Maria saß neben ihr in der Küche, als die Mutter plötzlich in bedrohlichem Ton zu ihr sagte: „Du wirst nie rauchen!" Und während sie das sagte, dämpfte sie die Zigarette am Handrücken ihrer kleinen Tochter aus. „An so etwas und an diese grauenhaften Schmerzen erinnert man sich natürlich", erzählt Maria in unserem Gespräch, als würde sie von einer ganz normalen Kindheitserinnerung berichten. Als Zuhörerin kann man das aufs Erste gar nicht fassen. Aber tatsächlich waren solche Gewaltausbrüche ihrer Mutter normal für sie als Kind, sie kannte nichts anderes.

„Diese Szene mit der Zigarette hat mich damals kalt erwischt. Als ich klein war, konnte ich noch nicht abschätzen, wie meine Mutter aufgelegt war. Später habe ich sehr genau gewusst: Wenn sie ihren Atemrhythmus, wenn sie die Körperspannung verändert, dann wird es gefährlich."

Die Geschichte der Eltern

Marias Mutter war zwanzig, der Vater einundzwanzig Jahre alt, als sie sich kennenlernten. Die Mutter arbeitete als Dienstmädchen bei reichen Familien in Wien, der Vater ging in ein Gymnasium für Berufstätige in Horn, im Waldviertel. Als er in Wien einen Freund besuchte, lernte er Marias Mutter kennen, weil dieser Freund wiederum mit ihrer Familie befreundet war. Die beiden verliebten sich ineinander und beim ersten gemeinsamen Sex sei sie dann entstanden, weiß Maria aus Erzählungen.

Das war in den 1960er-Jahren. Für die Familie ihrer Mutter, also für Marias Großmutter, bereits die zweite Tochter, die unehelich schwanger geworden war. Eine Schande sei das gewesen, habe man später noch in der Familie erzählt. Dass Marias Großmutter ihre schwangere Tochter von zu Hause hinauswarf, wurde innerhalb der Familie als verständlich empfunden, erinnert sich Maria. Und so zog ihre schwangere Mutter zur zukünftigen Schwiegermutter, obwohl Marias Vater damals gar nicht im Elternhaus, sondern in einem Internat wohnte.

Er hatte eine Lehre absolviert und wollte seinen großen Traum, die Matura, unbedingt verwirklichen, um mit Bildung sozusagen aus seiner Schicht auszubrechen. Finanziell konnte ihn seine Familie nicht unterstützen, aber dank eines Stipendiums und, wie Maria erzählt, starker Willenskraft und einem sehr bescheidenen Leben konnte und wollte er seinem Ziel näherkommen. Hätte er damals zu arbeiten begonnen, um für seine Tochter und deren Mutter zu sorgen, hätte er das Stipendium und wohl auch den Platz an der Schule verloren. Das wollte er keinesfalls.

Und so lebte Marias Mutter noch die ersten Monate, nachdem ihre Tochter auf die Welt gekommen war, bei der Mutter ihres Freundes. Eine alles andere als leichte und gute Situation für die junge Mutter, die sich daraufhin in Wien einen Job als Hausmeisterin organisierte, wo sie auch eine kleine Wohnung für sich und ihre Tochter bekam. Ungefähr einmal im Monat kam Marias Vater aus dem Waldviertel zu Besuch und bei einem von diesen Besuchen entstand ihre Schwester.

„Dann haben sie geheiratet. Da der gesellschaftliche Druck zu hoch wurde. Und er hat sich wohl auch verpflichtet gefühlt", meint Maria, „wenn man schon eine Frau zweimal schwängert, muss man sie auch heiraten." Aber wirklich gemeinsam mit seiner Familie lebte der Vater nie, er ging weiterhin zur Schule im Waldviertel und war ab und zu in Wien.

Als Maria drei Jahre alt war, ließen sich die Eltern scheiden. „Wenn er da war, gab es ständig Streit. Und dann hat ihn meine Mutter verprügelt." Die Mutter hat ihren Vater verprügelt?

„Ja, ich erinnere mich ganz genau. Vor allem an ein Mal. Da sind wir unter dem Wohnzimmertisch gesessen, meine Schwester und ich, und sie haben gestritten und gebrüllt. Und dann hat sie einen Kindersessel genommen und damit auf ihn eingedroschen. Meine Großmutter hat später gemeint, meine Mutter habe meinen Vater quasi mit dem Schlapfen aus dem Haus gejagt oder so ähnlich." Doch trotz des Wissens um die schwierigen Umstände mischte sich die Mutter ihrer Mutter nicht ein. Auch nicht aus Sorge um die Enkeltöchter. Ihre Tochter sei eben so, die sei immer schon sehr temperamentvoll gewesen. „Wir haben da einen ziemlich starken Einschlag von ungarischem Blut, das wird es wohl sein", habe die Großmutter viel später einmal zu Maria gemeint.

Und ihr Vater? Der zog wieder zurück aufs Land zu seiner eigenen Mutter und lebte von da an bis an deren Lebensende mit ihr zusammen. Maria erinnert sich, dass er viele Freundinnen hatte, aber immer bei seiner Mutter blieb und auch keine weiteren Kinder bekam, geschweige denn wieder heiratete und sich wirklich auf jemanden einließ.

Dass Marias Mutter bei der Scheidung das Sorgerecht für ihre beiden Töchter zugesprochen bekam, bleibt Maria bis heute ein Rätsel. Vielleicht aber macht es das in den 1960ern noch wesentlich andere Eherecht und Familienbild ein wenig nachvollziehbarer. Dass Männer bei Scheidungen das Sorgerecht für die gemeinsamen Kinder zugesprochen bekamen, gab es de facto nicht. Bis zur großen Familienrechtsreform unter Justizminister Christian Broda im Jahr 1975 konnten Ehen in Österreich außerdem nicht einvernehmlich geschieden werden, sprich, einer der beiden Ex-Partner musste schuld am Scheitern der Ehe sein.

„Im Einvernehmen konnten sich meine Eltern also nicht scheiden lassen. Und so ging es um die Frage: Wer ist schuld? Vor Gericht war klar, dass meine Mutter meinen Vater misshandelt hatte. Mein Vater hat mir später erzählt, dass der Richter gemeint habe, meine Mutter sei nicht zurechnungsfähig. Und trotzdem hat sie die Kinder, also meine Schwester und mich, zugesprochen bekommen. Warum, das kann mir niemand erklären. Und inwieweit er da schon angegeben hat, dass sie auch auf uns, also auf ihre Kinder, losgegangen ist, das weiß ich nicht. Es war eben eine andere Zeit. Mein Vater und seine Mutter waren immer ein Gespann. Er war das jüngste ihrer Kinder und so war für seine Mutter klar, dass er sich um sie kümmern musste. Das war eine seltsame Konstellation. Zuerst wollte sie offenbar erreichen, dass sie mich zugesprochen bekommen, also mein Vater und meine Oma. Aber vor Gericht ging es dann anders. So war das, alles sehr seltsam."

Und so lebte Maria mit ihrer Schwester und ihrer auch vom Gericht als unzurechnungsfähig eingestuften Mutter. Jedes Mal, wenn ihre Mutter ihren Job wechselte oder wechseln musste, also in einem anderen Haus als Hausmeisterin tätig wurde, zog die kleine Familie um. Auch ein Faktor, warum die immer schlimmer werdenden Gewaltattacken gegen ihre Töchter nie von Nachbarn angezeigt wurden, die Familie blieb nicht lange in der Gegend, Kontakte zur Außenwelt gab es so gut wie keine.

Kindheitserinnerungen der Hauptwatschnpuppe

Ein paar schöne Kindheitserinnerungen gibt es aber auch bei Maria, allerdings nur aus dem Kindergarten. Dort fühlte sie sich vor ihrer Mutter sicher, erzählt sie. Wobei es Anfang der 1970er-Jahre durchaus nichts Außergewöhnliches war, dass die damals so bezeichneten Kindergartentanten Kindern auch mal einen Klaps versetzten oder mehr. Gewalt in der Erziehung war zu dieser Zeit kein Verbrechen, die sogenannte und oft zitierte „gesunde Watschn" galt als normale Erziehungsmethode.

Erst 1989 wurde die UNO-Kinderrechtskonvention verabschiedet, die neben dem Recht auf Bildung und Gleichbehandlung auch das auf eine gewaltfreie Erziehung vorsieht. Gewaltexzesse und Misshandlungen, wie sie Maria erleiden musste, waren natürlich auch damals nicht gesellschaftlich toleriert, aber die Aufmerksamkeit auf das Thema war wesentlich geringer und die Chance für betroffene Kinder, sich aus der eigenen gewalttätigen Familie zu befreien, kaum vorhanden.

So ging auch das Martyrium für Maria und ihre Schwester jahrelang weiter. „Als kleines Kind bildet man mit seiner Mutter ja noch eine Einheit; dass man sich als eigenständig erlebt, das kommt frühestens mit acht oder neun Jahren und so richtig mit dem Einsetzen der Pubertät. So war es für uns normal, wie meine Mutter war. Sie war eine Naturgewalt. Da musste man aufpassen, wie man sich verhält, damit einem nichts passiert. Meine Schwester war kleiner, ich war die Hauptwatschnpuppe. Zwischen meiner Mutter und mir gab es immer diese Dynamik: Ich bin meinem Vater sehr ähnlich. Und so war ich immer an allem schuld. Schon im Kindergarten hat sie mir erzählt, ich sei schuld, dass sie keine Ausbildung machen konnte, der Grund, warum ihr ganzes Leben verpfuscht sei, dass sie meinetwegen putzen gehen müsse. Und so habe ich auch immer mehr abbekommen als meine Schwester. In meiner Familie hat es immer geheißen: Ich sei wie mein Vater und meine Schwester wie meine Mutter."

Psychische Gewalt und körperliche Misshandlungen waren in Marias Kindheit und Jugend an der Tagesordnung. Die einzige Chance, sich vor den Gewaltausbrüchen ihrer Mutter zu schützen, war, diese immer zu beobachten und immer genauer einzuschätzen zu lernen, blickt Maria zurück. Wenn es irgendwie möglich war, ging sie den Ausbrüchen ihrer Mutter aus dem Weg.

Als Kind wäre sie nie auf die Idee gekommen, anderen von ihren Qualen zu Hause zu berichten. „Für mich war immer klar, dass ich niemandem davon erzähle. Wenn ich sichtbare Spuren ihrer Schläge im Gesicht oder auf den Händen hatte, habe ich in der Schule gesagt, dass ich mit der Rodel gegen einen Baum gefahren oder die Treppe hinuntergefallen sei. Das war mir alles so peinlich und unangenehm als Kind, das hätte ich nie erzählt."

Nur wenn Maria ganz selten einmal andere Kinder besuchen durfte, dann wunderte sie sich, wie anders diese lebten. „Ich weiß noch genau, wie ich mir gedacht habe, wie komisch das ist, dass die anderen Kinder von ihren Eltern liebevoll berührt oder gestreichelt wurden und dass diese anderen Eltern lieb mit den Kindern redeten und ihnen ein Bussi gaben. Ich habe das schon ganz genau beobachtet. Aber gesagt habe ich nichts."

Als Maria acht Jahre alt war, heiratete ihre Mutter ein zweites Mal und Maria musste mit ihrer Mutter und ihrer Schwester in die Steiermark ziehen. Ihren Stiefvater hatte die Mutter über eine Zeitungsannonce kennengelernt. Er war mit einer gewalttätigen Frau zusammengewesen, mit der er zwei Kinder hatte und die ihn dann mitsamt den beiden Söhnen einfach hatte sitzen lassen. „Sie war ja eine gut aussehende und intelligente Person. Meine Mutter hat zwar keine Bildung, aber sie ist eine hochintelligente Frau. Sie hat auch immer Klassiker gelesen oder Opern gehört. Wäre sie, sagen wir, zwanzig Jahre später auf die Welt gekommen, hätte sie sicher ein Gymnasium besuchen können. Mein Stiefvater war ein einfacher Busfahrer, ganz das Gegenteil zu meinem intellektuellen Vater. Er baute gerade in der Steiermark ein Haus und so zogen wir alle auf diese Baustelle. Auf einmal waren wir eine große Familie. Mein Stiefvater hat zwei Söhne und er hatte auch noch seine beiden sehr kranken Eltern bei sich."

Aber gut wurde durch die neue Familie nichts. Im Gegenteil. „Die Beziehung zwischen meiner Mutter und meinem Stiefvater entwickelte sich sehr schnell, wie soll ich sagen, intensiv, hysterisch, leidenschaftlich. Und so lebten wir alle auf dieser Baustelle und als meine Mutter mit unserem Halbbruder schwanger wurde, hat es sich dann richtig entwickelt", schildert Maria.

Als das gemeinsame Kind auf der Welt war, eskalierte die Situation in der Familie mehr und mehr. Auch wenn man sich das angesichts Marias Schilderungen der Gewaltexzesse ihrer frühen Kindheit gar nicht vorstellen kann und mag, durch den Umzug aufs Land und durch die neue Familie wurde das Leiden für Maria noch größer. Der Stiefvater kam immer regelmäßiger betrunken aus dem Wirtshaus nach Hause. „Meine Mutter hat ihn schief angeschaut und dann ging es los. Sie prügelten sich gegenseitig. Einmal, erinnere ich mich, ist meine Mutter mit dem blutigen Nachthemd in den Schnee hinausgelaufen. Da haben die Nachbarn erstmals die Polizei alarmiert. Die kam auch, sicher ein paar Mal, aber da wurde ein bisschen geredet und das war's dann auch schon wieder. Passiert ist nie etwas. Und wir Kinder wurden weiter verprügelt und misshandelt. Er war für die Buben zuständig – also seine Söhne aus erster Ehe und den gemeinsamen Sohn mit meiner Mutter. Und sie war für die Mädchen zuständig. Das war ganz klar eingeteilt, wer wen geschlagen hat."

Wenn Maria Szenen aus ihrer Familie schildert, klingt das, als würde sie eine völlig abstrakte Geschichte wiedergeben, die mit ihr selbst gar nichts zu tun hat. Beim Zuhören bekommt man fast körperliche Schmerzen, so grausam sind die Dinge, von denen sie berichtet und die man sich gar nicht vorstellen will.

Ihr leiblicher Vater war in dieser Zeit von der Bildfläche verschwunden, zwei- oder dreimal im Jahr hätten sie und ihre Schwester ihn besucht, aber die 160 Kilometer, die sie voneinander entfernt lebten, das sei gewesen, als wäre ein Teil der Familie nach Amerika ausgewandert. Und zu ihnen nach Hause kam nie jemand auf Besuch. „Im Nachhinein denke ich mir, mit einem gesunden Gespür sind die Menschen uns fern geblieben."

Als Maria elf, zwölf Jahre alt war, wurde ihr erstmals klar, dass das alles irgendwann ein Ende haben werde. „Ich weiß noch, wie ich gedacht habe, irgendwann komme ich da raus. Allerspätestens mit achtzehn. Nach der Geburt meines Bruders wurde meine Mutter immer dicker. Aber sie war auch sehr stark, eine sehr starke Bäuerin. Und auch wenn ich bald so groß war wie sie, war sie eindeutig die Stärkere. Und sie hat uns ja nicht nur mit ihren Händen, sondern mit allen möglichen Gegenständen geschlagen. Sie hat sich ausgetobt an mir. Nach diesen Prügelattacken war sie immer für ein paar Stunden in ausgeglichener Stimmung. Mittlerweile weiß ich, dass meine Mutter psychotisch war. Damals habe ich begonnen, eine unglaubliche innere Stärke zu entwickeln. Aber ich wurde auch meinem Vater immer ähnlicher und das hat die Situation zwischen ihr und mir weiter verschlechtert. Das Einzige, das in ihren Augen gut war an mir, waren meine Schulleistungen. Das hat sie auch stolz erzählt. Das Wunderkind hat mehr Punkte als der Sohn vom Arzt oder vom Lehrer. Für die Einser gab es also Anerkennung, aber ein Zweier hat wieder ein Grund sein können, eine drüberzukriegen. Was ich heute noch immer nicht ganz verstehe, ist, wie sich diese furchtbare Dynamik zwischen meiner Mutter und mir aufgebaut hat. Eine Theorie von mir ist, dass ich für meine Mutter das geistige Leben dargestellt habe, im Gegensatz zu ihrem niedrigen Leben. Ich glaube, damit hat sie sehr gehadert. Sie hätte ja gerne eine bessere Bildung bekommen, aber das war für sie als Mädchen nicht möglich gewesen. So hat sie sich dann darin geflüchtet, eben die beste Hausfrau aller Zeiten zu werden. Aber eigentlich hätte sie in ihrem Leben ganz andere Bestrebungen gehabt. Und ich war immer gut in der Schule, habe immer viel gelesen, war immer ungeschickt bei Praktischem und habe mich auch schon sehr früh mit feministischen Themen auseinandergesetzt. Das war für sie eine einzige Provokation."

Je mehr Maria über ihre Mutter erzählt, umso deutlicher wird, wie intensiv sie sich als Erwachsene mit dieser Frau beschäftigt hat. Mit ihrer Mutter, die sie misshandelt und gequält hat, die aber trotz allem ihre Mutter ist und mit der sie später sogar eine Art inneren Frieden gefunden hat. Nicht, um der Mutter zu verzeihen, sondern um selbst Ruhe im Leben zu finden und vor allem auch um ihren Kindern eine liebevolle Mutter sein zu können. Dass sie das einmal schaffen würde, das konnte sie sich als Teenager keinesfalls vorstellen.

Mit fünfzehn hatte Maria ihren ersten Freund, der ab und zu auf Besuch zu ihr nach Hause kam, und, so bezeichnet es Maria, die Situation eskalierte extrem. Schließlich erzählte sie ihm von den Misshandlungen durch ihre Mutter und er ermutigte sie, zur Fürsorge zu gehen. Was ihr dort gesagt wurde, war allerdings alles andere als ermutigend. Von zu Hause ausziehen könne sie nur, wenn sie eine Wohnung habe, denn betreute Wohngemeinschaften für Jugendliche gab es damals in der Gegend nicht. Und eine eigene Wohnung könne sie sich wiederum erst organisieren, wenn sie achtzehn Jahre alt sei. Somit war sie gleich wieder am Ende jeglicher Hoffnung angelangt, bald aus der Hölle der eigenen Familie zu entkommen.

„Dann war es mit meinem ersten Freund aus und ich hatte einen zweiten. Ab da war ich überhaupt nur mehr die Nutte. Meine Mutter hat mir den Schlüssel weggenommen, sodass ich abends nicht mehr ins Haus kam. Ich musste immer Steinchen an die Fenster meiner Brüder werfen, sie machten mir dann auf. Zu essen habe ich zu Hause auch nichts mehr bekommen. Meine Schwester war damals magersüchtig und im Krankenhaus und meine Mutter noch instabiler als sonst. Manchmal hab' ich irgendwelche Essensreste in der Küche gefunden, mein damaliger Klassenvorstand hat das mitbekommen und mir manchmal Geld zugesteckt. Ich habe dann immer mehr erzählt, auch in der Schule. Und meine Überlebensstrategie war: nach der Schule direkt ins Wirtshaus. Dort habe ich mich bis zur Sperrstunde von Bier und Zigaretten ernährt und mich nachts irgendwann in mein Bett geschlichen."

Und der Stiefvater? Der habe sich nicht zuständig gefühlt, das habe er Maria erst vor Kurzem so erzählt. Schrecklich sei das gewesen damals, habe er gemeint, aber sie sei ja nicht sein Kind gewesen, er also nicht zuständig. Und ihr Vater wiederum fühlte sich damals auch nicht zuständig, weil es ja eine neue Familie und auch den Stiefvater gab.

Als sie sechzehn Jahre alt war, gab es, wie Maria erzählt, eine Schlüsselszene für ihr Leben. „Die letzten Monate hatte ich immer in der Nacht meine Zimmertür versperrt, um sicher zu sein. Einmal habe ich das vergessen. Und dann kam sie. Mitten in der Nacht hat sie mich aus dem Schlaf geprügelt. Richtig im Schlaf. Da war klar, wenn ich nicht einmal mehr schlafen kann, ohne in Sicherheit zu sein, dann reicht's." Damals wusste Maria von ihrem ersten Kontakt mit der Fürsorge, dass es für sie nur eine Möglichkeit gab, von der Familie wegzukommen. Sie musste einem Arzt die Spuren ihrer Misshandlungen zeigen können. Und das konnte sie nach der nächtlichen Prügelattacke ihrer Mutter. „Ich bin also zum Arzt, zur Fürsorge und mit der Betreuerin von dort weiter zur Polizei. Es war schrecklich, die Betreuerin hat die ganze Zeit geweint, während ich ihr alles erzählt habe. Auch der Polizist war total fertig, und der hat so langsam getippt, dass alles so lange gedauert hat, das war lähmend. Aber Gott sei Dank ist der Polizist zu unserem Haus mitgekommen, damit ich ausziehen konnte. Und so bin ich dann mit der plärrenden Fürsorgerin und dem Polizisten nach Hause und habe meine Koffer gepackt." Ihre Mutter war daheim, habe nur herumgeschrien und geheult, es war eine Szene wie aus einem grauenhaften Film. Doch Maria schaffte endlich den Absprung. Sie selbst sei damals die Ruhigste von allen gewesen, erinnert sie sich: „Was ich in dieser Zeit gelernt habe: Je schlimmer es rund um mich ist, umso mehr schalte ich in einen ganz kalten Modus, nach dem Motto: ‚Mir ist alles egal.‘"

Maria hatte es endlich überstanden, endlich hatte sie sich aus der Gewalt ihrer Mutter befreit. Bis zum Ende des Schulsemesters lebte sie bei der Schwester ihres Vaters, die auch in der Steiermark zu Hause war. Dann ging sie nach Wien – zu ihrem Vater. Das gelobte Land sei es auch nicht gewesen, bei ihrem Vater und dessen Mutter zu leben, aber sie konnte endlich einen Cut machen.

Neuanfang

Ihre Geschwister blieben bei den Eltern, obwohl ihre Anzeige schon einiges ins Rollen gebracht hatte, aber das sei, erzählt Maria, bald wieder im Sand verlaufen. Und sie selbst war draußen, zu mehr hatte sie keine Kraft. „Hinter mir die Sintflut, habe ich mir damals gedacht. Das war ja auch ein Kontaktabbruch zu meinen Geschwistern, später habe ich mir deswegen jahrelang Vorwürfe gemacht. Also, meine Schwester kam dann auch nach Wien zu meinem Vater. Aber sie war außer Rand und Band. Sie ist sehr schnell in so komische Praterkreise geraten. Die Drogendealer sind ein- und ausgegangen. Ein Wunder, dass sie nicht auf dem Strich gelandet ist. Sie hat das einfach nicht gepackt. Ich bin durch den ganzen Wahnsinn mit meiner Mutter stärker geworden. Meine Mutter hatte einmal zu mir gesagt: ‚Ich werde dich brechen.' Und ich habe mir immer gesagt: ‚Nein, du wirst mich nicht brechen.' Das war so. Aber natürlich war auch ich nicht immer stark. Ich habe mich als Jugendliche geritzt, viel geraucht, zu viel Alkohol getrunken und später auch Drogen genommen."

Später ist sie Psychologin geworden, ihre Schwester allerdings psychisch krank und habe immer noch Probleme. „So hat jeder seine Rolle bekommen in der Familie", resümiert Maria bitter. Für sie war die Flucht vor ihrer Mutter wahrscheinlich so etwas wie die sprichwörtliche Rettung in letzter Sekunde.

Der Vater engagierte sich zwar weiterhin nicht sehr für seine Tochter, aber sie konnte bei ihm leben, er organisierte ihr einen Platz an einer Schule und so absolvierte sie die siebte und achte Klasse in Wien und maturierte mit achtzehn Jahren. Trotz der grauenhaften Familienzustände zog Maria also die Schule durch. Die Schule und ihre Leistungen waren für sie seit jeher ihr Anker. „Da habe ich gewusst, hier bringe ich Topleistungen, daran habe ich mich festgehalten, durch alle Krisen hindurch. Meinen Vater hatte ich all die Jahre, in denen ich ihn kaum gesehen hatte, auf ein Podest gehoben.

Mit ihm hatte mich meine Mutter immer verglichen und wegen unserer Ähnlichkeit noch schlechter behandelt als meine Geschwister. Ich habe dann aber bald gemerkt, wie wenig er sich gekümmert hat. Er wollte einfach nicht. Ich hatte ihm als kleines Mädchen schon einmal erzählt, was meine Mutter machte. Nachdem er darauf aber nie reagierte, habe ich aufgehört, zu erzählen – wenn nicht einmal der eigene Vater eine Reaktion zeigt."

Mit neunzehn zog Maria bei ihrem Vater aus und zu ihrem Freund, ihrem späteren, ersten Ehemann, den sie mit siebzehn Jahren kennengelernt hatte. In der Zeit sei sie auf einem esoterisch-spirituellen Trip gewesen und begann, Psychologie zu studieren. Damals sei ihr zum ersten Mal klar geworden, dass sie für sich einen Punkt finden müsse, um sich mit ihrer Mutter versöhnen zu können.

Nach drei Jahren absoluter Funkstille verfasste sie einen Brief an ihre Mutter. Darin schrieb sie, dass sie sich irgendwie wiederfinden, einen Weg zueinander finden müssten. Ihre Mutter, aus deren Gewalt sie sich mit sechzehn befreit hatte, hatte sich in diesen drei Jahren nie bei ihr gemeldet. Nicht zum Geburtstag, nicht zu Weihnachten, nie. Nach Marias Brief aber lud sie ihre Tochter ein, sie zu besuchen. „Und das habe ich auch gemacht. Es war nur seltsam, wieder in dieses Haus zu fahren. Ich war dort, aber ich konnte nicht wirklich dort sein, ich war wie jemand, den ich beobachtete. Ich habe in der Zeit der Misshandlungen gelernt, mich innerlich von mir selbst abzutrennen, da war diese Szene und ich war irgendwo da oben und habe es beobachtet. Und als die Szene vorbei war, war ich wieder in mir. So war das auch bei diesem ersten Besuch nach drei Jahren. Und so hat diese seltsame Veränderung in unserer Beziehung begonnen."

Der erste Kontakt mit ihrer Mutter war ein Desaster. Maria wollte ihre Mutter mit allem, was war, konfrontieren, wollte von ihr wissen, warum sie das gemacht hatte. Doch ihre Mutter hatte sogleich die Beherrschung verloren. Sie habe geschrien und geweint und erklärt, wie überfordert sie und wie schrecklich alles gewesen sei. Kein „es tut mir leid" oder „es ging mir nicht gut", was sich Maria erhofft hatte. Heute sagt sie: „Damals wurde mir klar, dass es nicht möglich ist, mit ihr auf einer Ebene zu reden. Dass ich das alles mit mir selbst ausmachen muss. Und nicht nur mit mir selbst. Ich habe meinen Vater dann gezwungen, mir jahrelang eine Psychotherapie zu zahlen. Ich habe ihm das Messer angesetzt und gesagt, ich bin beschädigt und du zahlst! Und ich habe wirklich Hunderttausende Schilling für Therapien ausgegeben. Jahrzehntelang."

Eine eigene Familie zu gründen, Kinder zu bekommen, war für Maria damals absolut unvorstellbar. Sie investierte viel Zeit in ihre eigene Therapie und beschäftigte sich auch im Rahmen ihres Psychologiestudiums gezielt mit Gewalt in Familien. „Ich vertrat damals die Einstellung – ich mache Gebärdienstverweigerung, ich bekomme sicher nie ein Kind. Und dann mit zwanzig, das war ganz verrückt, wie mich das überkam. Ich war in einer Vorlesung der Entwicklungspsychologin Prof. Brigitte Rollett und sie hat über das Wunder der Geburt, das Wunder eines Kindes gesprochen. So dass ich mir gedacht habe: ,Ja, das ist es.' Und binnen Kurzem war mir klar: ,Ich will ein Kind.'" Ihr damaliger Mann war siebenundzwanzig, beide hatten noch nicht ihr Studium abgeschlossen, aber das spielte keine Rolle. „Und so bin ich zu ihm und habe ihm gesagt: ,Du, wir müssen ein Kind kriegen.' Und ich war sofort schwanger."

Die ganze Schwangerschaft über sei sie nur geschwebt und habe sich immer und immer wieder gedacht, sie mache alles anders und damit könne sie alles heilen. Doch als das Baby dann auf der Welt war, fiel Maria in eine richtige Depression.

„Platsch, am Boden der Realität gelandet. Ich habe mich von Anfang an total überfordert gefühlt. Ich wollte, dass dieses Kind glücklich ist. Wenn meine Tochter geweint hat, das habe ich überhaupt nicht ertragen. Ich habe totale Panik bekommen. Wer weint hier, sie oder ich? Ich wollte ja alles richtig und gut machen, aber ich wusste nicht, wie das geht. Ich habe sie immer herumgeschleppt, bis ich mich vor lauter Rückenschmerzen nicht mehr bewegen konnte", schildert Maria ihre ersten Monate als Mutter. Ihrer eigenen Mutter, die sich nach der Geburt ihrer Enkelin am liebsten bei ihrer Tochter einquartieren wollte, erlaubte sie, dass sie für ein paar Stunden zu Besuch kam. Dass ihre Mutter bei ihr wohnte, war für Maria absolut unvorstellbar. „Im Nachhinein glaub ich, da hat es wieder begonnen. Ich war sofort wieder im Konkurrenzkampf mit ihr. Sie durfte kommen, um zu sehen, dass ich eine bessere Mutter bin als sie. Dass ich die bessere Ausbildung habe als sie. Dass ich es besser kann als sie."

Eine bessere Mutter sein

Sobald ihre älteste Tochter zehn Monate alt war, begann Maria wieder mit einer Psychotherapie. Der Horror ihrer eigenen Kindheit und vor allem die traumatischen Erlebnisse mit ihrer Mutter erlaubten ihr nicht, eine glückliche Mutter zu sein. Bald habe sie realisiert, sie schaffe das mit ihrer Vergangenheit nicht ohne Hilfe und sie wollte ihren Kindern unbedingt eine gute Mutter sein und ihnen die bestmögliche Kindheit und Jugend bieten. Mithilfe eines Therapeutenehepaars, das für sie der absolute Glücksfall war, sei ihr das schließlich gelungen.

Mit ihren zwei Kleinkindern habe sie immer wieder Situationen erlebt, in denen sie für sich dachte, das waren also offenbar solche Momente, in denen ihre Mutter durchgedreht ist. „Und bei jedem meiner Kinder habe ich mir gedacht, das macht mich wirklich wütend, ich könnte das Kind jetzt gegen die Wand knallen. Aber ich mache es nicht. Und immer wieder bin ich ins Grübeln gekommen, wie das geht, dass man wirklich auf ein so ein kleines Kind mit den Füßen eintritt. Ich verstehe bis heute nicht, wie man diese Schwelle überschreiten kann. Man kann ein Kind anschreien, aber ich werde doch nicht auf mein Kind einschlagen, als würde es mein Leben bedrohen?"

Maria bekam drei Kinder, von drei Männern. „Ich wollte immer eine funktionierende Familie, jedes Mal habe ich mir gedacht: Jetzt funktioniert es, jetzt mache ich die heilige Familie. Aber das ist es nie geworden. Immer wenn das Kind drei Jahre alt war, war die Trennung oder die Scheidung da."

Ob das auch in ihrer eigenen Familiengeschichte begründet liegt, dass ihre Beziehungen nicht so lange gehalten haben, wie sie sich das gewünscht hätte? „Auf jeden Fall", antwortet Maria. „Und ich habe von den Vätern meiner Kinder immer das absolute Engagement verlangt. Weniger finanziell, aber ich habe verlangt, dass sie sich um ihre Kinder kümmern. Das liegt sicher auch daran, dass sich mein Vater nicht um mich gekümmert hat. Meine Kindsväter sind alle drei sehr engagiert. Ich habe mir über die Jahre eine Patchworkfamilie aufgebaut, ein mittlerweile über zwanzig Jahre altes Netzwerk, das immer größer und auch komplexer wird. Mittlerweile gibt es ja auch Enkelkinder."

Spielt ihre eigene Mutter in diesem Netzwerk auch eine Rolle? „Egal, was passiert ist, sie ist meine Mutter. Und sie gehört zu mir, sie gehört zu meiner Geschichte. Ich trage das in mir und meine Kinder erben das. Das war auch ein wichtiger Grund, warum ich so lange in Therapie gegangen bin. Nicht nur, weil es mir schlecht ging, sondern weil mir klar war, dass ich das, was da alles in mir drinnen ist, nicht an meine Kinder weitergeben will. Das kann ich ihnen nicht antun. Und wenn ich nicht in Therapie gehe, dann wird das passieren."

Ihren Kindern hat sie alles über ihre eigene Kindheit erzählt. Einmal wollten ihre Töchter, als diese in der Pubertät waren, ihre Mutter sozusagen bei der Oma rächen. Sie fuhren zur Großmutter und konfrontierten sie mit dem, was ihnen ihre Mutter über ihre eigene Kindheit und über die Oma erzählt hatte. Daraufhin warf die Großmutter die damals vierzehn- und sechzehnjährigen Enkelinnen, die nicht einmal ein Rückfahrticket nach Wien bei sich hatten, aus dem Haus. Und trotz alledem haben auch sie den Kontakt zu der Mutter ihrer Mutter nicht ganz abgebrochen. Maria fährt, seit sie einundzwanzig Jahre alt ist, ein- oder zweimal im Jahr für ein paar Tage zu ihrer Mutter, die nach wie vor mit ihrem Stiefvater in der Steiermark lebt. Ihre Kinder und mittlerweile auch Enkelkinder hat Maria immer dabei.

„Jedes Mal, wenn ich dort bin, bekomme ich alle psychosomatischen Zustände, die ich dort immer hatte. Von Kopfweh bis zur Verstopfung. Aber ich gebe ihr einmal im Jahr sozusagen die Chance, mir von Angesicht zu Angesicht zu sagen, wie das damals war. Diese Besuche bei meiner Mutter sind für mich wie eine rituelle Teufelsaustreibung. Das ist sozusagen wie eine Konfrontationstherapie", schildert Maria ihre Begegnungen mit ihrer Mutter. Mit der Frau, von der sie eigentlich die bedingungslose Liebe gebraucht hätte, die für sie als Tochter ja gewissermaßen auch ein Vorbild oder zumindest eine Orientierungshilfe in ihrem Frau-Werden hätte sein sollen. Doch in Marias Leben hat die Mutter vor allem zerstört und Schäden für ihr ganzes Leben angerichtet. Mit unglaublicher innerer Stärke und jahrelanger Psychotherapie hat Maria es geschafft, das Gewaltmuster ihrer Familie zu durchbrechen und ihre Wunden, so gut das geht, zu heilen. Und so hat Maria als erwachsene Frau so etwas wie Frieden mit ihrer furchtbaren Vergangenheit und mit ihrer Mutter gefunden.

Nur eine Sache, das weiß Maria ganz genau, die wird sie ihrer Mutter verweigern. Wenn ihre Mutter stirbt, dann wird sie sie dabei nicht begleiten. „Sie hat mir meinen Weg ins Leben verpfuscht, dass ich sie aus dem Leben begleite, das wird sie nicht von mir bekommen."

Helga und Franziska König

Wer denkt an die Kinder hyperaktiver Mütter?

Der Weg zu Helga und Franziska König führt durch eine der schönsten Landschaften Österreichs genau in das geografische Zentrum des Landes – nach Bad Aussee im Salzkammergut. Die wunderbare Berglandschaft zwischen Dachstein, Loser und Totem Gebirge, der berühmte Altausseer See, die typische Architektur, Menschen in Tracht – dort sieht es wirklich so aus wie in einem Film der Österreich-Werbung. Nicht umsonst zieht es Jahr für Jahr Zigtausende Touristen aus dem In- und Ausland in diese Gegend. Berühmt dafür, dass sich dort seit der Zeit, als der österreichische Kaiserhof das Salzkammergut für seine Sommerfrische entdeckte, auch unzählige Literaten und Künstler angesiedelt haben. Und immer noch ist die Ausseer Gegend ein Magnet für Kunstschaffende und Intellektuelle. Bad Aussee ist eine Kurstadt, ein Zentrum in einer sehr traditionellen ländlichen Gegend.

Und genau dort betreiben Mutter und Tochter König miteinander das Handarbeitsgeschäft der Stadt, die „Bastel- & Handarbeitsstube König". Bis vor Kurzem betrieben sie dazu auch noch eine eigene Weberei, diese wollte Tochter Franziska aber nicht übernehmen, weshalb sich die beiden Frauen davon trennten. Die Familie König betreibt eine Landwirtschaft, vermietet Ferienwohnungen und wohnt auch gemeinsam dort, neben Wirtschaftsgebäuden und einem kleinen Tourismusbetrieb.

Vom Zentrum von Bad Aussee schlängelt sich eine Straße vorbei an alten Bauernhäusern und Feriendomizilen zum Anwesen der Königs. Nach etwa zehn Minuten Autofahrt durch herrlichstes Panorama kommen wir an.

Mutter und Tochter erwarten uns bereits und gleich bei der herzlichen Begrüßung wird klar: Diese beiden Frauen haben ein sehr unterschiedliches Temperament. Helga König, die Mutter, zeigt uns das prachtvolle, über hundert Jahre alte Bauernhaus. Es bildet das Zentrum ihres Zuhauses, rundherum erstrecken sich die ehemalige Weberei, die landwirtschaftlichen Gebäude, das Haus mit den Ferienwohnungen und das Haus, das sich der Sohn der Familie neu auf dem Grundstück errichtet hat.

Der Sohn kommt häufig zu Besuch, er lebt seit Jahren in Graz. Auch Franziska, die 31-jährige Tochter, verfügt in dem Komplex über einen ganz eigenen, abgetrennten Wohnbereich. Ihren Rückzugsort, wie sie uns später erzählen wird.

Neben ihrer Mutter wirkt sie schüchtern und hält sich im Gespräch eher zurück.

Ihre Mutter erzählt viel und lustig und führt uns in das Haus des Sohnes, wo wir mit den beiden unser Gespräch über die spezielle Beziehung zwischen Müttern und Töchtern führen können. Auch eine Katze begleitet uns bei der kurzen Führung durch das bäuerliche Anwesen – dazu scheint die Herbstsonne, es ist Landidylle pur.

Für Franziska ist dies der Ort, an dem sie aufgewachsen ist und den sie mit keinem anderen Ort der Welt tauschen möchte – das habe ihr das Jahr, in dem sie in England gelebt und gearbeitet hat, sehr klargemacht: „Ich käme in der Stadt nicht zurecht. Es wundert mich oft, wie meine Mutter es geschafft hat, aus der Stadt, aus Graz, hierher aufs Land zu ziehen. Aber eigentlich ist sie in ihrem Inneren, glaube ich, immer ein Landkind gewesen, das einen Garten braucht. Sie ist nicht der Typ für eine kleine Wohnung in der Stadt. Und sie hat hier auch immer so gut her gepasst. Das lag wahrscheinlich auch an der Liebe, die sie hierher geführt hat."

Über die Mutter

Franziskas Mutter Helga König wuchs in Graz auf, als sechstes von neun Kindern. Ihre sieben Brüder und sie kamen innerhalb von zehn Jahren auf die Welt, ihre Schwester wesentlich später, als ihre Mutter bereits 45 Jahre alt war. „Meine Schwester ist wie ein Einzelkind aufgewachsen. Sie war zwei Jahre alt, als unser Vater starb. Von da an hat sich meine Mutter um alles allein gekümmert. Nur die beiden Ältesten lebten nicht mehr zu Hause, uns andere Kinder hat sie ganz allein großgezogen. Mit wenig Geld, denn die kleine Pension meines verstorbenen Vaters wurde de facto für die Schule verwendet", erinnert sich die Anfang-50-Jährige. „Als Kinder wurden wir stets alle gleich behandelt, Buben wie Mädchen. Meine Mutter hat uns allen ein starkes Selbstbewusstsein vermittelt. Sie selbst hat kurz nach dem Krieg maturiert – sie gehört zu jener Generation, die im Krieg die Schule fertig gemacht hat. Danach ist sie sofort in die Schweiz gegangen, um Arbeit zu finden. Dort hat sie meinen Vater kennengelernt und ist auch bald schwanger geworden. Darauf folgten acht Kinder in zehn Jahren und später noch eine Tochter und dann ist sie früh Witwe geworden."

Als Kind erlebte Helga König trotzdem niemals, dass ihre Mutter mit ihrem Schicksal gehadert hätte. Das passierte erst viel später, als die Oma die Familie bei der Feier zu ihrem siebzigsten Geburtstag mit einer unerwarteten Aussage völlig überraschte und auch schockierte. „Damals dachte ich, dass eine Welt zusammenbricht. Sie hat neun perfekte Kinder, keines davon ist auf die schiefe Bahn geraten oder Ähnliches, fünf davon sind Unternehmer geworden. Sie hat insgesamt vierundzwanzig Enkelkinder – wie viele Urenkel sie hat, das weiß ich spontan gar nicht – und dann sitzt sie einfach da und sagt: ‚Wenn ich mir meine Jahrgangskollegen aus der Schule ansehe, von ihnen haben die meisten so vieles erreicht. Und ich, ich habe gar nichts geleistet.'"

Niemals hätten Helga König und ihre Geschwister eine solche Aussage von ihrer Mutter erwartet. Aber in dem Gespräch, das sie daraufhin mit ihrer Mutter führte, stellte sich heraus, dass diese offenbar nie hatte sehen können, was sie alles geschafft hatte: die Leistungen als Mutter, die sie zu Hause erbracht hatte, und nicht in einem Beruf, der mit einem Gehalt honoriert worden und auch für die Außenwelt sichtbar gewesen wäre.

Helga König hingegen hatte immer gearbeitet, auch als sie selbst Mutter wurde: zuerst in einem Hotel, dann in ihrem eigenen Geschäft. Dazu half sie in der Landwirtschaft ihres Mannes mit, pflegte ihre Schwiegereltern bis zu deren Tod, nahm zu ihren eigenen Kindern auch noch Pflegekinder bei sich auf, arbeitete in der eigenen Weberei und baute behindertengerechte Wohnungen, die die Familie als Ferienwohnungen vermietet. Überdies schrieb Helga König auch noch Bücher, Handarbeitsbücher. Und einige Jahre lang bastelte sie im Altersheim mit dessen Bewohnern, um diesen eine sinnvolle Aufgabe zu geben. „Alle beschweren sich über hyperaktive Kinder. Aber wenn sich die Kinder einmal über die hyperaktive Mutter beschweren ...", lacht Helga König über sich selbst und ihre Tochter scherzt mit: „Ja, so ein Energiebündel wie meine Mutter bin ich nicht. Ich bin eher wie mein Vater, mir muss man manchmal auch in den Hintern treten, damit ich etwas tue."

Dass ihre Mutter ganz genau weiß, was sie will und wie sie sich die Dinge vorstellt, daraus macht diese in unserem Gespräch kein Geheimnis. Ihre Tochter hält sich diesbezüglich lieber etwas zurück. Sagt ihre Mutter allerdings etwas, das ihr sichtlich auf die Nerven geht oder das sie gänzlich anders sieht, dann ähnelt Franziska in der Deutlichkeit ihrer Ansagen durchaus ihrer Mutter. „Bis hierher und nicht weiter", erzählt Franziska, sei ein ganz klares Prinzip, wenn es um die Abgrenzung zu ihrer Mutter gehe.

Immer wieder, so erzählt die Tochter, würde sie auch mit ihrer Mutter streiten. Nach diesen Auseinandersetzungen sei allerdings alles Relevante ausdiskutiert und ausgeräumt und es bleibe nie eine Spannung zwischen den beiden Frauen zurück. Das macht offenbar auch das Geheimnis dafür aus, dass die Zusammenarbeit zwischen Mutter und Tochter, die nach wie vor sehr eng und fast miteinander wohnen, so gut funktioniert.

Und vielleicht, weil Franziska „von Anfang an so unkompliziert war", wie ihre Mutter meint. „Wenn man auf dem Land aufwächst, in einer Landwirtschaft, dann gibt es ganz eindeutig männliche und weibliche Rollen. Bei uns war von Anfang an klar, dass unser Bub diese männliche Rolle wirklich verkörpert, von Geburt an. Franziska hingegen war immer eher, sagen wir, die Brave, die Untergeordnete, die Ruhige." Außerdem ähnle ihre Tochter eher ihrem Mann und ihr Sohn mehr seiner Mutter: „Wir sind sehr dominant", lacht Helga König. Erzogen hätte sie Sohn und Tochter aber absolut gleich, betont sie. Man müsse bei Kindern einfach grundsätzlich zulassen, dass jedes sein völlig eigenständiges Wesen ausleben dürfe, damit es auch seine Persönlichkeit entwickeln könne. Bei ihren beiden Kindern sei es eben der Klassiker: die Tochter wie der Vater, der Sohn wie die Mutter.

Über die Tochter

Als Kind hatte Franziska mit der Handarbeitsleidenschaft ihrer Mutter nur sehr wenig anfangen können. „Es gab eine Zeit, da konnte man mich mit einer Stricknadel jagen", berichtet die Tochter, „aber ich musste alle Techniken zumindest einmal ausprobieren, um zu wissen, worum es dabei geht. Doch wenn ich damit nicht mehr weitermachen wollte, dann war das für meine Mutter auch in Ordnung. Sie sagte immer: ‚Macht eure Erfahrungen, ich bin da. Ich bin der Fels in der Brandung, wenn etwas schiefgeht und ihr mich braucht.'

Das war bereits so, als wir noch Kinder waren, als wir am Bauernhof mitgeholfen haben. Bei uns gab es immer etwas zu tun. Mein Bruder hat meinem Vater geholfen, ich blieb eher in der Nähe meiner Mutter. Meine erste bewusste Kindheitserinnerung ist auch, dass ich mit meiner Mutter auf dem Anhänger des Traktors sitze und sie mich festhält. In ihren Armen hatte ich das Gefühl, dass mir nichts passieren kann." Dass sie nun das Geschäft ihrer Mutter übernehme, dazu habe diese sie nie gedrängt, meint Franziska, das habe sich einfach ergeben.

Genauso wie die Geschichte mit den Pflegekindern, die die Familie aufgenommen hatte, als Franziska und ihr Bruder selbst noch Kinder waren. „Wir hatten insgesamt vier Pflegekinder. Das war nicht beabsichtigt", erzählt Helga König. „Eines Tages stand die Fürsorgerin auf einmal vor unserer Tür und fragte, ob ein Mädchen zu uns zum Mittagessen kommen dürfe, weil das mit ihr und ihrer Mutter nicht so gut funktioniere. Ich hatte Kinder immer schon gern und wir wohnten hier anfangs zu siebzehnt, als die Brüder meines Mannes noch da waren. Ein Kind mehr oder weniger beim Essen war also nicht spürbar. Und irgendwann hatten wir dann vier Pflegekinder, die auch noch mit uns gelebt haben." Die Pflegekinder waren ungefähr so alt wie ihre eigenen, die damals die Volksschule besuchten. „Für uns war das vollkommen normal", erinnert sich auch Franziska. „Wir haben sie nie als Konkurrenz wahrgenommen, sie haben hier einfach mit uns gelebt."

Sie selbst entschloss sich nach dem Hauptschulabschluss zu einer Lehre als Kellnerin, die sie mit knapp zwanzig Jahren beendete. Danach ging Franziska nach Großbritannien, nach Stratford-upon-Avon, wo sie in einem Hotel arbeitete und auch Abstand zu ihrer Familie bekommen wollte, wie sie uns erzählt: „Ich wollte unbedingt dorthin. Ich war damals sehr schlecht in Englisch und habe mir deshalb vorgenommen, eine Zeit lang nach England zu gehen und dort zu arbeiten. Das hat super funktioniert, das kann ich wirklich jedem empfehlen. Meine Mutter konnte nichts dagegen sagen, weil ich einfach beschlossen hatte: ‚Ich mache das jetzt!' Dann hat meine Familie mich dabei auch unterstützt."

Ihre Mutter erinnert sich ganz anders. „Damals habe ich sie rausgeworfen", lacht sie. „Es war mir sehr wichtig, dass sie auch einmal etwas anderes sieht als ihre Heimat. Und die Gelegenheit war ja auch toll, sie konnte dort arbeiten und ihre Englischkenntnisse verbessern. Nach einem Jahr kam sie zurück und das Schockierende war: Franziska hat sich in diesem Jahr nicht verändert. Null. Sie ist als dieselbe zurückgekommen, als die sie gegangen ist, das war schon erstaunlich." Aber das sei typisch für ihre Tochter, sie sei eben unkompliziert, meint Helga König, die wohl überrascht sein wird, wie anders ihrer Tochter dieser Schritt weg von zu Hause in Erinnerung geblieben ist.

Allerdings habe sie immer gemerkt, dass ihre Tochter von der Zeit ihrer Kindheit an auch einen Rückzugsort brauchte, erzählt Helga König: „Ich hätte niemals geglaubt, dass ich einem Kind einmal ein Buch wegnehmen muss, aber bei Franziska war das nötig, schon in der Volksschule! Immer saß sie irgendwo mit einem Buch. Das braucht sie auch jetzt noch. Das Lesen ist ihr Rückzugsort, der ihr sehr wichtig ist. Auch im Haus haben wir arrangiert, dass sie ihren eigenen Ort bekommt, der nur ihr allein gehört." Und auch heute noch, mit über dreißig Jahren, sind Bücher eine der großen Leidenschaften in Franziskas Leben.

Ihre Liebe zum Lesen setzt sie auch in Verbindung mit dem Verhältnis zu ihrer Mutter: „Meine Mutter ist der Anker, der mich hält, und meine Bücher sind, was mich weitertreibt. Ich brauche meine Mutter, damit ich diese Bodenständigkeit nicht verliere, und ich brauche die Bücher, damit ich nicht zurückbleibe."

Schon als kleines Mädchen waren Bücher für Franziska etwas sehr Wichtiges, ihre Leidenschaft für Mangas entdeckte sie über eine Freundin an der Hauptschule. Diese zeigte ihr die japanischen Comics zum ersten Mal und sie sei sofort begeistert davon gewesen, berichtet Franziska. Manga, das ist der japanische Begriff für Comics, die in Japan einen bedeutenden Teil der Literatur- und Medienlandschaft darstellen. Typisch für Mangas ist eine ganz charakteristische Darstellung, die sich deutlich von den Zeichenstilen anderer Comics unterscheidet, weshalb Manga oft als eigene Kunstform gewertet wird. Rund um diese asiatischen Comics hat sich eine eigene Szene entwickelt, die als „Generation Manga" bezeichnet wird. Dabei geht es nicht nur um das Lesen dieser Comics, sondern vielmehr um einen besonderen Lebensstil. Und auch für Franziska ist Manga weit mehr als nur Lesen. Inzwischen hat sie über ihre Begeisterung für die asiatischen Comics sogar einen eigenen Freundeskreis gefunden. „Alles begann in dem Chatroom, in dem wir uns über Mangas ausgetauscht haben, bevor wir schließlich beschlossen, uns einmal zu treffen. Gleich beim ersten Mal haben wir uns relativ gut verstanden, heute sehen wir uns ein- bis zweimal im Monat. Die Gruppe ist recht durchgemischt; die Jüngste ist 17, der Älteste 49 Jahre alt. Das übt eine Faszination auf mich aus und macht mir große Freude." Ein weiterer Rückzugsort also, weg von Familie und Geschäft.

Wenn ihre Mutter bald offiziell in Pension geht, wird Franziska das Geschäft übernehmen, das haben die beiden gemeinsam entschieden. In der Praxis rechnen sie allerdings kaum mit Veränderungen; Franziska wird als offizielle Chefin auftreten und ihre Mutter weiterhin im Betrieb mitarbeiten, so wie es sich im Moment umgekehrt verhält.

Als Jugendliche hatte Franziska eigentlich ganz andere berufliche Pläne: Nach ihrer Rückkehr aus England arbeitete sie zunächst als Kellnerin, später als Kassiererin in einem Supermarkt. Einige Zeit später interessierte sie sich für eine Ausbildung als Buchhalterin und machte neben ihrer Berufstätigkeit die Abendmatura. Als ihre Mutter jedoch plötzlich dringend jemanden brauchte, der im Geschäft mithalf und Franziskas Arbeitsstunden im Supermarkt reduziert werden sollten, entschloss sie sich dazu, im Laden ihrer Mutter mitzuarbeiten. „Viel hat sich dadurch eigentlich nicht verändert. Außer, dass ich mit meiner Vorgesetzten auf einmal per Du war", lacht Franziska und ihre Mutter ergänzt, dass sie ohnehin kaum beide zur gleichen Zeit im Geschäft tätig seien, da das nicht notwendig wäre. Nur bei den Übergaben müssten sie besprechen, was zu tun sei. Wenn ihre Tochter anfinge, Ideen für Veränderungen einzubringen, sei das Helga König nur recht. „Sollte etwas davon nicht funktionieren, können wir es schließlich ändern."

Und bei all der Bestimmtheit, die für ihre Mutter typisch sei, hätten die beiden schon so etwas wie ein Rezept, das das Zusammenarbeiten und -leben von Mutter und Tochter so reibungslos ermögliche, fügt Franziska hinzu. „Wir sind immer ehrlich miteinander. Wenn ich beispielsweise das Gefühl habe, dass meine Mutter mich überfordert, dann sage ich ihr das auch. Bis dorthin und nicht weiter."

Über Kinder

Nur in einem Punkt geraten Mutter und Tochter regelmäßig aneinander: bei dem Thema Kinder. Franziska möchte von den diesbezüglichen Fragen oder Wünschen ihrer Mutter nämlich nichts wissen, was ihre Mutter zunehmend belastet. „Meine Tochter hatte noch nie über einen längeren Zeitraum hinweg einen Freund. Eine feste Beziehung ist ihr zu kompliziert, weil man sich dabei nach jemand anderem richten muss. Das ist zumindest meine Meinung dazu, denn sie redet nicht darüber. Und wenn ich ihr sage, dass ich mich über Enkelkinder freuen würde, erklärt sie mir vehement, dass dieses Thema nicht meine Sache sei. Ich sehe das etwas anders: Ich würde mich als Großmutter schließlich nicht aus der Verantwortung stehlen, ich würde mich um meine Enkelkinder kümmern. Aber ihr

Verhalten scheint mir recht typisch für ihre Generation zu sein, das sehe ich häufig. Viele junge Menschen ihres Alters sind vorrangig mit sich selbst beschäftigt: zuerst komme ich, dann komme ich und dann lange nichts. So leben viele. Ich war gerade zwanzig und kannte meinen Mann erst seit kurzer Zeit, als ich meine Kinder bekam. Das war zu dieser Zeit normal. Die damals geborenen Kinder, die jetzt erwachsen sind, fangen jedoch erst viel später an, sich zu überlegen, ob sie überhaupt eine Familie gründen wollen: Deshalb fehlt uns mittlerweile eine ganze Generation von Kindern. Das sieht man beispielsweise an den kleinen Schulklassen."

Ob Franziska vielleicht keine Sehnsucht nach einer eigenen Familie empfindet, weil sie bereits eine große Familie und viele Menschen in ihrer nahen Umgebung hat? „Das weiß ich nicht. Sie muss jedenfalls keine Angst haben, ihre Eigenständigkeit zu verlieren, wenn sie Kinder bekommt. Auch ich habe stets in einem Balanceakt zwischen Beruf und Familie gelebt. Meine Großfamilie hat dabei natürlich geholfen, es war schließlich immer jemand da, der hin und wieder auf die Kinder aufpassen konnte. Wenn ich aber an das Familienbild denke, das heute häufig als Ideal vermittelt wird, in dem Mutter, Vater und Kind auf der grünen Wiese vor dem Eigenheim zu sehen sind, dann muss ich einfach sagen: ‚Hey, Dirndln, wacht auf, das ist nicht das Leben!'"

Und was sagt Franziska zu diesem inzwischen leidigen Thema? „Mit dieser Angelegenheit treibt sie mich regelmäßig zur Weißglut. Sie möchte unbedingt ein Enkelkind haben und findet, dass ich auch nicht unbedingt einen Mann dazu brauche, schließlich würde sie sich um meine Kinder kümmern. Von ihrem Standpunkt aus meint sie das bestimmt eher beratend, aber mich macht es rasend. Ich glaube, sie gehört noch zu dieser Generation, die denkt, man brauche Kinder, damit man im Alter nicht allein sei. Aber das ist ihr, vermute ich, nicht wirklich bewusst."

Doch wie auch in allen anderen kritischen Punkten, in denen Mutter und Tochter nicht einer Meinung sind, folgt auf einen heftigen Streit die Versöhnung. Bloß, dass dieses spezielle Thema alle paar Monate hartnäckig wiederkehre, ärgert die 31-Jährige. Denn so, wie sie lebe, sei sie „sehr, sehr glücklich". „Ich könnte mir fast nichts anderes vorstellen. Meine Mutter ist mir sehr wichtig, genauso wie der Kontakt zu meinem Vater. Die beiden haben sich inzwischen getrennt, leben aber mit ihren neuen Partnern hier am Hof. Wir sind also eigentlich eine Patchworkfamilie. Nachdem meine Mutter ihren neuen Partner kennengelernt hatte, als ich ungefähr zwanzig war, war ich immer der Meinung: Wenn meine Mutter glücklich ist, dann bin ich es auch. Und meine Mutter und mein Vater gehen vollkommen friedlich miteinander um. Vielleicht friedlicher als zu der Zeit, in der sie noch zusammen waren. Hier liegen meine Wurzeln und hier kann ich blühen. Und sollte ich doch jemals eine ernsthafte Partnerschaft in Erwägung ziehen, wird mein Partner hierherziehen müssen. Ich gehe hier nicht weg."

Und welches Resümee zeichnet Helga König vom Leben in einer Großfamilie am Land, vom Zusammenarbeiten mit ihrer erwachsenen Tochter? „Wenn man in einer Großfamilie lebt, dann muss man sich zurücknehmen. Man muss Rücksicht darauf nehmen, was die Allgemeinheit will. Das hat Vor- und auch Nachteile. Aber müsste ich mich erneut entscheiden, wie ich leben möchte, würde ich nichts anders machen."

Alexandra und Nejat Mantler

Angekommen

Wie erzählt man die Geschichte einer Mutterschaft, die mit einer zufälligen Begegnung auf einem anderen Kontinent, in einem anderen Kulturkreis beginnt; Wege durch den Bürokratiedschungel zweier Staaten findet, die unterschiedlicher nicht sein könnten, und schließlich in der existenziellen Erfahrung einer Geburtsbegleitung die ultimative Bestätigung erlebt? Wie erzählt man die Geschichte zweier Menschen, die unter ungewöhnlichen Umständen spontan eine Verbindung spüren, welche sich jeder herkömmlichen Erklärung entzieht?

Vielleicht folgendermaßen:

Eine österreichische Journalistin besuchte im Rahmen einer Pressereise in Äthiopien ein Waisenhaus. Zu diesem Zeitpunkt war bereits klar, dass ihr Kinderwunsch nicht problemlos zu erfüllen sein würde. Deshalb hatten sie und ihr Mann die Zeichen bereits auf Adoption gestellt. Nach ihrer Rückkehr informierte sie ihren Partner: „Ich möchte ein Kind aus Äthiopien adoptieren." Später sollte sich herausstellen, dass es dieses Waisenhaus war, in dem Jahre danach die folgenreiche Begegnung passieren würde: „Vielleicht sind wir uns damals schon über den Weg gelaufen."

In diesem Waisenhaus wurde die Journalistin zum ersten Mal konkret mit dem Thema Adoption konfrontiert: „Sie haben uns im Babyzimmer herumgeführt. Dort hieß es zum Beispiel: ‚Das ist ein kleiner Italiener, der wird morgen von seiner Mama abgeholt. Das wird nächste Woche eine kleine Australierin.' Bis zu diesem Zeitpunkt habe ich theoretisch gewusst, dass es so etwas gibt. Aber nun war es real. Da waren tatsächliche Kinder, die zu tatsächlichen Eltern kommen würden."

Warum Äthiopien, ist rasch erklärt: Sie hatte sich in das Land verliebt – mit all seinen Problemen. Es sei ein tolles, faszinierendes, stolzes Land mit einer unglaublichen, alten Kultur. Es sei ein Land, erinnert sie sich, auf das man als Herkunftsland stolz sein könne: „Das kann man gut weitergeben und das war mir wichtig. Dass die Kinder anders aussehen würden als wir, war für meinen Mann und mich nie ein Problem."

Also wurde ein Adoptionsverfahren in die Wege geleitet. Die Journalistin und ihr Mann flogen etwa ein Jahr darauf nach Äthiopien, um ein kleines Mädchen namens Lilly zu sich zu holen. Gute zwei Wochen nahmen dort die Formalitäten bei Gericht und Botschaft in Anspruch. Die Zeit des Wartens verbrachte das Ehepaar im Waisenhaus: „In dieser Zeit haben wir mit den Kindern im Hof gespielt. Da war dieses Mädchen, diese Zwölfjährige, zurückhaltend und keineswegs spontan anhänglich. Aber die Art, wie sie mit uns geredet, wie sie Kontakt aufgebaut hat, hat schlagartig auf beiden Seiten enorme Sympathie ausgelöst." Bei den Ordensschwestern, die das Waisenhaus betrieben, erkundigte sich das Ehepaar nach der Geschichte dieses Mädchens, nach seiner Herkunft, seiner Familie und nach den Gründen, warum es im Waisenhaus lebte.

Alexandra Mantler erinnert sich heute: „Als ich dieses Kind kennenlernte, dachte ich: Irgendwie gehört es zu mir."

Dieses Kind hieß Nejat.

Dass sie eines Tages die Mutter dieses Kindes sein würde, war zu diesem Zeitpunkt noch nicht einmal angedacht. Alexandra Mantler beschäftigten ganz andere Fragen: „Bei einer Adoption muss man ehrlich zu sich selbst sein. Als künftiges Elternteil muss man sich überlegen, was zu einem Problem werden könnte und was nicht." Das Augenscheinliche, das Offenkundige bei der Adoption eines Kindes aus einem anderen Kulturkreis – die andere Hautfarbe –, das war nie ein Problem für Alexandra gewesen. Das konnte schließlich jeder sehen. Die Vermischung der Kulturen sollte ganz real und hautnah zu einem Teil der Familie werden: „Das hat gepasst."

Adoption schwer gemacht

Alexandra Mantler beschreibt das Warten auf die Adoption des kleinen äthiopischen Kindes als eine Art Schwangerschaft, nur ohne genauen Geburtstermin: „Man wartet. Ich habe während dieser Zeit Lätzchen bestickt und Decken gestrickt und irrsinnig viele Bücher über Auslandsadoption und Adoptivkinder gelesen. In solchen Büchern wird sehr viel im Licht des Problematischen behandelt. Was alles auf dich zukommen wird, welche Identitätskrisen die Kinder haben werden, welche du bekommen wirst, wie schwierig es sein wird, eine Beziehung aufzubauen und so weiter. Da kam schließlich der Moment, an dem ich entschieden habe, dass ich einfach alles auf mich zukommen lassen würde. Also kaufte ich mir ein ganz normales Buch über Babypflege. Denn auch dieses Kind würde zuerst einmal in die Windel machen und gebadet werden müssen. Wir sind dann zu einem Geburtsvorbereitungskurs gegangen. Ich bin dort nach der Arbeit hineingestöckelt, als Einzige ohne Bauch."

Alexandra bemerkte, dass sie in dieser Umgebung, in der sie nur die Praxis der Babypflege erlernen wollte, so etwas wie den trotzigen Stolz einer Adoptivmutter entwickelte: „Als Adoptivmutter bist du natürlich eine Art Sonderfall. Es wird nicht offen ausgesprochen, aber du bist immer irgendwie in Erklärungsnotstand." Sie hatte sich hauptsächlich mit zwei unterschiedlichen Reaktionen aus ihrer Umgebung auseinanderzusetzen: Sobald jemand hörte, oder in ihrem Fall sah, dass es um ein Adoptivkind ging, ließ der eine Teil der Reaktionen durchklingen, dass es sich dabei um eine Art „defizitäre Mutterschaft" handle: „Wie machst du das denn dann in der Nacht?

Wirst du überhaupt wach, weil du ja nicht diese Hormonausschüttung hast, die man als Mutter hat?' Meine Reaktion darauf war immer: ‚Entschuldigung, aber in dem Moment, in dem ich dieses Kind in den Arm nehme, habe ich jede Hormonausschüttung der Welt. Das ist mein Kind. Natürlich werde ich wach.'" Der andere Teil der Reaktionen war wiederum unverständlich bewundernd: Es sei ja wirklich toll, so etwas zu machen. Alexandra Mantler aber fand: „Was sollte daran bewundernswerter sein als bei jeder anderen Frau, die ihr Kind liebt?"

Das Ehepaar Mantler reiste mit ihrem ersten Adoptivbaby und dem Gedanken ab, auch das ältere Mädchen Nejat zu sich zu holen. Es hätte die Möglichkeit gegeben, diesem Kind auf andere Art zu helfen. Man hätte es mit einem monatlichen Stipendium fördern können, mit regelmäßiger Unterstützung sowieso. Alexandra Mantler aber muss gespürt haben, dass dieses Kind etwas anderes wollte und brauchte: „In allem, was es uns vermittelt hat, spürte ich eine ganz tiefe Sehnsucht nach Eltern. Nicht nach einem Stipendium, sondern nach Menschen, zu denen es gehören konnte." Es sollten noch schwierige Zeiten auf das Mädchen zukommen, Zeiten der krassen Umstellung, vielleicht auch der Enttäuschungen und nicht erfüllten Erwartungen, aber: „Ich glaube, an diesem einen Wunsch hat es immer festgehalten: ‚Ich will eine Familie haben. Ich will diese Familie, diese Eltern haben.' Für uns kam irgendwann der Punkt, an dem wir wussten: ‚Das ist unser Kind.'"

Nejat und ihre Schwester waren ins Waisenhaus der Ordensschwestern gekommen, weil ihr Vater die Kinder nach dem Tod der Mutter nicht hatte versorgen können. Ein wenig könne sie sich noch daran erinnern, wie ihr Vater sie ins Heim gebracht, wie er sie eine Zeit lang zwei Monate in den Ferien kurz wieder zu Hause aufgenommen hatte, um sie dann ins Heim zurückzubringen. Nejat: „Auf einmal war er weg. Er hat uns nicht mehr abgeholt. Er hat nicht angerufen. Nichts. Wir saßen im Heim fest. Eine Adoption konnte es nicht geben, weil das Heim uns nicht freigeben durfte, da unser Vater unauffindbar war. Was, wenn er wiederkommen und uns suchen würde? Irgendwann haben wir erfahren, dass er verstorben ist."

Nejat kennt ihre biologische Mutter nicht. Sie konnte sich nie an sie erinnern und vermisst sie daher auch nicht. Hätte ihr jemand etwas über sie erzählen oder ihr ein Foto von ihr zeigen können, ihr Vater zum Beispiel, dann wäre da vielleicht ein Schmerz gewesen, aber: „Wenn ich etwas nicht kenne, dann erfinde ich dazu auch nichts. Dann kann ich es nicht vermissen." Die Sehnsucht nach einer Familie aber war da: „Familie war eine Traumwelt für mich. Ich wollte eine, aber in Wahrheit kannte ich so etwas gar nicht." Sie war vier Jahre alt gewesen – „Vielleicht auch drei, es gibt keine Unterlagen" –, als sie ins Heim gebracht worden war.

Das Waisenhaus war ein guter Ort, aber kein Familienersatz für die über hundert Kinder, die dort von etwa sechs Ordensschwestern betreut und beschützt wurden: „Die Schwestern waren sehr lieb, sehr nette Menschen und sie haben uns wirklich weitergeholfen." Alexandra und ihr Mann wollten Nejat ursprünglich nicht zu viel Hoffnung machen, dass ihr Traum von einer Familie sich erfüllen könnte. Da war auch diese Angst, sich total darauf einzulassen, Nejat und ihre Schwester nach Wien zu holen. Was wäre, wenn man emotional die Notbremse ziehen müsste; was, wenn es nicht klappte; was, wenn die Bürokratie sich dagegenstemmte? Das hätte schmerzhaft werden können.

Sofort geklappt hat es schließlich nicht, auch Nejat zu adoptieren und mit nach Österreich zu nehmen. Ihr Vater war zu dieser Zeit nicht auffindbar, das Waisenhaus hatte kein Sorgerecht. Nejat erinnert sich an diese Tage: „Es kamen immer wieder Leute ins Heim, die Kinder abholten. Und es kamen auch immer wieder Volontäre. Man lernte dort viele Menschen kennen. Und dann habe ich zufällig die zwei mit einem Baby gesehen – und plötzlich war diese Verbindung da." Nejat wusste, dass das Ehepaar sie nach Österreich holen wollte, aber das war zu diesem Zeitpunkt nicht möglich. So blieb es vorerst bei Briefen und kleinen Geschenken wie T-Shirts, Schuhen, Schokolade. Den Glauben an eine Familie verlor sie in dieser Zeit aber nicht: „Wenn man kein Interesse mehr hat, dann schreibt man keine Briefe und schickt auch keine Geschenke. Ich wusste, irgendwann wird es wahr, dass auch ich eine Familie bekomme. Ich bin ein Mensch, der daran glaubt, dass das kommt, was kommen soll. Wenn alles gut geht, dann werde auch ich adoptiert und habe eine Familie."

Bis zur Familie sollten drei Jahre vergehen, bis zur Adoption elf. Den Zeitraum dazwischen verbrachte die Familie Mantler mit einem Hürdenlauf durch die Institutionen, die österreichischen und die äthiopischen – im Grunde die Chronologie einer Beharrlichkeit und eines Durchsetzungswillens.

Vom Hürdenlauf durch die Institutionen

Am Anfang war das Jugendamt. Dort ließ man das Ehepaar Mantler, mehr indirekt als direkt, wissen, dass es vorerst sicherlich keine Adoptionserlaubnis gäbe. Nicht, bevor das Paar beweisen konnte, dass die Adoption des kleinen Mädchens funktionierte – danach könne man weitersehen.

Dann war da die Idee mit dem Schülervisum. Auch dieses Vorhaben stellte sich als äußerst kompliziert heraus, denn dafür wäre für Nejat ein Platz als ordenliche Schülerin notwendig gewesen, wofür aber wiederum gute Deutschkenntnisse erforderlich gewesen wären: „Wo hätte sie in Äthiopien gut genug Deutsch lernen können?" Eine Frage, die nicht beantwortet werden konnte. Und wieder waren es schließlich Ordensschwestern, die sich um Nejat kümmerten: „Die Englischen Fräulein in St. Pölten sagten: Wenn es nötig ist, nehmen wir sie als ordentliche Schülerin auf und sie wiederholt einfach das erste Jahr." Für eine solche Lösung waren Menschen mit Herz notwendig. Bei den Englischen Fräulein waren diese zwar zu finden, an anderen Orten aber nicht. Diese Lösung wurde der Schule untersagt. Darauf folgte die Idee mit dem Touristenvisum. Alexandra erinnert sich: „Wir haben geglaubt, wir könnten die Adoption hier schnell unter Dach und Fach bringen, aber es war viel komplizierter, als gedacht. Vor Gericht stellte sich heraus, dass wir gar keinen Antrag stellen konnten, weil das Sorgerecht in Äthiopien niemandem richtig übertragen worden war." Und wo in Äthiopien war die Sterbeurkunde der Eltern, die in Österreich erforderlich sein würde? Zum einen galt auch der Vater zu diesem Zeitpunkt seit vielen Jahren als verstorben, zum anderen waren Urkunden dieser Art damals in dem Land nicht auffindbar weil nicht üblich.

Nejat befand sich zu dieser Zeit in Österreich, eine Adoption war ausgeschlossen. So begann der Kampf um einen Aufenthaltstitel. Der Antrag dazu hätte eigentlich in Äthiopien gestellt werden müssen, Nejat konnte jedoch keinesfalls dorthin reisen – eine Rückkehr nach Österreich wäre danach ausgeschlossen gewesen. Ein entsprechender Antrag in Österreich blieb zwei Jahre lang unbearbeitet.

Fast wäre Nejats Traum, in Alexandra eine echte Mutter zu finden, in den Mühlen der äthiopischen wie österreichischen Bürokratie zermahlen worden, von zwei Systemen, die, laut Alexandra, überhaupt nicht zusammenpassen. Doch es war ebendiese besondere Bindung zwischen den beiden, die Alexandra Mantler weiterhin unermüdlich um ihre Tochter kämpfen und alle Strapazen erdulden ließ: von einem Gerichtstermin zum nächsten nicht zu wissen, was eigentlich möglich war und was nicht. Nicht zu verstehen, warum Nejats Adoption nicht bewilligt werden konnte, obwohl sie mit 16 Jahren schon alt genug war, um selbst zu entscheiden, wo sie leben wollte, und dann von anderen Fällen zu erfahren, in denen eine Adoption problemlos geklappt hatte. So hilflos zu sein. Dann wieder auf sehr empathische Beamte zu treffen, die zusammen mit dem Akademiker-Ehepaar fast verzweifelt versuchten zu helfen, aber nicht durften. Alexandra: „Wir haben viele Menschen auf allen Seiten kennengelernt, sowohl die toll engagierten als auch solche, bei denen du auf Granit beißt." Das Schlimmste sei gewesen, dass alles so undurchsichtig abgelaufen war.

Über Herkunft und Heimat

Dass die Verbindung zwischen Mutter und Quasi-Adoptivkind keine Selbstverständlichkeit war, zeigt das Schicksal von Nejats Schwester. Die beiden Mädchen, 13 und 15 Jahre alt, wurden gemeinsam von der Familie Mantler aufgenommen, aber, so erinnert sich Alexandra: „Sie hat sich in Österreich nicht wohlgefühlt, auch in unserer Familie nicht. So eine Kleinfamilie war nicht, was sie gesucht und gewollt hat. Für uns war es schließlich sehr schmerzhaft einzugestehen, dass es nicht funktionierte." Nejats Schwester wollte zurück nach Äthiopien. Sollte die ältere Schwester ihren Traum aufgeben? Wie weit reichte ihre Verantwortung für die jüngere Schwester? Für Nejat und alle Beteiligten war es eine sehr schwierige Entscheidung. Letzten Endes erwies sich ihre emotionale Bindung an die Familie und an Österreich als stärker.

Alexandra Mantler war sehr darauf bedacht, Nejat nicht das Gefühl zu geben, sie müsse nun Abstand von ihrem Land nehmen, von ihrer Herkunft und dem einzigen Bild, das sie inzwischen von ihrer leiblichen Mutter besaß: „Ich habe ihr einen Bilderrahmen gekauft, um ihr zu vermitteln, dass das gut und in Ordnung war. Sie sollte niemanden verdrängen, auch emotional nicht, nur weil sie glaubte, ich würde das erwarten. Ich habe mich immer gefreut, wenn sie Mama und nicht Ali zu mir gesagt hat."

Am Anfang sei die Umstellung auch für sie nicht leicht gewesen, erzählt Nejat: „Ich war sehr verwirrt. Aber der Wille war da. Ich wollte nicht zurück nach Äthiopien, ich wollte nicht abgewiesen werden. Aber ich wusste, dass ich alles akzeptieren musste, wie es kam. Sollte ich zurückgewiesen werden, dann hätte ich wenigstens in Österreich eine Familie. Auf sie würde ich mich verlassen können. Sie würden zu Besuch kommen und mir bestimmt helfen, wieder aus Äthiopien herauszukommen." Und auch Alexandra investierte viel Zeit, um Nejat bei der Eingewöhnung zu helfen, obwohl inzwischen noch ein drittes Adoptivkind aus Äthiopien Einzug in die Familie Mantler gehalten hatte. Satz für Satz half sie Nejat, Deutsch zu lernen. Tränen flossen. Beruhigende Worte fielen. Ein Kinderbuch musste her.

Wie erzählt man die Geschichte einer Mutter und ihrer Tochter aus einem völlig anderen Kulturkreis, die gemeinsam um ihre Beziehung kämpften? Wie erzählt man die Geschichte von Unsicherheit und Angst um diese Beziehung?

Vielleicht folgendermaßen:

Wie in jeder anderen Mutter-Tochter-Beziehung ging es auch in diesem Fall vor allem um Vertrauen. Vertrauen darauf, dass der gemeinsame Kampf um die Beziehung noch stärker verbinden würde als vieles andere. Die Gewissheit, dass die Mutter, die Eltern, die Schwierigkeiten schon aus der Welt schaffen würden. Die ehrliche Einsicht, dass die Beziehung vielleicht von anderen gestört werden könnte, aber alles unternommen würde, um das zu verhindern. Und es ging um das Zusammenwirken von Zuwendung, Bereitschaft und einer unterstützenden Umgebung und das Zusammentreffen positiver Faktoren – in diesem Fall um den Einsatz und die Liebe der Eltern, den unbändigen Willen der Tochter, es zu schaffen, und die wohlwollende Hilfsbereitschaft einer Institution.

Während der Kampf sich hinzog, musste Nejat sich um- und auf alle neuen Gegebenheiten einstellen. Die Wahl der Schule für den Familienzuwachs fiel fast automatisch: Die Englischen Fräulein in St. Pölten hatten sich schon einmal für die Tochter eingesetzt und sie konnten ihr auch über die erste Zeit hinweg helfen. Also fuhr

Nejat jeden Tag von Wien nach St. Pölten, eingeschrieben in die dritte Klasse der Hauptschule. Die Ordensschwestern engagierten sich zusätzlich, gaben gratis Deutschstunden, kümmerten sich. Zum Vorteil gereichte nun die gute Schule in Äthiopien, die Nejat vom Waisenhaus aus hatte besuchen dürfen. So sprach sie bereits besser Englisch als ihre Mitschülerinnen und Mitschüler in St. Pölten. Alexandra erinnert sich: „Deshalb hat sie auch den Umstieg in Österreich sehr gut geschafft." Zu Beginn durften sich alle in der Klasse ungefähr vier Wochen lang mit Nejat auf Englisch verständigen, danach aber nicht mehr. So kam es, dass sie binnen kurzer Zeit, nach vier Monaten ausreichend, nach sechs Monaten ausgezeichnet Deutsch konnte. Die Schule wollte erreichen, dass sie so schnell wie möglich auch über die erforderlichen Sprachkenntnisse für alle notwendigen Termine bei den Behörden verfügte. Und das klappte. Nejat: „In sechs Monaten konnte ich vor der Klasse stehen und ein Referat halten. Ich habe das zwar zu Hause geübt, aber ich habe auch alles verstanden."

Auch die Familie war in dieser Anfangszeit bemüht, so oft wie möglich auf Deutsch zu kommunizieren. Profitiert habe Nejat vor allem von ihrer kleinen Schwester Lilly aus Äthiopien, jenem Kind, welches das Ehepaar Mantler vor Nejat und Fanny, einem weiteren Waisenkind aus Äthiopien, adoptiert hatte: „Ihre kleine Schwester hat erbarmungslos Deutsch mit ihr gesprochen, denn Englisch konnte sie ja nicht."

Der Schulbesuch bereitete auch Alexandra keinen Kummer. Erstens sei Nejat für alles offen und auf alles neugierig gewesen, zweitens habe sich bald ein unschlagbarer Vorteil für sie abgezeichnet. Nejat dazu: „In Mathematik und in Englisch war ich die Beste. In Äthiopien darfst du keinen Taschenrechner verwenden. Also habe ich einfach im Kopf gerechnet, während die anderen noch ihren Taschenrechner gesucht haben. Dann war ich quasi die Königin. Da ist es mir auch schon leichter gefallen, etwas vorzulesen, und niemand hat mich ausgelacht." Einsatz, Anstrengung und eine freundlich bemühte Klassengemeinschaft.

Und dennoch war da immer diese Angst gewesen. Nicht vor den kulturellen Unterschieden, sagt Nejat, denn sie war ja auch im Waisenhaus eher europäisch aufgewachsen, sondern vor dem Anderssein: „Ich war schließlich die einzige Schwarze an der Schule. Und wenn sich meine Mitschüler unterhalten haben und ich es nicht richtig verstehen konnte, dachte ich: Die finden mich nicht cool, sie reden über mich und ich verstehe es nicht. Oder die anderen verstehen mich falsch, weil ich mich nicht richtig ausdrücken kann. Und dann habe ich auch noch Angst gehabt, die Schule nicht zu bestehen. Es musste schließlich irgendwie weitergehen. Aber ich habe es geschafft, ohne einmal durchzufallen."

Geschafft, obwohl diese Schulzeit nach europäischen Maßstäben mitten in Nejats Pubertät fiel. Viele Mütter, nicht alle, erinnern sich an diese Phase im Leben ihrer Töchter noch Jahre danach mit äußerst gemischten Gefühlen, um es sanft zu formulieren. Für Alexandra und Nejat lief sie aber unter besonderen Rahmenbedingungen ab: „Von der Pubertät haben wir wenig mitbekommen. In der Phase, in der die Töchter eigentlich aufbegehren können, weil sie sich der Beziehung zur Mutter ohnehin sicher sind, in dieser Phase kannte Nejat diese Sicherheit noch nicht. Zu dieser Zeit, in der sie sich hätte abgrenzen sollen, haben wir unsere Beziehung ja gerade erst aufgebaut." Das übliche „Mama, ich hasse dich" hat Alexandra von Nejat deshalb nicht gehört. Türen wurden auch keine geknallt.

Alexandra wäre über solche kleinen Grenzüberschreitungen und die Möglichkeit der sanften Zurechtweisung aber geradezu froh gewesen. Diese hätten nämlich dafür gesprochen, dass in Nejats Leben so etwas wie Normalität eingekehrt sei. Doch es dauerte, bis es so weit war. In Nejats Erinnerung etwa drei Jahre lang: „Wir sagen immer, dass es in Äthiopien keine Pubertät gibt, aber ich habe sie ein wenig nachgeholt, sobald ich mich an alles gewöhnt hatte, ausgegangen bin und Freunde getroffen habe. Bei mir war es nicht ganz so schlimm, wie ich es sonst von überall höre, aber nachgeholt habe ich sie schon. Das sagen jedenfalls meine Eltern."

Pubertät als Erleichterung

Die brave Tochter, die die Mutter eher als eine Freundin sieht, mit der man alles besprechen kann? Brav sei sie immer noch, jedenfalls glaube sie das, meint Nejat, aber ab dem Zeitpunkt, an dem sie sich sicherer gefühlt habe, habe sie immerhin nicht mehr zu allem „Ja und Amen" gesagt. An Widerstand habe sie pubertätsmäßig einiges nachgeholt, nachdem der Stress der Umstellung entfallen und die Sprache vertrauter geworden war. Grobe Konflikte mit ihrer Mutter gab es allerdings keine, mit ihrem Vater bloß „einmal im Leben". Am Vorabend einer Schulreise nach Paris hatte sie ausgehen und Freunde treffen wollen. Ihr Vater war dagegen gewesen, aus Sorge, sie könne verschlafen. „Das ist meine Sache. Wenn ich nicht rechtzeitig aufstehe, dann ist das mein Problem und nicht deines", war Nejats Reaktion. So viel Widerstand musste sein. Problem hatte sie am nächsten Tag keines.

Spontan die Mutterschaft für eine Halbwüchsige aus einem anderen Kulturkreis zu übernehmen, kann also scheinbar auch in eine verkehrte Welt führen. Während sich andere Mütter mit wachsendem Widerstand und vermehrten Ausbruchsversuchen, aufkeimendem Abnabelungswillen und dem Ausloten von Grenzen abmühen, verspürte Alexandra bei den ersten Anzeichen von Regelverstößen geradezu Erleichterung: „Nejat war anfangs extrem bemüht gewesen, alles richtig zu machen. Sie war unglaublich pflegeleicht. Mein Mann und ich waren wahnsinnig erleichtert, als sie begann, den ganz normalen Blödsinn zu machen, wie die Telefonrechnung zu überziehen.

Nach so etwas gibt es Ärger, aber eben zum ersten Mal. Und plötzlich wusste man, dass sie die Beziehung jetzt für so belastbar hält, dass sie sich das leisten kann, auch einfach einmal herumzuspinnen."

Nach der Hauptschule in St. Pölten besuchte Nejat die Bundeslehranstalt für Kindergartenpädagogik in Pressbaum – eine schlüssige Fortsetzung ihres Lebenslaufs vor dem Hintergrund des Erbes ihrer Kindheit in dem Heim der Ordensschwestern. Jedenfalls müssen ihre Eltern dies so gesehen oder sie im Umgang mit den beiden kleinen Schwestern beobachtet haben. Nejat kann nicht mehr genau nachvollziehen, wie sich diese Entscheidung nach eineinhalb Jahren in der Hauptschule ergeben hat: „Auf einmal war ich in der Kindergartenschule. Als ich mit der Matura fertig war und ein Praktikum gemacht hatte, wurde mir erst bewusst, dass ich mit Kindern arbeiten sollte. Das hat sich so ergeben." Vielleicht hatte es sich doch weniger ergeben, als es von den Eltern so entschieden worden war. Denn nach den Jahren im Waisenhaus und der Anstrengung der Umstellung und Anpassung selbst Entscheidungen zu treffen, sei damals nicht ihre Sache gewesen. Nejats Aussage nach ist es jedoch richtig, da sie sich im Heim viel mit den anderen Kindern beschäftigt und ihren Schwestern geholfen habe.

Es sei eine gute Wahl gewesen, meint Nejat, bloß denkt sie manchmal, sie hätte vielleicht auch etwas anderes machen können, studieren, Apothekerin oder Krankenschwester werden. Doch auch solche Träume muss sie noch nicht unbedingt aufgeben.

Zukunft in Österreich

Vorerst führte ihr Weg jedoch zu der Arbeit in einem Kindergarten und in die äthiopische Community in Wien, denn sie findet einen Partner, der ebenfalls aus Äthiopien stammt. Auch er war als jugendlicher Asylwerber nach Österreich gekommen, etwa um die gleiche Zeit wie Nejat. Auch er hat hier maturiert. Aus einer zufälligen Begegnung am Fußballplatz wird eine Partnerschaft, eine Lebensgemeinschaft, eine Elternschaft. „Sie hat schon ihre Wurzeln", kommentiert Alexandra diese Entwicklung.

Der Kampf um Nejats behördliche Anerkennung als Tochter des Ehepaares Mantler, die Unsicherheit und die Angst waren jedoch noch nicht vorüber. Zwei Tage vor ihrem achtzehnten Geburtstag flatterte die Ablehnung der Aufenthaltsbewilligung und der Ausweisungsbeschluss ins Haus. Damit nahm das Ringen um humanitäres Bleiberecht seinen Anfang. Dieses wurde schließlich zwei Tage vor dem Ausweisungstermin bewilligt. Jahre später wird Nejat erzählen, dass die Angst sie bis zum Erhalt dieses Aufenthaltstitels ständig begleitet habe. Von Anfang an, denn: „Ich habe immer gewusst, dass ich vielleicht zurück nach Äthiopien muss. Auch die Schwestern haben mir das deutlich gesagt: Wenn du hierbleiben willst, musst du dafür kämpfen." Vielleicht erklärt das die enge Verbindung, die zwischen biologisch verwandten Müttern und Töchtern nicht immer eine Selbstverständlichkeit darstellt: Kämpfen wie die Mutter, so die Tochter – oder vice versa.

Nejat nach Erreichen ihrer Volljährigkeit als Erwachsene zu adoptieren, sei damals nicht möglich gewesen, erzählt Alexandra: „Sobald sie volljährig gewesen wäre, hätte das Erwachsenenadoptivgesetz gegolten. Für dieses Gesetz gab es aber die Regelung, dass ausländische Staatsbürger nur dann adoptiert werden können, wenn auch im Herkunftsland eine Adoption nach Erlangen der Volljährigkeit möglich ist. Ich habe mich erkundigt, wie es damit in Äthiopien aussah. Nicht üblich, hieß es. Üblich nicht, aber war es rechtlich möglich? Nein, war es nicht." Also musste auf die österreichische Staatsbürgerschaft gewartet werden, denn mit ihr würde das österreichische Erwachsenenadoptionsgesetz gelten. Also abwarten bis 2018. Da wurde der Antrag von Nejat, Alexandra und ihrem Ex-Mann unterschrieben. Alexandra dazu: „Wir sind inzwischen geschieden, aber wir adoptieren gemeinsam eine Tochter, die kein Kind mehr ist."

Auch die Trennung der Eltern wirkte eine Zeit lang angsteinflößend auf Nejat, obwohl sie zu diesem Zeitpunkt schon nicht mehr zu Hause wohnte. War die Familie, die sie sich so sehr gewünscht hatte, nun doch zerbrochen? Schwierig sei es gewesen, erzählt die damals schon erwachsene Tochter: „Ich habe es nicht kommen sehen. Ich habe auch nie etwas gemerkt, weil sie so respektvoll miteinander umgegangen sind." Wieder folgte eine Zeit der Unsicherheit. Was waren die Gründe für die Trennung? Würden die beiden trotzdem weiterhin für ihre Kinder da sein? Was würde mit Nejats jüngeren Schwestern geschehen? Würden diese sich zwischen Mutter und Vater entscheiden müssen? Nejat: „Es war schon schwer, aber mittlerweile habe ich es akzeptiert." Es war jedoch keine konfliktbeladene Trennung für die Kinder: „Sie haben die Trennung im Frieden vollzogen. Wenn man sie heute sieht, könnte man glauben, dass sie noch verheiratet sind. Wirklich tolle Menschen."

Die Art und Weise, wie Nejat über ihre Reaktion auf die Scheidung der Eltern spricht, beweist, dass es – ob nun im Falle leiblicher oder adoptierter Kinder – immer wichtig ist, was Mütter ihren Töchtern vorleben. Mittlerweile schon selbst Mutter, möchte Nejat ihrer Tochter vor allem zwei Dinge weitergeben, die sie als Mitglied einer österreichischen Familie erfahren hat: die Kinder so anzunehmen, wie sie sind, und ihnen die Konflikte ihrer Eltern zu ersparen: „Meine Mutter hat mich so akzeptiert, wie ich bin. Auf keinen Fall möchte ich meine Tochter so großziehen, wie es in Äthiopien üblich war, denn wir konnten keine eigenen Entscheidungen treffen. Alles wurde für uns entschieden. Und sollte es dazu kommen, dass ich mich eines Tages mit meinem Partner nicht mehr verstehe, dann will ich es genauso machen wie meine Eltern: in Ruhe und Frieden." Ihrer Tochter werde sie alles genauso kindgerecht erklären, wie sie es bei ihrer Mutter gesehen habe. Sie werde ihr genau so, wie sie selbst es erlebt habe, Konflikte und Unstimmigkeiten der Eltern ersparen: Es müsse nicht in Anwesenheit der Kinder gestritten werden. Kinder sollten die Spannungen der Eltern nicht spüren: „Streiten kann man auch, wenn sie außer Haus sind." Spontan fällt Nejat jedenfalls kein einziger Punkt ein, in dem sie sich partout anders verhalten würde als Alexandra.

Natürlich ist es möglich, dass Nejat Alexandra besonders intensiv als Vorbildfigur wahrgenommen hat (und noch wahrnimmt), weil das Leben mit ihr in einer für Nejat kulturell fremden Umgebung stattfand und der Anpassungsdruck auf sie sehr groß war. Aber auch, weil Alexandra ihrer Tochter intensiv vermitteln möchte, was sie selbst für essenziell hält: „Ich will, dass gerade Nejat weiß, wie wichtig es ist, immer auf eigenen Beinen stehen zu können, gleichgültig, was das Leben bringt. Gerade aufgrund ihrer Erfahrung mit so viel Unsicherheit muss sie wissen, dass jede Beziehung zerbrechen kann. Deshalb soll sie finanziell unabhängig bleiben. Sie soll immer wissen, dass sie für sich und das Kind allein sorgen kann."

Dieses Drängen von Alexandras Seite hat eine generationenübergreifende Ursache: „Ich habe am Beispiel meiner Mutter gesehen, wie wichtig es ist, die Ausbildung machen zu können, die man machen will. Sie hat immer darunter gelitten, dass sie nicht Lehrerin werden durfte, weil nur genug Geld für eine Ausbildung da war, für die ihres Bruders. Für sie selbst blieb nur die Handelsschule." Zuerst hatte ihre Mutter in einem Büro gearbeitet, später war sie bei den Kindern zu Hause geblieben. Bereut habe sie es nicht, sage ihre Mutter, aber: „Wir haben häufiger Diskussionen, weil sie manches an mir vielleicht abwertend für ihren eigenen Lebensentwurf empfindet, obwohl ich es nicht so meine. Sie ist in diesem Punkt sensibel und wir streiten manchmal, obwohl wir uns ansonsten sehr gut verstehen." Es war ihrer Mutter deshalb immer wichtig gewesen, dass Alexandra studieren konnte, was sie wollte; dass sie realisieren konnte, was ihr wichtig war. An der Ausbildung ihrer eigenen Töchter würde Alexandra nie sparen und auch nicht akzeptieren, wenn sie etwas nicht machen dürften, „nur weil sie Mädchen sind": „Das ist mir sehr wichtig. Gerade Nejat hat es schließlich auch anders kennengelernt."

Wie erzählt man diese Geschichte von Beharrlichkeit und Zusammenhalt in einer Familie, in der es keine biologische Verbindung zwischen den Familienmitgliedern gibt?

Vielleicht so:

Was bei einer zufälligen Begegnung in einem Waisenhaus auf einem anderen Kontinent, in einem anderen Kulturkreis begann, fand in einem Kreißsaal in Wien seine Bestätigung.

Glück, Vorsehung? Durchaus auch Glück, reflektiert Nejat im Gespräch, denn sie sehe ja, wie andere kämpfen und nicht schaffen, was ihr ermöglicht wurde – dank der Beharrlichkeit ihrer Mutter. Die Umstellung in Österreich, die Matura, der Beruf – alles Vorsehung? Nejat: „Beides, denke ich. Ich glaube durchaus auch, dass Gott all das ermöglicht hat. Ich habe eine super Familie, konnte weitermachen, als wäre nichts geschehen, als hätte ich all das, was mir in Äthiopien widerfahren ist, gar nicht erlebt. Ich verdränge vieles, worüber ich nicht nachdenken will." Die Erinnerung ist blass: An die jahrelange Routine von Heim, Schule, Heim, Schlafen, Schule, die Ordensschwestern, die bei so vielen Kindern den einzelnen Schützling gar nicht richtig wahrnehmen konnten; an die Feste, ein wenig auch an die christlichen Weihnachtsfeiern. An Gefühle aus dieser Zeit hat Nejat kaum eine Erinnerung. Vielleicht habe „der liebe Gott das so geplant", dass sie nicht in Äthiopien leben und es hier leichter haben würde. Die Angst sei jedenfalls auch im Waisenhaus ein Faktor gewesen. So durften die Kinder das Heim, außer um in die Schule zu gehen, nicht verlassen, aus Angst der Schwestern davor, was den Mädchen in der Welt außerhalb alles passieren könnte.

Sieben Jahre, nachdem Nejat das Waisenhaus hinter sich gelassen hatte, sieben Jahre, in denen sie und Alexandra um die Anerkennung als Mutter und Tochter hatten ringen müssen, kamen beide endlich, mit den Worten Alexandras ausgedrückt, „in der Selbstverständlichkeit" an: „Für mich war das ein sehr wichtiges Ereignis. Nejat wollte mich bei der Geburt ihrer Tochter dabeihaben. Das war meine erste Geburt; da ich nie ein Kind zur Welt gebracht habe, habe ich selbst nichts Vergleichbares erlebt, auch war ich bei keiner Geburt von jemand anderem dabei. Aber ich kannte diese Erzählungen, dass sich, sozusagen, Himmel und Erde auftun würden. Nun, so war es nicht. Aber ich war wahnsinnig froh, dass ich in diesem Moment dabei sein konnte." Die zuständige Hebamme habe sie für eine Freundin Nejats gehalten und sei eines Besseren belehrt worden: „Das ist meine Mama."

Es vergingen schmerzvolle Stunden. Als eine Schwester, so die Erzählung, das Zimmer betrat, um „Wollen Sie ein Duftlämpchen?" zu fragen, antwortete Nejat: „Ich will kein Duftlämpchen, ich will ein Schmerzmittel!" Und immer wieder musste Alexandra denken: „Mein Mädel, so ist sie." Um vier Uhr früh schließlich fiel die Entscheidung zu einem Kaiserschnitt. Eine Person durfte Nejat in den Operationssaal begleiten. Alexandra wollte Nejats Partner nicht verdrängen, sie ging selbstverständlich davon aus, dass er bei der Geburt dabei sein würde. Doch da wurde bereits nach ihr gerufen: „Ich will die Mama!", „Wo bleibt die Mama?" Alexandra durfte dann sogar die Nabelschnur ihres Enkelkindes durchtrennen: „Das war wirklich sehr bewegend. An diesem Punkt sind wir beide schließlich doch auch noch ganz in diesem biologischen Mutter-Tochter-Sein angekommen."

Interview mit Daniela Dantas-Fischleders

Klangwelt Mutterleib

Daniela Dantas-Fischleders Therapieräume sehen eigentlich mehr aus wie ein farbenfrohes Atelier, in dem gezeichnet und gemalt wird, in dem Menschen ihrer Kreativität Raum geben können. Doch um Kunst geht es bei der Therapie, die Daniela Dantas-Fischleder anbietet, eigentlich nur am Rande – als Möglichkeit, Gefühle auch mit Pinsel und Farbstift ausdrücken zu können. Das wichtigste Instrument der Therapie, zu der vor allem Kinder kommen, sind Kopfhörer. Diese hängen an ewig langen Kabeln und sehen auf den zweiten Blick auch ein wenig anders aus als normale Musikkopfhörer. Denn mit diesen hört man nicht nur über die Ohren, sondern auch über die Knochen. Dafür sind an den Kopfhörern kleine Blöcke angebracht, die direkt am Kopf aufliegen und so die Musik auch an die Knochen abgeben, die sie im Körper weiterleiten. Und so begegnet man beim Betreten der Praxis bald Kindern und Müttern, die diese speziellen Kopfhörer tragen. Über diese Kopfhörer hören Kinder wie Mütter dieselbe Musik oder in einem bestimmten Abschnitt der Therapie auch dieselbe Stimme. Und zwar die Stimme der Mutter, so wie das Kind sie im Bauch der Mutter gehört hat, noch bevor es auf die Welt gekommen ist. Und damit sind wir schon bei einer der wichtigsten Thesen der sogenannten Tomatis-Therapie, die Stimme der Mutter präge die Kinder bereits während der Schwangerschaft. Mögliche Störungen wie Stress oder Angst der Mutter in dieser Zeit können bei Kindern später zu Beeinträchtigungen führen.

Benannt ist diese Methode nach dem mittlerweile verstorbenen französischen Hals-Nasen-Ohren-Arzt Alfred Tomatis, der aufgrund der Problematik mit seiner eigenen Mutter diese ganz spezielle

Therapie entwickelt hat. Prägungen und vielleicht auch Störungen entstehen laut seinen Forschungen bereits im Mutterleib, lange bevor Mutter und Kinder bewusst miteinander in Verbindung treten. Ein Aspekt, der uns für ein Buch über Mütter und Töchter sehr spannend erschien. Deshalb haben wir die Tomatis-Therapeutin Daniela Dantas-Fischleder zum Interview gebeten.

Frau Dantas-Fischleder, Sie sind Tomatis-Therapeutin. Was kann man sich unter dieser Therapie vorstellen?

Die Tomatis-Methode ist eine Audio-Psycho-Phonologie, manchmal auch Hörkur oder Horchkur genannt. Es ist eine komplementärmedizinische Anwendung, die auf Behandlungen mit speziell aufbereiteter Musik und Stimme arbeitet. Wobei der Stimulation des pränatalen Hörerlebnisses mithilfe der entsprechend modifizierten Mutterstimme eine spezielle Bedeutung zukommt. Diese Therapie soll die Fähigkeit zum Zuhören und Kommunizieren fördern und besonders positive Auswirkungen auf verschiedene Bereiche des Gehirns haben. Deshalb kommen in meine Praxis auch viele Kinder mit sogenannten Teilleistungsschwächen, also Legasthenie oder Dyskalkulie. Oder Kinder mit Autismus. Aber auch professionelle Sänger nützen die Tomatis-Therapie, um ihr Gehör zu perfektionieren und damit auch ihre Fähigkeiten im Gesang zu verbessern.

Entwickelt hat diese Therapie der französische Hals-Nasen-Ohren-Arzt Alfred Tomatis, wie ist er darauf gekommen?

Alfred Tomatis kam 1920 in Nizza als Frühchen auf die Welt und wurde nicht von seiner eigenen Mutter großgezogen. Schon als Kind hatte er große Schwierigkeiten, sich mit sich selbst auseinanderzusetzen. Das war der Grund und Ursprung für seine späteren Forschungen. Tomatis war zunächst klassischer Hals-Nasen-Ohren-Arzt. Seine eigene Lebensgeschichte und einige Zufälle führten schließlich dazu, dass er jahrzehntelang das Phänomen Hören erforschte und sich dabei eben nicht nur auf die klassisch medizinischen Bereiche, sondern zunehmend auch auf die psychologischen Komponenten konzentrierte. Schwerpunkt seiner Forschung wurde schließlich, wie man das Urvertrauen, mit dem ein Mensch eigentlich auf die Welt kommen sollte, wiedererlangen kann, wenn man es verloren hat. Und so führten ihn seine Forschungen bald an den Anfang des Lebens, in den Mutterleib. In seinem ersten Experiment dazu, wie man die Mutterstimme als Embryo wahrgenommen haben könnte, ließ er einfach eine Badewanne mit Wasser ein und tauchte unter, um festzustellen, wie man durch das Wasser die Außenwelt hört. Aufgrund dieser Erfahrung begann er, seine ganz spezielle Therapie, die nun nach ihm benannt ist, zu entwickeln. Wie kann ich wieder dorthin kommen, wo ich meine ersten Emotionen erfahren habe? Wie kann ich mich wieder spüren, mich wieder sicher fühlen, damit ich stärker werden und wachsen kann? Diese Fragen führten ihn dann dazu, die Frequenzlage der Stimme einer Mutter so zu verändern, dass sie klingt, wie sie das Kind im Mutterleib neun Monate lang gehört hat.

War Tomatis der Erste, der die Mutterstimme so erforscht und eingesetzt hat?

Es gab schon lange Forschungen, wie Musik, wie Stimmen, wie letztendlich bestimmte Frequenzen auf uns wirken. Aber die Mutterstimme so wahrnehmbar zu machen, wie man sie als Embryo kennengelernt hat, das war neu. Lassen Sie mich erklären, was wir bei dieser Therapie machen. Jeder, der zu mir kommt, muss einen Hörtest machen. Dabei messen wir aber anders als bei klassischen Hörtests. Wir spielen Musik, meistens Mozart, weil seine Musik in großem Einklang mit unserer Atmung und unserem Herzschlag steht. Bei diesem Test werden durch einen Computer die Frequenzen der Musik verändert. So können wir messen, wo und wie im Körper diese Frequenzen am meisten empfangen werden. Aufgrund dieses

Tests kann ich feststellen, wo im Körper Blockaden sind, die zum Beispiel dazu führen können, dass ein Kind Probleme bei der Rechtschreibung hat. Es geht also nicht nur darum, zu schauen, ob jemand gut hört, also nicht schwerhörig ist, sondern darum, zu schauen, ob das Gehörte auch im Gehirn gut verarbeitet werden kann.

Und diese Blockaden können im Mutterleib entstanden sein?

Ja, zum Beispiel aus einer Trauma-Erfahrung während der Geburt. Oder vor der Geburt im Mutterleib oder, wenn man will, auch früher, vor der Entstehung des neuen Lebens.

Was meinen Sie damit?

Man denke zum Beispiel an eine Mutter, die während der Schwangerschaft verlassen wurde. Die Unsicherheit in ihren Gedanken, vielleicht Wut oder Trauer, die vielen schwierigen Gedanken. Damit hat sie auch ihr Kind im Mutterleib emotional gefüttert. Oder wenn eine Mutter streitet und vielleicht dabei schreit, das Kind hört das im Mutterleib. Mit einer Frequenz zwischen 8.000 und 9.000 Hz. Die Stimmungslage der Mutter empfängt das Kind sozusagen gefiltert durch die Stimme, wie es diese im Bauch hört. Das Embryo empfängt das als Warnsignal, es erlebt es als eine Abwehrreaktion. So entstehen Traumata. Und die werden in unsere Zellen eingeprägt, in unsere DNA. Also eigentlich bekommen wir von der Mutter schon Emotionen mit auf den Weg, bevor wir überhaupt geboren werden.

Und was bedeuten solche Traumata aus dem Mutterleib dann für die Kinder später?

Viele Kinder kommen zu mir wegen Schulproblemen, wegen Stress. Aber in Wirklichkeit liegt ihr Problem meist viel tiefer. Oft in unbewussten Störungen in der Bindung zur Mutter, die auch aus der Zeit im Mutterleib stammen können, wie vorher beschrieben. Eine werdende Mutter, die eine schwierige Situation in der Schwangerschaft durchlebt, gibt ihren Stress ja nicht bewusst an das Kind weiter. Da geht es nicht um Mütter, die nicht gut zu ihren Kindern sind. Da spielt sich ganz viel im Unbewussten ab. Wenn sich Mütter und Kinder gemeinsam auf die Therapie einlassen, dann passiert oft, dass sich Dinge lösen, ohne dass Probleme zwischen Mutter und Kind oder ganz spezielle Situationen angesprochen werden. Da geht es um ein Stärken des Potenzials, des Urvertrauens, der Selbstheilungskraft. Und das hilft dann in weiterer Folge bei der Verbesserung von Stressbewältigung oder bei der Überwindung von Teilleistungsstörungen.

Das heißt, in die Therapie kommen Kinder gemeinsam mit ihren Müttern?

Ja, prinzipiell kommen die Kinder mit der Mama. Weil das Kind ja im Zuge der Therapie akustisch gesehen zurück in den Mutterleib geführt wird. Wichtig ist, dass die Mutter mit dem Kind in die Therapie kommt, sich auch für zwei Stunden aus dem System des Alltags herausnimmt und den Raum gibt, Neues zuzulassen. Kind und Mutter sind dann bei der eigentlichen Therapie getrennt, aber sie hören das Gleiche. Und sie erleben Ähnliches. Das ist ganz wesentlich. Wenn der Vater die Hauptbezugsperson ist, dann kommen natürlich auch Väter mit. Aber es geht, wie gesagt, wirklich auch darum, an den Ursprung der Beziehung zwischen Mutter und Kind zurückzugehen und der liegt eben im Mutterleib.

Aber es kommen ja auch Erwachsene in Ihre Therapie.

Richtig, die kommen beispielsweise nach einem Hörsturz, mit einem Burn-out und Ähnlichem. Aber viele dieser Patienten, die zu mir gekommen sind, hatten ein Thema mit ihrer Mutter. Oft ist im Hintergrund diese Liebe der Mutter, die gefehlt hat, oder die Begleitung in der Kindheit, die gefehlt hat. Ich komme aus Brasilien und mir fällt stark auf, wie stressig für Frauen hier in Europa das Muttersein ist. Die Gesellschaft erwartet von ihnen, eine gute Mutter, aber auch eine erfolgreiche Frau und eine gute Partnerin zu sein. Das wollen ja die meisten Frauen auch. Aber für diese vielen Rollen bekommen sie zu wenig Hilfe. Die Großfamilie gibt es kaum mehr, Menschen, die im Haushalt helfen, kann man sich hier in Europa schwer leisten. Das ist in Südamerika anders. Entweder hilft die Familie oder man hat eine Nanny, die dauernd da ist. Und Frau, Mutter und Partnerin zu sein, das lässt den Frauen so wenig Platz für sich. Da verliert man sich selbst mehr oder weniger. Und zwar in allen Rollen. Und diesen Stress, den bekommen natürlich auch die Kinder mit. Sehr oft viel Liebe, aber oft auch Liebe umhüllt von Stress. Und das ist nicht gesund. Da geht es nicht darum, ob eine Mutter arbeitet oder nicht. Es geht darum, dass das Kind spürt, ob eine Mutter glücklich ist und ausgeglichen. Das ist die eine Mutter, wenn sie arbeitet, die andere, wenn sie bei den Kindern bleibt.

Also haben wir in Europa ein die Mütter belastendes Mutterbild in der Gesellschaft?

Nein, das will ich nicht sagen. Aber in europäischen Gesellschaften haben es Mütter nicht leicht. Auch hat die Natur eine weniger wichtige Rolle als zum Beispiel bei uns in Brasilien. Die erste Urbindung, die ist ja eigentlich zur Mutter Erde. Aber die ist ja mehr oder weniger zerstört. Und das spüren wir alle und besonders die Kinder. Weniger Bindung zur Natur heißt letztendlich auch weniger Bindung zu uns selbst, auch weniger Bindung zu unserer Mutter. In Brasilien sind wir etwa sehr beeinflusst von afrikanischen Religionen. Und da gibt es die Mutter, die Göttin des Meeres, die größte Kraft der Welt. Es geht letztendlich immer zurück zur Mutter.

Aber wie kann die Tomatis-Therapie diesem Stress von Müttern und Kindern entgegenwirken?

Musik hat die Fähigkeit, den Körper mehr oder weniger zu reloaden. Wenn man wieder zurück auf eine Frequenz von 9.000 Hz geht, dann wird man ganz sanft. Da entsteht ein wohliges Gefühl der Geborgenheit, eben wie im Mutterleib. Das ist oft eine neue Chance für den Umgang zwischen Müttern und Kindern. Das ist oft ein Anstoß für einen Neubeginn eines Miteinanders, das vielleicht durch äußere Umstände wie Stress oder Trauer oder was auch immer schon im Mutterleib erste Störungen bekommen hat. Deswegen wirkt diese Therapie. Ich habe das anfangs auch nicht geglaubt. Ich bin darauf gestoßen, weil meine jüngste Tochter als kleines Kind Probleme hatte. Ich kannte diese Therapie nicht, mein Vater ist ein Arzt, der sich an die klassische Schulmedizin hält, und ich hatte zuerst fast eine Art Abwehr dagegen. Weil es ja doch eine andere Dimension ist. Aber dann habe ich diese Therapie mit meiner Tochter gemacht und genau das erlebt, was Menschen erleben, die zu mir kommen. Das ist keine Zauberei. Da geht es darum, mithilfe von Musik, Tönen und der Mutterstimme Schicht für Schicht an den Ursprung von Problemen zu kommen und diese zu lösen. Als ich die Therapie mit meiner Tochter gemacht habe, da musste ich auch meinen Mann dazu überreden, dass es sinnvoll ist, diese Therapie mit unserer Tochter auszuprobieren. Und dann hat es gewirkt und ihr und uns wirklich geholfen. Das hat auch ihn überzeugt.

Zwei Mütter sind eine zu viel

Als skrupellose Anwältin Tina in der Erfolgsserie „Die Vorstadtwei-
ber" begeistert Proschat Madani ein großes Fernsehpublikum weit
über Österreich hinaus. Bekannt aus Film und Fernsehen, wie es so
schön heißt, ist die in Persien geborene Wienerin aber schon sehr
lange. Ob in Kinofilmen wie „Bad Fucking", „Salami Aleikum" oder
„Die Mamba", ob als Polizeipsychologin in der Krimiserie „Der letzte
Bulle" oder aus den „CopStories", Madani gehört zur Stammtruppe
der erfolgreichsten österreichischen TV-Schauspielerinnen. Obwohl
ihre künstlerischen Wurzeln eigentlich am Theater liegen, das große
Publikum und die damit einhergehende Bekannt- und Beliebtheit
hat die persische Österreicherin, wie Madani in den Medien manch-
mal bezeichnet wird, über diese Rollen erreicht. Aber vor die größte
Herausforderung hat sie eine ganz andere, eine ausnahmslos private
Rolle gestellt – jene als Mutter. Eine Rolle, die ihr gesamtes bisheriges
Leben auf den Kopf und die sie, wie so viele Frauen, vor ganz neue
Herausforderungen stellte.

Die größte Rolle ihres Lebens – Muttersein

„Das Mutter-Werden hat mich von einer Sekunde auf die andere in
ein neues Leben geworfen. Darauf war ich nicht vorbereitet. Natürlich hatte ich Bücher gelesen und mir die Erfahrung anderer Mütter
angehört. Aber wie sehr sich tatsächlich alles verändert, das habe
ich erst begriffen, als Sonja auf der Welt war. Mein Selbstbild hat

sich gewandelt – im Positiven und im Negativen. Es war ja nicht nur alles schön, es war auch unendlich anstrengend. Plötzlich war da ein Wesen in meinem Leben, für das ich eine Verantwortung empfunden habe wie für niemanden zuvor im Leben", erzählt Madani von ihren Gefühlen als junge Mutter. Sie war gerade dabei, in ihrem Beruf Fuß zu fassen, als sie mit sechsundzwanzig Jahren ihre Tochter Sonja bekam. „Sonja war nicht geplant, Sonja ist passiert, wie man so schön sagt. Aber sobald ich wusste, dass ich schwanger war, war ich nur glücklich und euphorisch. Ich dachte mir, vielleicht habe ich mir das unbewusst gewünscht. Wie kann es sonst sein, dass ich mich so wahnsinnig darüber freue, dass ich schwanger bin."

Und so war für die junge Schauspielerin von Anfang an klar, dass sie dieses Kind bekommen wollte, ganz egal, welche Familienverhältnisse für ihre Tochter Sonja zu erwarten waren. Nicht wichtig, dass der Vater ihrer Tochter verheiratet war und eine eigene Familie hatte und weder sie noch er je die Idee entwickelt hatten, gemeinsam eine neue Familie zu gründen. Das sich entwickelnde Lebewesen in ihrem Bauch gab Madani das Gefühl, dass alles so richtig sei und sie das Kind schon schaukeln würde. Nicht zuletzt, weil sie ihre starke Mutter hinter sich wusste, die in ihrem Leben schon schwierigere Situationen gemeistert hatte als eine Tochter mit einem unehelichen Kind. Proschats Mutter, Elmira Madani, war im Iran Gymnasiallehrerin, studierte daneben Soziologie und gründete schließlich auch noch eine Kosmetikschule, mit der sie, wie ihre Tochter Proschat erzählt, „auch noch ziemlich viel Geld verdient hat". Als Proschat, die Jüngste der vier Kinder von Elmira Madani, zwei Jahre alt war, verließ ihre Mutter mit ihren Kindern und ihrer Mutter den Iran. Ihr Vater war Internist, er wollte seine Praxis im Iran auflösen und dann der Familie ins Exil folgen, was aber nie passierte. Und so schlug sich Proschats Mutter mit ihrer eigenen Mutter und ihren vier Kindern allein durch. Nach einiger Zeit landeten die Madanis dann in Österreich, weil sie damals hier eine Aufenthaltsgenehmigung bekamen.

Vor der iranischen Revolution, die 1979 zur Absetzung von Schah Mohammad Reza Pahlavi sowie zur Beendigung der Monarchie im Iran führte und schließlich unter der Symbolfigur und dem späteren Revolutionsführer Ajatollah Chomeini in der Errichtung eines islamischen Gottesstaats im Iran gipfelte, bekam die Familie noch Geld vom im Iran gebliebenen Vater. Doch nach 1979 war damit Schluss und Proschats Mutter musste in Österreich ganz von Neuem anfangen.

Ihr iranisches Studium wurde hier nicht anerkannt, ihre deutschen Sprachkenntnisse waren nicht sehr gut, aber ihre Familie wollte ernährt werden. „Da überlegte sie, wie sie Geld verdienen konnte und da kam ihr die Idee, eine kleine Pension zu eröffnen. Erstaunlicherweise schaffte sie es, einen Kredit zu bekommen. Mit diesem Geld finanzierte sie dann eine Sechs-Zimmer-Pension. Aus sechs wurden bald zwölf Zimmer. Dann fand sie ein Grundstück und baute darauf ein Hotel mit 45 Zimmern, das sie bis vor Kurzem noch selbst führte. Heute ist sie gemeinsam mit meiner Schwester im Baugeschäft tätig, wie immer recht erfolgreich", erzählt Proschat über ihre starke Mutter Elmira. Eine schwangere Tochter, die dem dazugehörigen Vater nicht einmal erzählen wollte, dass er Vater wurde, konnte Elmira Madani nicht wirklich erschüttern. „Also, die Geschichte, wie mein Vater herausgefunden hat, dass meine Mama schwanger war, so etwas gibt es auch nur in unserer Familie", lacht Sonja, Proschats vierundzwanzigjährige Tochter. „Der Papa findet das nicht so lustig, glaub ich, aber ich darf's erzählen. Also, die Mami hätte im Sommer 1993 in einem Stück mitspielen sollen, musste aber absagen, weil sie mit mir schwanger war. Der Papa sitzt irgendwann mit dem Regisseur dieses Stückes zufällig beim Essen und hört ihn sagen: ‚Schade, die Proschat wird leider doch nicht bei mir mitspielen. Die hat abgesagt, weil sie ja hochschwanger sein wird in diesem Sommer.' Der Papa wird kreidebleich und kippt fast vom Sessel. Er hat ja nicht gewusst, dass sie schwanger war, er hat es auf diese Weise herausgefunden."

Suche Familie, biete Verwirrung

Dass Sonjas Eltern eine komplizierte und lange Liebesgeschichte miteinander gehabt hatten, wusste bis dahin niemand, und in Sonjas Erinnerung wollte ihre Mutter ihren Vater anfangs auch überhaupt nicht involvieren. „Also, ich kenne nicht die genauen Details, aber ich glaub, die Mami war anfänglich ziemlich radikal. Sie hat sich wohl gedacht, das ist mein Kind und aus. Deswegen hat sie ihm auch nicht gesagt, dass er mein Vater ist. Aber als ich ungefähr drei Monate alt war, begann sie daran zu zweifeln, ob das richtig war. Irgendwann hat sie dann doch gefunden, sie könne nicht für mich und meinen Vater entscheiden, ob wir Kontakt miteinander haben. Als Kleinkind habe ich ihn regelmäßig gesehen, ein- bis zweimal die Woche."

Und die Frau ihres Vaters nahm Sonja, das Kind der Liebesgeschichte ihres Mannes, in ihrer eigenen Familie auf. Das Kind könne ja nichts dafür, soll sie gesagt und dann eine von Sonja und ihrer Mutter Proschat bewunderte Rolle übernommen haben. Über die Jahre sind die beiden Frauen, die Ehefrau und die ehemalige Geliebte, die ein Kind bekommen hat, sogar so etwas wie Freundinnen geworden. Und wichtige Bezugspersonen für die kleine Sonja, die eigentlich eine andere Frau in ihrer frühen Kindheit als wichtigste Bezugsperson erlebt hat, nämlich ihre eigene Großmutter, also die Mutter ihrer Mutter. Suche Familie, biete Verwirrung, könnte man in Anlehnung an Proschat Madanis erfolgreiches Buch über ihr Leben zwischen und mit den verschiedenen Kulturen wohl sagen. „Von den ersten drei, vier Jahren hab ich, glaub ich, mehr Erinnerungen an die Emmi als an die Mami", erzählt Sonja. In der Schwangerschaft zog Proschat Madani nämlich wieder zurück zu ihrer eigenen Mutter. „Das war für mich natürlich unglaublich entlastend, auf der einen Seite. Und zugleich gab es auch viel Potenzial an Streitereien. Großmutter und Mutter lieben dieses Kind über alles, haben aber völlig unterschiedliche Auffassungen von Erziehung. Da kann's schon mal krachen", blickt Proschat Madani zurück und erinnert sich zugleich auch daran, wie sich plötzlich das Verhältnis zwischen ihr und ihrer Mutter geändert hatte. „Es war plötzlich ganz anders zwischen meiner Mutter und mir. Ich bin ihr jüngstes Kind und als Nesthäkchen war ich immer im Fokus meiner Mutter. Als Sonja dann da war, hat sie mich entthront, von einer Sekunde auf die andere. Es hat sich alles nur noch um sie gedreht. Das war für meine Mutter ganz selbstverständlich. Daran musste ich mich erst mal gewöhnen. Dazu kam, dass ich Schwierigkeiten hatte, mich in meiner neuen Rolle zurechtzufinden. Ich fühlte mich anfänglich noch immer mehr als Tochter meiner Mutter, weniger als Mutter meiner Tochter. Ein bisschen waren Sonja und ich wie Geschwister. Und meine Mutter die Obermutter. Im Rückblick betrachtet eine verwirrende Situation. Für alle. Aber am meisten wahrscheinlich für Sonja." Wie man sich die Beziehung zwischen den beiden Müttern, also Proschats Mutter Emma und Proschat, damals vorstellen kann? Tochter und Enkelin Sonja sieht das so: „Mami war ja Emmis jüngstes Kind und dann bin ich gekommen und war irgendwie wie Emmis fünftes Kind. Das hat schon zu vielen Problemen geführt zwischen den beiden. Meine Oma ist eine Wahnsinnsfrau, mit sehr viel Liebe in ihrem Herzen. Aber sie ist auch recht stur und wenn sie von etwas überzeugt ist, kann man schwer dagegen argumentieren. Vor allem wenn es um mich und mein Wohlergehen geht. Das war für die Mami sicher nicht immer leicht. Mittlerweile haben die beiden aber ihren Platz gefunden. Sie stehen sich nicht mehr im Weg. Und irgendwie habe ich das Gefühl, sie sind sich durch diese Krisen auch nähergekommen. Die Mama ist ja jetzt auch sehr viel für die Emmi da."

„Ich war damals in so einer eigenartigen Situation", erzählt Proschat. „Meine Mutter hatte ganz klare Vorstellungen, was für Sonja gut war. Auf der einen Seite hätte ich als Mutter so gerne auf meinen eigenen Vorstellungen beharrt, auf der anderen Seite war ich meiner Mutter so dankbar, dass sie ohne ein Wimpernzucken für mein Kind da war, Tag und Nacht. Sie gab mir dadurch die Möglichkeit, weiterhin meinen Beruf auszuüben, mein Leben zu leben. Ich musste damit rechnen, dass die beiden eine sehr, sehr enge Beziehung miteinander entwickeln. Sie haben sicher ein wesentlich intensiveres Verhältnis zueinander, als es üblicherweise zwischen Großmutter und Enkelkind besteht. Sonja ist nach wie vor der wichtigste Mensch im Leben meiner Mutter."

Oma – Mutter – Tochter

Und die Beziehung zwischen Sonja und ihrer Mutter Proschat? „Die Mami und ich, wir hatten eine sehr problematische Beziehung. Ich sag das ungern, weil ich ja weiß, dass sie das nicht aus Lieblosigkeit gemacht hat, aber sie war einfach nicht oft da, als ich klein war. Es ging halt nicht anders. Aber dementsprechend viel war statt ihr meine Großmutter für mich da. Das habe ich meiner Mutter irgendwann übel genommen. Und in der Pubertät habe ich dann rebelliert. Ich hatte damals eine Wahnsinnswut auf die Mama. Ja, da war ich ihr gegenüber sehr negativ eingestellt."

Die ungewöhnliche Familienkonstellation, gewählt, um Sonja, der ihre Mutter eben keine klassische Mutter-Vater-Kind-Familie bieten konnte, sollte sich als belastend für alle Beteiligten herausstellen. Großmutter Elmira, die ihrer Tochter viel abnahm, um dieser zu ermöglichen, dass sie ihre Träume und ihre sich so gut entwickelnde Karriere als Schauspielerin nicht aufgeben musste, nachdem sie selbst Mutter geworden war, musste sich von ihrer Tochter dafür Kritik anhören. Mutter Proschat, die zunehmend ihren Platz zwischen ihrer eigenen Mutter und ihrer eigenen Tochter suchte. Und Tochter und Enkelin Sonja, die nie eine klare Struktur hatte. „Nein, das war alles überhaupt nicht leicht", blickt Proschat Madani zurück. „Als Sonja acht Jahre alt war, habe ich beschlossen, mit ihr nach Berlin zu ziehen. Ich dachte, wenn ich nicht allein mit meiner Tochter bin, schaffe ich es nie, ihr eine richtige Mutter zu sein. Das entpuppte sich allerdings als eine sehr schwierige Situation für alle.

Für meine Mutter, weil ihr Enkelkind, das sie mehr wie ihr eigenes Kind erlebt hat, plötzlich weg war. Für Sonja, weil sie in einer fremden Stadt war, in eine neue Schule gehen musste, weit weg von der geliebten Oma. Für mich, weil mir sowohl mein Kind als auch meine Mutter zu verstehen gaben, wie unglücklich ich sie gemacht hatte. Es war meine Entscheidung gewesen und ich trug die Verantwortung dafür. Sonja wollte und konnte sich nicht einleben. Nach drei Jahren haben wir dann entschieden, dass sie zu meiner Mutter nach Wien zurückgeht und ich zwischen Berlin und Wien hin und her pendle."

„Meine Oma trägt das der Mami immer noch nach, diese Sache mit Berlin. Und ich wollte da überhaupt nicht hin. Ich habe es gehasst. Ich war damals ziemlich schlank, in Berlin bin ich dick geworden. Drei Jahre war ich dort mit der Mami, dann bin ich zurück nach Wien zur Emmi", erzählt Sonja. Proschats Versuch, ihrer Tochter mehr Mutter zu sein, sozusagen einen Neuanfang in einer anderen Stadt zu wagen, war kläglich gescheitert. Doch auch Sonjas Rückkehr nach Wien war ein Desaster. „Mit vierzehn hatte Sonja einen Pubertätsschub, mit dem wir alle nicht mehr fertiggeworden sind. Im Nachhinein scheint mir alles so klar, damals habe ich mich nur hilflos gefühlt. Sonja war als Kind das schwächste Glied im Familiensystem und kam mit den Spannungen, die in der Luft hingen, nicht zurecht. Kinder sind ja wie Seismografen, die kriegen alles mit, auch Unausgesprochenes. Geäußert hat sich das darin, dass sie außer Rand und Band geriet. Einmal hat sie in einem Wutanfall ihr Zimmer zertrümmert, Sachen kaputt gemacht, Wände beschmiert. Ich kann mich erinnern, ich war damals unglaublich schockiert über das Ausmaß ihrer Aggressivität. Heute weiß ich, das war ein Hilferuf, also eigentlich eine gesunde Reaktion auf unser Desaster." In der damaligen Situation war Proschat fast wie gelähmt vor Schock, unfähig darauf zu reagieren. Bei Sonja kam das als Desinteresse an, sie dachte, sie sei ihrer Mutter gleichgültig und rebellierte daher umso stärker.

„Ich habe damals gelitten und wollte, dass auch die anderen leiden", erinnert sich Sonja. „Ich hatte ein Problem damit, zu sagen, ich wohne bei der Oma. Ich wollte eine gängige Familie wie die anderen auch, mit Mutter, Vater, Kind. Als Kleinkind hab ich mir schon immer gewünscht, dass Mama und Papa wieder zusammenkommen. Mittlerweile finde ich es gut, wie es ist", lacht Sonja. „Heute liebe ich es, meine Familiengeschichte zu erzählen. Ich finde, in wenigen Familien gibt es so viel Liebe wie in meiner. Außerdem sind alle so intellektuell und inspirierend. Das ist sehr viel wert. Ich möchte nicht mehr tauschen. Okay, zugegeben, sie sind chaotisch, aber dafür haben sie mir immer sehr viel Liebe geschenkt. Tun sie noch heute."

Mit dreizehn sah das Sonja freilich nicht so. Niemand in ihrer Familienkonstruktion konnte sie damals beruhigen, in der Schule wurde sie immer schlechter und schlechter, nichts funktionierte mehr und alle waren unglücklich. „Und auf einmal hatte ich das Gefühl, das Wichtigste für Sonja wäre, sie für eine Zeit aus diesem chaotischen Familiensystem herauszunehmen. So entstand die Idee, sie auf ein Internat zu schicken. Ich hatte gehofft, dass die Distanz Entspannung bringen wird. Dass wir dann wieder neu aufeinander zugehen können", erzählt Proschat.

„Ich wollte das überhaupt nicht. Aber sie haben mir gesagt: ‚Sonja, du wirst irgendwann mal dankbar sein.' Und ich habe ihnen gesagt, ich werde nie dankbar sein, dass ihr mir das antut", erinnert sich Sonja an ihre Reaktion auf den Familienentschluss, sie in ein Internat zu schicken. „Aber jetzt, im Nachhinein, muss ich sagen, das war das

Beste, das mir passieren konnte. Die Beziehung zu jedem in meiner Familie hat sich dadurch verbessert. Ganz besonders zur Mami. Die Mami ist jetzt der liebste Mensch für mich." Als Sonja vierzehn Jahre alt war, war ihre Mutter ihr Feindbild. „Ich hatte damals überhaupt keine Ambition, irgendetwas zu erreichen. Ich hatte vor allem Wut. Ich habe nichts gelernt, überhaupt nichts. Ich habe Mami diese Geschichte mit Berlin sehr übel genommen und ins Internat wollte ich schon überhaupt nicht."

Doch die Familie zog diese Entscheidung gegen den Widerstand der pubertierenden Sonja durch. „Wir haben das damals alle gemeinsam so entschieden. Es stand auch zur Diskussion, ob Sonja eine Zeit lang bei ihrem Vater lebt. Aber das wäre auch keine Lösung gewesen, Sonja hätte dort weiter rebelliert. Kinder brauchen klare Grenzen. Innerhalb dieser Grenzen, kann man flexibel sein, aber die Grenzen müssen klar und stabil sein. Das konnten wir Sonja offensichtlich nicht bieten", weiß Proschat heute. Als sie ihre vierzehnjährige Tochter nach einer Reise durch Großbritannien, bei der sie ein geeignetes Internat für Sonja suchte, schließlich in einem schottischen Internat anmeldete, war sie sich gar nicht sicher, ob diese Entscheidung wirklich richtig war und vor allem die erhoffte Ruhe und Stabilität für ihre Tochter brachte. „Die ersten zwei Jahre waren sehr schwierig. Immer wieder kamen Briefe und E-Mails: Es tut uns leid, Ihnen mitteilen zu müssen, dass ihre Tochter mit einigen Jungs den Weihnachtsbaum versteckt, die Gesangsbücher verklebt, geraucht hat ... Dauernd hat sie irgendetwas angestellt, auch dort ihre Grenzen ausgetestet."

Wenn Distanz Nähe bringt

Aber mit der Distanz kam auch nach und nach eine Beruhigung und eine Annäherung zwischen Tochter und Mutter. „Die Zeit im

Internat war wirklich ein Segen", meint Sonja heute. „Alles, was ich heute so wertschätze an meiner Familie, das habe ich davor einfach nicht gesehen. Erst durch die Distanz konnte ich erkennen, mit wie viel Wertschätzung und Respekt alle miteinander umgehen. Wir mögen uns wirklich alle sehr. Egal, wie problematisch es ist, am Ende versucht jeder, Verständnis für den anderen aufzubringen." Und so fand Sonja in der Zeit weg von zu Hause wieder ihren Platz in ihrer, wie sie selbst sagt, chaotischen Familie. Zwischen starker Großmutter und untypischer Mutter, zwischen ihrem liebevollen Vater und dessen so verständnisvollen Frau. Zwischen unendlich viel Liebe, die aber auch dazu führte, dass Sonja von niemandem Grenzen aufgezeigt bekam. „Ich habe in einem sehr frühen Alter gelernt, Menschen zu manipulieren. Habe ich von dem einen nicht bekommen, was ich wollte, bin ich halt zum anderen. Wenn man mir was verboten hat, habe ich es trotzdem gemacht. Ich wusste ja, es würde keine Konsequenzen geben. Ich glaube, ein etwas strengerer Umgang wäre besser gewesen. In manchen Dingen hätte ich es heute leichter. Wenn die Dinge nicht so funktionieren, wie ich sie mir vorstelle, bin ich schnell frustriert. Ich glaube, auch meine Boyfriends haben darunter leiden müssen. Wenn nicht nach meiner Pfeife getanzt wurde, habe ich mich ganz schnell getrennt", meint Sonja, die nach dem Internat in Schottland dann in Brighton Medienwissenschaften studiert und mittlerweile in London eine Ausbildung zur Dokumentationsfilmerin abgeschlossen hat. „Meine Mutter und meine Großmutter sind beide meine Role Models. An meiner Oma bewundere ich am meisten ihre Kraft. Ihre Kraft, sich nicht unterkriegen zu lassen. Ich finde, was sie in ihrem Leben gemacht und geschafft hat, bemerkenswert. Vor allem das Durchhaltevermögen, sich ein Ziel zu setzen und über Jahre daraufhin zu arbeiten. Und an der Mami bewundere ich ihre Geduld und ihre reflektierte Art. Sie hat kein Problem damit, Fehler zuzugeben. Sie hört nie auf, zu lernen. Sie ist achtsam, mit anderen und mit sich selbst."

Und wie sieht sich Proschat Madani in der Rückschau als Mutter? „Suboptimal. Zumindest, als Sonja klein war. Ich hatte damals das Gefühl, ich bin in einer reinen Dienstleistungsfunktion. Manchmal habe ich mich gefragt, ob ihr überhaupt bewusst ist, was ich für sie aufgegeben habe? Natürlich war es ihr nicht klar, und es musste ihr ja auch nicht klar sein. War es ihre Entscheidung, auf die Welt zu kommen? Nein, meine. Also! Heute bin ich meiner erwachsenen Tochter eine sehr gute Mutter, denke ich. Weil ich keinem vorgegebenen Idealbild entsprechen will. So wie früher. Da dachte ich, die Mütter mit der gesunden Jause und dem selbst genähten Theaterkostüm, die wissen, wie es geht. Und ich nicht. Heute weiß ich, es geht darum, die Mutter zu sein, die nur ich sein kann, mit all meinen Widersprüchen, Stärken und Schwächen. Man nennt das gemeinhin Authentizität. Kinder wollen keine perfekten Eltern, sie wollen authentische Eltern. Sonja wollte das auch. Je ehrlicher ich wurde, desto ruhiger und entspannter hatten wir es miteinander."

Nur einfach ist diese authentische Mutterrolle nicht – bei all den Idealbildern, die viele Frauen so unter Druck setzen.

„Ich finde, Mütter sind oft eine ganz eigene Spezies. Normale Frauen, mit denen man lachen, interessante Gespräche führen und oder einfach nur Blödsinn machen kann, kriegen ein Kind und werden plötzlich zu Muttertieren. Alles dreht sich nur noch um den Nachwuchs. Zudem entwickeln sie oft eine unangenehm bestimmende Art. Sie wissen einfach, was das Beste für ihr Kind ist, und schauen gerne auf die herab, die es offensichtlich nicht wissen. Oder einfach nicht ihrer Meinung sind. Diese Art von Müttern war mir nie geheuer. Wenn ich ehrlich bin, habe ich ein bisschen Angst vor ihnen", lacht sie. Dabei hatte sie die Geburt ihrer Tochter als das Einmaligste und Schönste und Unvergleichlichste in ihrem Leben empfunden. „Schon in der Schwangerschaft fand ich es unglaublich berührend, dass plötzlich zwei Herzen in mir schlugen. Und dann, dieser Moment, in dem dieses kleine Bündel Mensch in deine Arme gelegt wird ... Das ist mit nichts vergleichbar. Da kam sofort dieser Mutterinstinkt in mir hoch. Sonja hatte Haarbüschel an den Ohren, war knallrot und sah aus wie ein kleiner Frosch. Ich dachte mir, du bist das hässlichste Kind der Welt – und ich liebe dich über alles. Das ist großartig."

Die größte Lehrmeisterin ist die Tochter

Welche Reise sie mit ihrer Tochter, die ihr übrigens recht ähnlich sieht und eine sehr hübsche, junge Frau geworden ist, da noch vor sich hatte, konnte sie damals natürlich nicht einmal ahnen.

„Ich habe niemandem auf der Welt so viel zu verdanken wie Sonja", sagt Proschat Madani heute. „Sie ist nach wie vor die größte Lehrmeisterin meines Lebens. Sie hat mich gelehrt, ehrlich zu sein. Durch sie weiß ich, ich muss nicht einem vermeintlichen Idealbild entsprechen, an dem ich ohnehin nur scheitern würde, sondern ich darf die Mutter sein, die ich nun mal bin. Sobald ich das verstanden hatte, gab es eine 180-Grad-Wendung in unserer Beziehung. Sonja hörte auf, zu rebellieren, sie wurde sanft und verständnisvoll. Wir fühlten uns plötzlich auf eine ganz neue Art miteinander verbunden. Eine Qualität, die vorher so nicht spürbar war."

Bei Sonja klingt das ähnlich: „Ungefähr seitdem ich sechzehn war, habe ich das Gefühl, dass wir wirklich gut befreundet sind. Wir telefonieren oft, fast jeden Tag. Ich habe das Gefühl, ich kann mit ihr über alles reden. Mir ist ihre Meinung sehr wichtig. Ich vertraue ihr. Ich liebe meine Oma sehr, sie ist ein ganz wichtiger Mensch in meinem Leben, aber mehr Kontakt habe ich heute mit der Mami. Ich mag, dass sie mir beispielsweise eintrichtert, dass man respektvoll mit sich selbst umgehen muss. Das ist ganz wichtig für mich, auch in Beziehungsgeschichten."

Wenn man Mutter und Tochter heute übereinander reden hört, dann klingt das nach einem Mutter-Tochter-Verhältnis, das sich viele wohl wünschen würden. Voller Respekt, voller Vertrautheit, mit Verständnis für die jeweiligen Bedürfnisse. Aber der Weg dorthin war lang und alles andere als leicht. Und das Experiment dieser Art von Großfamilie hätte auch das Mutter-Tochter-Verhältnis nachhaltig beschädigen können, dessen ist sich Proschat Madani durchaus bewusst. „Nein, es war überhaupt nicht einfach. Aber unsere Geschichte, die von Sonja, meiner Mutter und mir, ist etwas, das sich wie ein roter Faden durch mein Leben zieht. Es gab schon einige Situationen in meinem Leben, die alle Ingredienzien hatten, in einer Katastrophe zu enden. Und die immer gut geworden sind am Ende. Das erfüllt mich mit großer Dankbarkeit und vor allem Vertrauen. In mich und in die anderen. Wenn ich bedenke, wo wir waren und wo wir heute sind – das gleicht einem kleinen Wunder. Aber ich vermute, wenn Menschen spüren, dass sie trotz aller Zerwürfnisse, die sie miteinander haben, geliebt werden, ist die Chance, dass sie wieder zueinanderfinden, groß."

Susanne und Saskia Jungnikl

Zwei Anrufe,
die alles verändern

Zwei Telefonate und nichts ist, wie es war – in der Welt der Journalistin und Autorin Saskia Jungnikl und ihrer Mutter Susanne. Die Welt teilt sich in Vorher und Nachher: vor dem frühen Tod Tills, dem Sohn und Bruder, und nach dem Suizid des Vaters.

Das Vorher, so klingt es in den Erzählungen der beiden Frauen durch, war auf dem Bauernhof im Südburgenland nicht einfach, die Wohnverhältnisse eng, der Vater abwechselnd eine Woche in Wien, eine Woche im Burgenland, zwei Söhne, wovon Till wegen einer geistigen Behinderung eine ständige Herausforderung war, dann das Glück der Geburt Saskias.

Susanne Jungnikl erinnert sich, dass ihr beim Stillen der Tochter durch den Kopf geschossen ist: „Du bist meins." Da sei ihr alles sofort viel vertrauter gewesen als bei den Buben. Eben das Weibliche. Auf irgendeine Weise habe sie sich sicherer gefühlt. Und Saskia sei auch ein ganz besonders ruhiges Kind gewesen, im Nachhinein betrachtet, vielleicht damals schon ein unterstützendes. Denn Susanne glaubt: „Ich dachte, dass es mit Till zu tun hatte, dem Älteren. Er war ja wirklich ein sehr, sehr schwieriges Kind. Ich glaube, Kinder spüren, dass die Mutter nicht mehr so viel Energie hat. Ich habe so viel für Till gebraucht. Ob es stimmt, dass sich Saskia damals deshalb zurückgenommen hat, weiß ich nicht. Egal. Ich habe sie immer mit einem Polster auf den Küchentisch gelegt, damit sie schauen kann, was ich so mache. Sie hat nur beobachtet, wenig geweint. Das wäre mit den Brüdern nicht möglich gewesen. Die wären sofort hintergefallen."

Später war das Vorher für Saskia als jüngere Schwester Tills nicht einfach, aber prägend: „Eigentlich war ich ja die, die nach ihm gekommen ist, aber ich habe ihn überallhin mitgenommen. Auch in die Schule zum Beispiel. Er ist mit mir in die Klasse gegangen. Er ist oft verprügelt worden und ich wurde mitverprügelt, weil das wenig Aufwand machte." Ihrer Mutter dürfte sie von all dem wenig erzählt haben, doch Susanne erinnert sich, dass ihr nicht ganz klar war, warum die Tochter plötzlich so merklich an Selbstbewusstsein verloren hat – eine Selbstsicherheit, die sie sich zuvor gewissermaßen in Konkurrenz zu Till erworben hatte. Für den Bruder wurden überall Zettel mit Wörtern angebracht. Ein Arzt, so Susanne, habe gemeint, das sei gut für ihn: „Saskia hat mit zwei Jahren begonnen, diese Wörter zu lesen. Sie wollte Till antreiben, weil er älter war als sie. Sie ist dann neben ihm gestanden und hat ihm diese Wörter vorgerufen. Ich habe gesagt, Saskia, du musst warten. Zuerst der Till und wenn er es nicht weiß, dann darfst du. Sie ist so selbstbewusst dagestanden. Und dieses kleine selbstsichere Wesen hat mir schon gut gefallen. In der Schule hat sich das dann geändert. Sie ist plötzlich dünn geworden, hat von ihrer Sicherheit viel verloren. Das hat mich geärgert, weil ich finde, gerade in der Schule sollte man doch gestärkt werden." Wahrscheinlich, so vermutet die Mutter heute, sind damals auf der Fahrt und in der Schule schlimme Dinge wegen Till passiert. Ein behinderter Bub im Burgenland der 1980er-Jahre! Damals nannte man es hänseln, heute würde man wahrscheinlich von Mobbing reden. Nur erzählt hat Saskia nichts. Beklagt hat sie sich auch nicht. Aber sie habe es verinnerlicht, weiß Saskia um die Nachwirkungen: „Es macht mich heute noch hilflos und wütend, wenn ich sehe, dass jemand ausgelacht wird, der augenscheinlich Defizite hat oder von dem andere Menschen glauben, er habe welche. Wir alle haben Till immer beschützt, unser ganzes Leben lang."

Das Vorher-Leben

Leicht war das Vorher nicht. Es habe schon eine Zeit gegeben, in der ihr alles peinlich war, nicht nur die Eltern, auch Till. In der Pubertät sei das schwer für sie gewesen. Aber: „Irgendwann hat das umgeschlagen und ab einem gewissen Zeitpunkt war ich wahnsinnig stolz auf ihn." In Saskias Erinnerung war sich die Mutter der besonderen Situation eher bewusst. Ihre Mutter hätte einmal erwähnt, wie unfair sie es gefunden habe, dass die gesunden Kinder bei Verletzungen und Aufschürfungen nicht die gleiche Aufmerksamkeit und Sorge bekommen: „In einer Familie mit einem behinderten Kind weißt du, was alles sein kann, und da ist hinfallen und aufschürfen gleich gar nichts." Ihr sei das aber gar nicht so aufgefallen: „Ich hatte nie das Gefühl, zu wenig beachtet zu werden. Lustigerweise habe ich mir erst im Nachhinein gedacht, ich hätte vielleicht mehr lernen können, wenn es anders gelaufen wäre. Oder es hätte etwas mehr auf mich zugeschnitten sein können. Aber das sind keine Gedanken, mit denen ich aufgewachsen bin. Ich hatte eine sehr glückliche Kindheit und Jugend. Ich bin mit dem starken Gefühl aufgewachsen, dass es immer jemanden gibt, der mir zuhört."

Eifersucht auf die besondere Aufmerksamkeit für Till kannte Saskia nicht, die traf eher den nachgeborenen Bruder Arvid: „Bis ich 14 oder 16 war, habe ich nicht verstanden, warum es ihn gebraucht hat. Das Haus war klein und voll, Till war laut und anstrengend. Papa war auch anstrengend. Ich war um Schadensbegrenzung bemüht. Und dann haben sie unbedingt noch ein Kind kriegen müssen. Noch einen Buben, noch so ein lautes Kind. Bis ich 14 war, habe ich mir gedacht: ‚Geh doch weg'. Das ist heute völlig anders, ich bin froh und dankbar für ihn."

Was Saskia Schadensbegrenzung nennt, übersetzt sich im Gespräch mit ihrer Mutter als Verantwortung: „Sie hat sehr früh aufpassen und Verantwortung übernehmen müssen. Till war ja ununter-

brochen in Bewegung und hat jede Sekunde versucht, wegzulaufen."
Von klein auf habe sie den Satz gehört: „Saskia, schau, wo der Till
ist." Überhaupt scheint die Mutter ihrer Tochter Dinge hoch anzu-
rechnen, die für Saskia selbstverständlich waren. Im Vorher und auch
im Nachher.

Im Vorher-Leben, als alle vier Kinder im Haus waren, erlebte
Susanne Momente, die jede Mutter kennt und die sich im Rückblick
vielleicht mit Überlastung beschreiben lassen. Dennoch erinnert sie
sich halb bewundernd an den einen, halb entschuldigend an den anderen Moment. Bei dem ersten war Saskia, wie die Mutter erzählt,
etwa drei Jahre alt: „Sie hat begonnen, unsere Küchenladen auszu-
räumen. Ich habe gesagt: ,Saskia, nein'. Und dann wieder. Sie hat
das auf die Spitze getrieben und mich dabei sehr genau angeschaut
und beobachtet. Es ist fünf- oder sechsmal passiert, bis ich durchgedreht bin. Ich habe sie geschnappt und zu meinem Mann gebracht:
Du musst Saskia nehmen, ich drehe sonst durch. Ich finde es eine
interessante Erinnerung, weil sie ihre Stärke beweisen wollte. So auf
die Art: Ich lasse es darauf ankommen, wer von uns beiden da jetzt
durchdreht. Sie war sehr stark."

Den anderen Moment werden viele Mütter nachvollziehen können, es muss einer der Überforderung gewesen sein: „Einmal habe ich
sie geschlagen. Sie ist bei der Tür gestanden und hat ein Mordstheater
gemacht und die anderen Kinder haben mich gestresst. Till war zu
Hause. Es war fürchterlich und mehr eine Verzweiflungstat. Ich habe
ihr eine runtergehauen und sie hat mich ganz perplex angeschaut, als
wolle sie sagen: ,Das gibt's ja gar nicht, Mama.'"

Wie viele andere Töchter in jungen Jahren fand auch Saskia die
Zeit mit dem Vater interessanter als den Alltag mit ihrer Mutter.
Susanne glaubt, die Beziehung zwischen Vater und Tochter sei
anders gewesen als ihre zu Saskia, nicht weniger intensiv oder in-
tensiver, nur anders: „Wenn sie beim Papa war, war sie stolz und
glücklich. Beim Papa war es immer aufregender. Dort ist immer

etwas passiert. Also, entweder haben sie Musik gehört oder sie haben sich etwas angeschaut oder er hat etwas erzählt."

„Dort", das war ein Zimmer des Vaters, sein „Reich", das eigentliche Wohnzimmer. Aber dort, so erinnert sich Saskia, „ist man nicht einfach hineingegangen, wenn der Papa nicht da war". Man war nie einfach „dort", sondern es ist immer etwas passiert, wie die Bibliothek abstauben oder jedes Buch lesen oder schreiben oder auch nur der Wettbewerb, wer am leisesten von einem Sessel springen kann. Der Vater war auch nicht nur „dort", sondern beschäftigte sich mit den Kindern. Die Alltagsarbeit blieb der Mutter: Aufwecken, Jausenbrot, Hausaufgaben. Für die Kinder sei das in Ordnung gewesen. „Ich weiß aber nicht, wie das für Mama wirklich war." Im Leben vorher war Susanne Jungnikl zehn Jahre lang ausschließlich Hausfrau.

Als die Kinder älter wurden, verlief das Leben in üblichen Bahnen: Schulbesuch, Till ist unter der Woche in einem Heim, Matura, Saskia zieht nach Wien, sucht sich eine Wohnung und eine Arbeit, später ein Studium aus, wechselt an die Fachhochschule, weil es an der Universität „zu lahm" zugeht, wie die Mutter sich erinnert. Der älteste Sohn ist bereits außer Haus, Susanne Jungnikl geht einer Arbeit nach. Für diese Zeit erwähnt die Mutter zum ersten Mal die „Zielstrebigkeit" der Tochter.

Das Vorher-Leben beschreibt Saskia heute als großartig, geprägt von einer „unglaublichen Kreativität" und dem Gefühl, man dürfe alles ausprobieren, was man will, „und wisse gleichzeitig, es macht nichts aus und ist kein Problem, wenn etwas einmal nicht so funktioniert". Lesen, Musik machen und hören, schreiben, den Gefühlen nachgehen, das alles präge: „Es war keine Idee zu verrückt und zu ausgefallen. Alles konnte man durchspielen und man wurde nie ausgelacht." Sie kenne nicht wie andere jene Grenzen, die einen automatisch davon abhalten, etwas überhaupt zu versuchen.

Und dann plötzlich war das Leben „vorher" zu Ende. Till war tot. Ein Blutgerinnsel im Hirn. Mutter und Tochter waren in Wien: „Ich habe bei Saskia übernachtet. Wir hatten viel Spaß. Dann bin ich nach Hause gefahren und Till war tot. Saskia wusste es schon vor mir, weil Papa sie angerufen hatte in seiner Verzweiflung. Ein Schock wird das auf jeden Fall gewesen sein. Sie kam am nächsten Tag auch gleich. Ich glaube, wenn es in der Familie auch vorher schon einen Zusammenhalt gegeben hat, dann schweißt ein solches Ereignis automatisch noch mehr zusammen. "

Nicht das allein. „Sein Tod hat uns so richtig ins Herz getroffen. Er war so unglaublich herzlich und lieb und ohne jedes Vorurteil. Er war die Liebe in Person, auch wenn er wütend war. Als er gestorben ist, war das ein Schlag für uns alle."

Vor allem für den Vater. Im Rückblick dürfte sich damals schon das Nachher angekündigt haben. Saskia: „Als Till gestorben ist, war das ein massiver Verlust für uns alle, aber der Papa hat es am meisten gespürt, weil er auch die meiste Zeit mit ihm verbracht hat. Auf einmal war Till weg und Papa wahnsinnig viel allein. Jeder hat auf seine Art versucht, damit umzugehen, aber Papa war sehr anstrengend, weil er einsam war. Gleichzeitig hat er nicht darüber geredet. Wenn man ihn darauf angesprochen hat, wollte er nicht darüber sprechen. Das war sehr schwierig. Ich glaube, für Mama noch viel mehr. Ich habe ja nicht mehr zu Hause gewohnt." Später wird die Mutter der Tochter anvertrauen, dass sie nach dem Suizid des Vaters ganz zu Anfang so etwas wie Erleichterung verspürt habe. Eine Belastung hat geendet, eine andere begonnen.

Das Schicksal hat zugeschlagen

Ein derartiger (Schicksals)Schlag kann in einer Familie Entfremdung bewirken oder Nähe. Für Mutter und Tochter war es Nähe, wie Susanne das heute sieht. Eine intensive Zeit sei es gewesen, eine, in der Saskia viel im Burgenland war, darauf bedacht, dass es den Eltern gut geht, dass die Mutter nicht allein in das Heim fährt, in dem Till die Woche über gelebt hat; eine Zeit, in der sie in den ersten Tagen nur noch flüstern konnten, weil die Kraft für mehr nicht gereicht hat.

Mit der Mutter die Betroffenheit zu teilen, dürfte einfacher gewesen sein als mit dem Vater. Susanne erinnert sich: „Sie hat mir immer wieder erzählt, wie sich der Papa verschlossen hat. Nur am Telefon habe er ein Fenster aufgemacht, aber dann eher mit zynischen Witzen." Diese gewisse Sprachlosigkeit hat sich aber nicht in der ganzen Familie und schon gar nicht zwischen Mutter und Tochter verfestigt. Susanne Jungnikl unterscheidet hier ganz eindeutig: „Ich habe das Gefühl, wenn wir miteinander reden, dann ist es klar, was die eine meint und die andere. Wenn ich mit den Söhnen rede, bin ich nie sicher, ob das auch wirklich ankommt, was ich sagen will. Ob sie mich verstehen oder ich sie oder ob ich mich irgendwie falsch ausdrücke. Bei Saskia bin ich da viel sicherer." Bei der Tochter sicherer sein, dieses Gefühl hatte sie ja schon, als Saskia ein Baby war, wovon sie mit diesem Hauch von Verwunderung erzählt hat.

Möglicherweise kommt die Sicherheit daher, dass sich Mütter in den Töchtern spiegeln, so wie Susanne sich bei zwei Wesenszügen in Saskia wiedererkennt: beim Beobachten und bei der Fähigkeit zur Selbstreflexion. Oder sie kommt aus einer Verbundenheit, von der Saskia auch erzählt: „Ich glaube, das mit uns ist etwas Besonderes. Ich kann nicht sagen, ob Mama mich bewusst anders behandelt hat als die Jungs. Aber auch bei besonderen Schicksalsschlägen spürt sie einfach, wie es einem geht."

Entfernung oder Entfremdung habe es so nie gegeben, analysiert Saskia die Beziehung zu ihrer Mutter. Diese habe sich „ziemlich schnell", aber irgendwie fließend in eine Freundschaft entwickelt. Auch schon im Leben vorher, also vor dem ersten Schicksalsschlag und dem Verlust Tills, schon in der Pubertät: „Meine Mutter war immer da. Auch beim ersten Liebeskummer mit 15 oder 16. Ich habe ihr immer alles erzählt. Und ich erinnere mich nicht, sie jemals angelogen zu haben." Das war mit ihrem Vater anders, der sei viel strenger gewesen. Auch die Mutter habe sie als Respektsperson wahrgenommen, aber sie sei eher so „die Warme, die Liebe, die Auffangende" gewesen.

In Komplizenschaft sei das nicht ausgeartet. Die Lügen, die sie ihrem Vater aufgetischt habe, hätte die Mutter nie erfahren: „Wir haben uns da nicht verbündet." Mit dem Vater habe es mehr Streit gegeben, die Nähe zur Mutter war größer: „Dass wir beide Frauen sind, spielt da sicher hinein." Verständlich in einem Haushalt mit drei Brüdern, von denen einer geistig behindert war und einer ein eher lautes Kind und dazu noch ein dominanter Vater.

Diese Art von Gleichklang ist nicht zu verwechseln mit Ähnlichkeit, denn in den Augen der Tochter ist sie selbst in vielen Dingen dem Vater ähnlicher als der Mutter und diese wiederum dem jüngeren Bruder ähnlicher als ihr. Mutter und Sohn würden in einer Sprache miteinander reden, die sie, die Tochter, oft nicht verstehe. Die Art ihrer Mutter und ihres jüngeren Bruders, mit Dingen umzugehen, mache sie mitunter wahnsinnig: „Ich bin viel praktischer veranlagt. Die zwei sind Träumer, das bin ich überhaupt nicht."

Welchen Träumen auch immer Mutter, Tochter und Bruder in den Jahren nach Tills Tod nachgehangen sind, sie alle wurden 2008 jäh herausgerissen. Die Mutter war mit vielem beschäftigt, das sie interessiert hat , Saskia war in Wien auf dem Weg zu einer Karriere als Journalistin. Das waren die Jahre, in denen Beziehungen und Trennungen wichtig waren, das Ausloten der eigenen Möglichkeiten im Beruf, ein Leben anders als im Südburgenland, wo es all diese nicht gegeben hätte.

Das Nachher-Leben

Und dann brach über alle die Katastrophe herein: der Suizid des Vaters, den Saskia später zuerst in einem Artikel in der Wiener

Tageszeitung „Der Standard" und später in ihrem ersten Buch „Papa hat sich erschossen" für sich und – wie Mutter und Tochter in einem Zwiegespräch erzählen werden – für alle in der Familie aufgearbeitet hat.

In dieser Nacht begann für alle das Leben „nachher". Saskia: „Nachdem der Papa gestorben ist, das war furchtbar. Es war wirklich schrecklich. Heute wundere ich mich manchmal selbst, wie wir das ausgehalten haben. Also, man erinnert sich so genau an das, was man gefühlt hat, auch wenn man jetzt anders fühlt. Ich will das nie wieder erleben. Es hat mich, uns, alles gekostet, das durchzustehen. Wir waren so hilflos. Da gibt es nichts, woran man sich festhalten kann. Da gibt es nichts, das man irgendwie befolgen kann und das einem Halt gibt. Im Nachhinein bemerke ich erst, wie stark uns Papas Tod verändert hat. Das wird einem in dem Moment gar nicht bewusst. Ich bin nach seinem Tod drei Monate zu Hause geblieben, um bei den anderen zu sein."

Ihrer Mutter ist heute nicht mehr wirklich in Erinnerung, wen sie wann in dieser Nacht angerufen oder wer wen wann verständigt hat. Lange Zeit glaubte Susanne Jungnikl, sie habe Saskia erst in der Früh angerufen, aber im Buch erzähle die Tochter es anders: „Sie schreibt, ich hätte sie schon in der Nacht angerufen. Daran kann ich mich gar nicht erinnern. Dieses Anrufen ist eine wirklich schwierige Sache. Als Till gestorben ist, habe ich meinen damaligen Chef angerufen, als Ersten. Das finde ich schon interessant, weil der am weitesten entfernt war von mir. Man muss irgendwie ausprobieren, wie man das sagen kann. Als Erhard gestorben ist, habe ich meiner Erinnerung nach meinen ältesten Sohn aus erster Ehe als Erstes angerufen. Ich hatte gedacht, dass ich Saskia und Arvid erst in der Früh angerufen habe. Saskia sagt, ich hab es in der Nacht probiert und in der Früh war sie eben schon im Coffeeshop. Das ist etwas, was ich wirklich nicht wieder machen will. Jemandem so etwas beibringen zu müssen. Da kann man nichts verharmlosen. Da gibt es nichts Schonendes."

Es sei ein schöner Sommertag gewesen, als alle drei Kinder nach Hause gekommen waren: „Wir sind im Hof gesessen und ich habe ihnen erzählt, was passiert war und wie ich ihn gefunden hatte. Es ist auch nicht so, dass man dann zusammensitzt und nur vor sich hinweint. Wir haben das ziemlich ungläubig aufgenommen und noch Wochen später gesagt, das glauben wir jetzt nicht. Saskia hat einmal gemeint: ‚Mama, ich glaube, der kommt irgendwann wieder. Er hat nur irgendeinen Trick gemacht, er schaut nur einmal, wie es uns damit geht.‘"

An diesem Punkt verschmilzt das Nachher mit dem Vorher, denn die Last von Tills Tod war für den Vater offenbar zu schwer. Ihre Mutter, so Saskia, habe alles versucht, dass er überhaupt das Haus verlässt. Er habe „gar nichts mehr machen" wollen: „Eine Woche vor seinem Tod, so erzählt's die Mama, hatten sie einen der schönsten Tage seit Langem gemeinsam verbracht. Sie hatte ihn überredet, mit ihr Flyer auszutragen, und sie waren dann den ganzen Tag gemeinsam herumgefahren, Eis essen und hatten viel gelacht. Es war wie früher. Wir glauben, dass er da schon wusste, dass er sich umbringen wird. Es ist oft so, dass Menschen, die lange depressiv sind und dann einen Entschluss fassen, auf einmal extrem heiter werden. Alle um sie herum glauben dann, es ginge ihnen besser. In Wirklichkeit ist es so, dass sie erleichtert sind, den Entschluss gefasst zu haben." Von Erleichterung habe auch ihre Mutter ganz am Anfang nach dem Tod des Vaters gesprochen, weil die Zeit mit ihm nach Tills Tod auch belastend gewesen sei. Aber nach der Entlastung kam der Albtraum.

Das Leben nachher habe alles und alle verändert. Wie auch nicht? Vorerst hat Saskia die Zeit aus ihrem Leben in Wien gerissen, drei Monate lang. Danach ist sie jedes Wochenende, jede freie Minute nach Hause gefahren. Nicht nur, um die Mutter zu (unter)stützen, auch weil man in einer solchen traumatischen Situation „das Gefühl hat, das sind die Einzigen, die verstehen, was gerade passiert ist". Andererseits: „Man hat das Gefühl, man ist es ihnen schuldig. Es ist auch wahnsinnig schwierig zu sagen: Ich schaue jetzt nur auf mich. Das ist bis heute so. Die Tatsache, dass der Papa die Familie verlassen, uns verlassen hat, macht das unmöglich." Bis jetzt hat Saskia das Gefühl, immer wenn ihre Mutter ihr von einem Problem erzählt, liege es an ihr, das sofort zu lösen. Nachdem der Vater ihre Mutter im Stich gelassen hat, glaubt sie, nun müsse sie helfen. Dabei erwartet das ihre Mutter gar nicht. Dieses Gefühl, sofort da sein und helfen zu müssen, verlässt Saskia nur schwer: „Ich habe in den ersten Jahren nach Papas Tod die ganzen praktischen Dinge übernommen, alle, die er vorher gemacht hat."

An dieser Stelle fallen Saskia Glühbirnen ein: „Vor ein paar Monaten komme ich nach Hause und im gesamten oberen Geschoß brennt nur mehr eine Glühbirne. Ich frage Mama, warum sie keine Glühbirnen kaufe, und sie meint, sie habe eine besorgt, aber die sei nach drei Tagen kaputt gewesen. Jetzt trete sie in Streik und zwar so lange, bis die versprochene Dauer wieder stimmt. Darauf sage ich: Aber Mama, von dem Protest merkt niemand etwas, nur du, die im Dunkeln sitzt. Also habe ich am nächsten Tag natürlich Glühbirnen gekauft. Das meine ich damit, dass wir verschieden sind, aber beide Standpunkte ihre Berechtigung haben. Wenn bei mir die Glühbirne aus ist, kauf ich eine neue. Und Mama und Arvid meinen: Na, schauen wir mal. Dann wundere ich mich schon über sie, aber sie wundern sich, glaube ich, auch über mich. Ich bin da eher wie Papa. Er hatte 70 Glühbirnen in seinem Schrank, um bei Bedarf eine herauszuholen. Und ich habe das wohl eher von ihm übernommen", sagt sie und lacht.

Dieses Gefühl, diese Bereitschaft, die Leere, die der Vater hinterlassen hat, auszufüllen, sei am Anfang des Nachher-Lebens besonders stark gewesen, erzählt Saskia. Sie sei irgendwie automatisch in diese Rolle hineingerutscht in der Überzeugung: „Der Papa hat uns alle im Stich gelassen und nun kann ich sie nicht auch noch im Stich lassen." Plötzlich hörte sie nicht mehr nur eine Erzählung der Mutter, sondern auch die Aufforderung, den Vater zu ersetzen – nicht ausgesprochen, sondern eher als eine Forderung an sich selbst: „Das war für mich und auch für uns ganz schwer, da wieder herauszukommen. Man gewöhnt sich an diese neue Rolle, auch wenn sie einem nicht guttut." Und auch „dir nicht", wendet sich die Tochter an die Mutter.

Was nach klassischem Rollentausch klingt, dürfte es so nicht gegeben haben. Dazu scheint Mutter Susanne zu selbstreflektiert. Vor allem, was die Brüder angeht. Da fällt das Wort vom Missbrauch und ist so gemeint: „Es wurde mir schon bewusst, dass das nicht geht, aber man rutscht eben so hinein, weil der Partner weg ist, mit dem man sonst Probleme bespricht. Da besteht die Gefahr, dass man die Kinder plötzlich als Partnerersatz missbraucht. Ich kann die Kinder nicht dazu verwenden, Probleme zu besprechen, die ich mit den Geschwistern habe." Aber sie hätte eben Saskia angerufen, wenn sie sich über den Bruder geärgert habe. Später habe sie versucht, sich da zurückzuhalten, aber es komme noch immer manchmal vor.

Das wäre nun nicht so sehr ein Rollentausch, sondern eben ein Partnerersatz. Susanne: „Die Mutterrolle hat Saskia sicher nicht übernommen. Vielleicht die Beraterrolle." Vor allem im Zusammenhang mit Saskias Buch: „Eine Reise ins Leben oder wie ich lernte, die Angst vor dem Tod zu überwinden." Das zu lesen, sei schon überraschend gewesen. Plötzlich habe sie gute Ratschläge von ihrer Tochter bekommen, wie sie ihr Leben gestalten solle, wie sie gut alt werden könne: „Diese Position hat sich umgedreht. Da hat die Tochter Ratschläge, die ich gegeben habe, verarbeitet und in einer anderen Form wieder zurückgegeben."

Danach kam die Zeit der Befreiung und der Distanz, der Befreiung vom Schmerz, des Verlusts und der Distanzierung durch die Übersiedlung nach Hamburg. Der Partner von damals ist der Ehemann von heute: „Als ich nach Hamburg ging, hatte ich das Buch ,Papa hat sich erschossen' schon geschrieben. Das war eine große Befreiung. Ich wusste, jetzt kann ich weggehen. Das wäre vorher nicht gegangen. Es war wirklich ein Schritt in die Freiheit." Ob da der

Wunsch, die Rolle als Vaterersatz hinter sich zu lassen, mitgespielt hat oder nicht, vermag Saskia heute nicht so genau zu sagen. Es sei ihr jedenfalls nicht bewusst gewesen. Hamburg habe sich zu diesem Zeitpunkt einfach richtig und gut für sie angefühlt. Und ihre Mutter habe ihr nie, wie vielleicht andere Mütter ihren Töchtern, ein schlechtes Gewissen gemacht.

Das Familien-Mobile arrangiert sich neu

Ein Jahr nach dem Tod des Vaters hätte sie nicht ins Ausland gehen können, das wäre zu früh gewesen. Es war viel Zeit nötig, in der sich die Familie immer wieder mit den Todesfällen und der veränderten Rollenverteilung auseinandergesetzt und geredet hat. „Meine Mama sagt manchmal, eine Familie sei wie ein Mobile", sagt Saskia. „Jedes Familienmitglied hängt an einem Faden, wie bei dem Windspiel ist seine Stabilität abhängig von den anderen. Nach dem Tod meines Bruders ist unser Familien-Mobile zusammengebrochen, dann noch einmal nach dem Tod meines Vaters. Man verliert Selbstbewusstsein und Sicherheit." Rollen verteilen sich neu und werden anders hinterfragt. „Da fragt man sich erst später: Will ich das überhaupt machen? Es braucht Zeit, bis man sagen kann: Das ist nicht meine Aufgabe. Das muss man erst lernen."

Da ging es auch um die Bewältigung der Trauer und die laufe für jeden anders ab. Das mache es oft schwierig, nicht nur zwischen Mutter und Tochter, sondern in der Familie überhaupt. Jeder trauere einzeln, jeder anders. Saskia: „Wenn man nach einem Jahr eine Phase hat, in der man sehr traurig ist, dann überlegt man vielleicht dreimal, ob man das der Mama sagt, weil es ihr vielleicht gerade sehr gut geht und man sie nicht hinunterziehen möchte. Man ist froh, dass es ihr gut geht." Drei Monate später macht die Mutter dann so eine

Phase durch und redet auch nicht mit der Tochter darüber, weil sie diese nicht belasten will. Und bei ihrem jüngeren Bruder sei es wieder anders gewesen.

Die Dynamik zwischen Mutter und Tochter dürfte sich auch geändert haben, nachdem der jüngere Bruder nun im Haus wohnt. Mutter und Bruder hätten ein anderes Tempo. Sie selbst habe in den vergangenen Jahren erst lernen müssen, dass ihr eigenes nicht für alle gelten könne, sagt Saskia: „Nur weil etwas für mich so gemacht werden muss, heißt das nicht, dass es auch für alle anderen gilt."

Oder für andere schreiben? Über den Suizid des Vaters? Das kann wahrscheinlich nur dann ohne Beschädigung der Beziehung gelingen, wenn die Tochter wie Saskia das Einverständnis der Mutter sucht und einholt und diese ihr wie Susanne Jungnikl bedingungsloses Vertrauen entgegenbringt: „Ich habe ihr gesagt, wenn du es machen willst, dann mach es. Ich habe ihr vertraut, dass keiner zu Schaden kommt. Sie hat mir das Buch vorher zu lesen gegeben. Ich hätte also Einspruchsrecht gehabt. Aber ich hatte vollstes Vertrauen. Und das hat bei der Geburt begonnen."

Aus dem Tod des Bruders und dem Freitod des Vaters wurde nie ein Geheimnis gemacht: „Ich halte nichts davon. Es war gut, dass sie darüber geschrieben hat. Ich denke, die Leute reagieren nur misstrauisch oder abwehrend, wenn sie keine Offenheit spüren. Wenn sie aber merken, man geht mit dem Thema offen um, dann sind sie auch interessiert. Ich hatte nie das Gefühl, ich werde komisch angeschaut."

Mutter und Tochter haben für dieses erste Buch eng zusammengearbeitet. Das sei mitunter auch schwer gewesen, weil viel an die Oberfläche gekommen sei: „Auf der anderen Seite war es aber auch heilsam, weil man über die Sache wieder neu und anders nachgedacht hat. Zu reden ist immer gut und vor allem in der Trauer."

Für die Mutter führte der Weg von der ehemaligen Volksschullehrerin, Erwachsenenbildnerin, Gründerin eines Kulturvereins zur Trauerberaterin. Im Unterschied zur Mutter ist die Tochter nun mit dem Thema „Tod" durch, zehn Jahre nach jener Nacht, die ihr Leben zum zweiten Mal verändert hat: „So, das war's jetzt einmal für mich mit dem Tod. Ich glaube, das ist gescheiter. Zwei Bücher waren in Ordnung, aber nun ist es erst einmal genug. Ich will etwas anderes schreiben."

Seit ihrer Heirat sei ihre Mutter „ganz vorsichtig geworden": „Sie hat sich eher zurückgezogen, wahrscheinlich aus Angst, dass sie mich irgendwohin drängen könnte. Ich bin erwachsen. Es wird sich wieder einpendeln. Ihr Zugang war nie, erst einmal diktieren, wie sie es haben will, und dann ein schlechtes Gewissen machen. Ihr Zugang war immer eher zurückgezogen und abwartend."

Vielleicht ein Fall von generationsübergreifender Prägung? Saskia glaubt das in diesem Fall nicht, ihre Großmutter sei schon um einiges resoluter und deutlicher gewesen. In einem anderen Fall jedoch schon: „Ich werde manchmal gefragt, wie meine Mama nach so vielen Verlusten noch so positiv sein kann. Sie ist wirklich immer offen, immer noch zuversichtlich. Sie ist in einem offenen Haushalt aufgewachsen, in dem jeder immer willkommen war. Sie hat viel Liebe bekommen und ein starkes Fundament der Zuversicht."

Geblieben ist aber die Angst. Seit ihr Bruder Arvid zu Hause lebt, den Bauernhof und das ganze Land übernommen hat, muss sich Susanne Jungnikl, so erzählt es Saskia, dazu zwingen, sich keine Sorgen zu machen, wenn er sich verspätet. Die Angst vor dem Telefon, die Angst vor der Plötzlichkeit: „Das sitzt schon ziemlich tief und verändert einen. Man verliert an Zuversicht und Selbstbewusstsein."

Diese Angst kann die Tochter der Mutter nicht nehmen. Und die Mutter wird sie der Tochter nicht ersparen können.

Meine Tochter ist mein Coach

Starke Mütter – starke Töchter? Nicht zwangsweise kann man diese Schlussfolgerung ziehen. Nicht selten berichten Töchter davon, wie sie die Perfektion ihrer Mutter einschüchterte oder auf den beruflichen Erfolg der Mutter eifersüchtig waren, weil sie dadurch auf Zeit mit ihrer Mutter verzichten mussten. Umso bewusster stellt sich für Mütter, die beruflich sehr erfolgreich sind, die Frage, wie das auf ihre Töchter wirkt, welches Vorbild sie als Frauen für ihre Töchter sein können und sein wollen. Dass Väter Karriere machen und dementsprechend viel Zeit dafür investieren, ist in Österreich immer noch selbstverständlicher als Mütter, die beruflich sehr erfolgreich sind. Im Gegensatz zu beispielsweise Skandinavien oder den USA, wo diese traditionelle Rollenverteilung längst überwunden ist. Zwar gilt seit 2018 in Österreich eine Quote von dreißig Prozent, die zu einem ausgewogenen Geschlechterverhältnis in den Aufsichtsratsgremien großer und börsennotierter Unternehmen führen soll, doch die Erfüllung dieser Quote liegt in weiter Ferne. Laut einer Erhebung der Arbeiterkammer Anfang Jänner 2018 liegt der Frauenanteil in den Aufsichtsräten der umsatzstärksten zweihundert Unternehmen des Landes bei 18,5 Prozent. Die wenigsten Töchter wachsen also mit Müttern auf, die an der Spitze von Konzernen stehen, mit Müttern, die wirklich Karriere gemacht haben.

Eine Frau, die mit großer Selbstverständlichkeit Karriere und Familie lebt, ist Michaela Novak-Chaid, CEO von HP Austria. Als Geschäftsführerin trägt sie die Verantwortung für das gesamte Geschäft des Unternehmens in Österreich mit Druckern, PCs, Workstations, Monitoren bis hin zu 3D-Druckern. Sie ist Chefin von hundert MitarbeiterInnen. Der Lebenslauf der gebürtigen Oberösterreicherin liest sich wie aus dem Bilderbuch: Studium der Handelswissenschaften in Wien, Karrierestationen bei FACC AG, ABN Amro Bank und dann 1998 Einstieg bei Hewlett Packard Austria, wo sie Schritt für Schritt Richtung Unternehmensleitung in Österreich aufstieg.

Und: Michaela Novak-Chaid ist Mutter einer Tochter und eines Sohnes. Tochter Anna ist sechzehn Jahre alt, ihr Sohn Max dreizehn. Starke Mütter – starke Töchter? Das wollten wir mit einer Frau besprechen, die immer wieder als typische Karrierefrau bezeichnet wird, mit all den Konnotationen, die dieser Begriff mit sich bringt.

Karrierefrau und Mutter ist in Österreich längst keine Selbstverständlichkeit. Warum eigentlich?

Das hat mit dem Rollenbild zu tun, das bei uns noch immer sehr ausgeprägt ist. Ich glaube, das ist speziell im deutschen und österreichischen Raum der Fall. Ich sehe das in anderen Ländern nicht, aber in Österreich hält sich diese traditionelle Rollenaufteilung – Männer machen Karriere, Frauen stecken für die Familie zurück. Für Männer ist es ganz praktisch, und Frauen sind es einfach gewohnt. Und das führt dazu, dass diese Rollenaufteilung perpetuiert wird. Warum das ursprünglich so war, weiß ich nicht, aber meiner Erfahrung nach ist dieses Rollenbild in den zentraleuropäischen Ländern und auch im südeuropäischen Raum immer noch ganz stark verankert.

Sie selbst arbeiten für ein kalifornisches IT-Unternehmen, das großen Wert auf seine familienfreundliche Unternehmenskultur legt – wie hat sich das konkret auf ihre Karrieremöglichkeiten ausgewirkt?

Ich bin seit zwanzig Jahren in diesem Unternehmen und meine Karriereentwicklung war nur durch diese familienfreundliche Unternehmenskultur möglich. Seit zwanzig Jahren gibt es hier die Möglichkeit von Telearbeit, das hat mich schon als junge Frau bei meinem Einstieg fasziniert. Dieses Arbeiten von zu Hause aus ist für jeden möglich. Wir als IT-Hersteller haben in diesem Bereich auch vieles umgesetzt. Mittlerweile existieren so viele Möglichkeiten, mobil zu arbeiten, das hat eine ungeheure Dynamik, die mich immens fasziniert. Ich selbst hatte das schon als Kind erlebt, weil meine Mutter viel zu Hause gearbeitet hat.

Das heißt, Ihre Mutter war für Sie ein Vorbild, wie man als Frau Kinder und Karriere vereinbaren kann?

Ja, absolut. Ich bin diesbezüglich wirklich von meiner Mutter geprägt. Sie war immer berufstätig. Mein Vater war Landarzt und meine Mutter half ihm mit der Administration und nahm ihre Arbeit oft am Nachmittag mit nach Hause. Ich kann mich gut erinnern, wie sie ihre Buchhaltung im Esszimmer aufbaute und ihre Rechenmaschine sowie ihre Schreibmaschine dort platzierte. Meine Mutter war viel anwesend, aber sie arbeitete auch viel zu Hause. Das ist sicherlich ein Unterschied dazu, was inzwischen oft von Müttern erwartet wird, nämlich mit vollem Engagement mit den Kindern etwas zu unternehmen. Meine Mutter war anwesend, aber sie konzentrierte sich auf ihre Arbeit. Durch ihre Berufstätigkeit hatte sie auch eine gewisse Unabhängigkeit. Das hat mich immer sehr stark ermutigt. Meine Mutter hat oft gesagt: „Das kann man immer irgendwie schupfen."

Ihre Mutter war immer berufstätig. Hat sie Ihnen damit etwas vorgelebt oder hat sie das ganz konkret mit Ihnen besprochen, wie Sie als Frau alles unter einen Hut bekommen können?

Ich habe vieles einfach mitbekommen, aber wir haben dann natürlich bei der Schulwahl und der Wahl des Studiums auch aktiv darüber gesprochen. Nicht nur mit meiner Mutter, sondern auch mit meinem Vater. Meine Mutter hat die Handelsakademie abgeschlossen, das war für Frauen ihrer Generation schon eine relativ hohe Ausbildung. Damals wurde den Mädchen meistens noch erzählt, dass es reiche, wenn sie die Matura schaffen, das Studium sei doch eher etwas für Männer.

Und das wollte meine Mutter für mich auf keinen Fall so. Meine Eltern haben mich sehr ermutigt, auf die Universität zu gehen.

Nach wie vor gibt es gesellschaftliche Vorstellungen darüber, wie das Idealbild einer Mutter zu sein hat. Viele Frauen empfinden das als belastend, erleben, dass sie mit Kritik konfrontiert sind, wenn sie bald nach der Geburt wieder ins Berufsleben einsteigen. Waren Sie je mit Anmerkungen, mit Kritik dieser Art konfrontiert?

Ich war bei meinen Kindern einmal sechs Monate, einmal fünf Monate in Karenz. An Kritik kann ich mich nicht erinnern. Mehr an neugierige Fragen à la „Wie machen Sie das mit Ihren Kindern?" Und ich habe oft mit einer Gegenfrage geantwortet: „Warum fragen Sie mich das? Einen Mann würden Sie das nie fragen." Damit war das dann relativ schnell wieder vom Tisch. Aber ich erlebe es in meinem Umfeld und ich höre immer wieder solche Geschichten von jungen Frauen. Erst vor Kurzem war ich bei einem Kamingespräch mit jungen Führungskräften aus der Wirtschaft. Dort erzählte mir eine junge Frau, wie sie mit ihrem Baby bei der Kinderärztin war und dieser erzählte, dass sie nach sechs Monaten Pause gern wieder arbeiten möchte. Daraufhin sei die Kinderärztin völlig entsetzt gewesen. Das finde ich wirklich problematisch, weil eine Kinderärztin ja eine gewisse Autorität hat. Solche Geschichten im Jahr 2018 zu hören, erschreckt mich. Ich habe dieser Kollegin dann Mut zugesprochen, sie solle auf ihr Bauchgefühl hören und das machen, was sie für sich und ihr Kind für richtig hält.

Ihre eigene Tochter ist jetzt sechzehn Jahre alt. Besprechen Sie mit ihr, was es heißt, Karriere und Familie zu bewältigen? Und wie haben Sie das gemanagt, als Ihre Kinder noch klein waren?

Seitdem meine Tochter nicht mehr ganz klein ist und das verstehen kann, reden wir darüber, was es bedeutet, als Frau einen eigenen

Weg gehen zu können, erfolgreich zu sein. Aber natürlich flößt es ihr auch Respekt ein. Das merke ich schon. Manchmal stellt sie sich die Frage: „Will ich mir das antun?" Das ist interessant, vielleicht könnte das die Reaktion der nächsten Generation sein? Aber grundsätzlich findet meine Tochter toll, dass ich beruflich aktiv bin und sie schätzt das auch. Sie gibt mir das Gefühl, dass sie stolz auf mich ist. Als sie zwei Jahre alt war, kam sie in den Kindergarten. Davor, als die Kinder ganz klein waren, hatten wir stundenweise eine Kinderfrau und mein Mann und meine Mutter hatten mich wunderbar unterstützt. Als die Kinder ein bisschen größer waren, hatten wir Studentinnen, die am Nachmittag bei ihnen waren, wenn ich gearbeitet habe. Gott sei Dank habe ich einen Partner, der sich aktiv in die Kinderbetreuung einbringt und dieses Rollenbild extrem unterstützt. Er ist Kalifornier. In dem Fall trifft das IT-Unternehmen aus Kalifornien auf einen kalifornischen Mann, der ein moderneres Frauenbild hat als das in Mitteleuropa oft noch sehr traditionelle.

Das klingt, als wäre das schlechte Gewissen, das viele Mütter plagt, nie Ihr Begleiter gewesen?

Ein schlechtes Gewissen, muss ich sagen, hatte ich sehr punktuell. Ich kann mich an ein für mich einschneidendes Erlebnis erinnern. Da hatte ich eine Telefonkonferenz am Freitagnachmittag. Eigentlich war ich schon im Auto, um meine Kinder am Spielplatz zu treffen, wo sie bereits mit Freunden und deren Eltern waren. Aber anstatt bei den Kindern am Spielplatz zu sein, saß ich im Auto, immer noch mitten in der Telefonkonferenz und beobachtete dabei, wie meine Kinder spielten. Und diese Telefonkonferenz hat sich gezogen und gezogen und wir wurden nicht fertig damit. Da stellt man sich schon die Frage: Ist das richtig, was ich mache? In diesem Moment hat es mir leidgetan, dass ich nicht dabei sein konnte, das ist mir sehr in Erinnerung geblieben. Und es muss ja nicht jeder so machen wie ich. Ich glaube, es ist ganz wichtig, dass man die Wahlmöglichkeit hat.

Mit allen Vor- und Nachteilen. Jede Frau sollte wählen können, was für sie und die gesamte Familie am besten passt.

Sie haben in einigen Interviews betont, wie entscheidend die Wahl des Partners ist, um als Frau tatsächlich völlig frei entscheiden zu können, ob man mehr auf Karriere setzt oder mehr auf Familie. Oder eben auf beides.

Absolut! Da fängt es an. In diesem Zusammenhang zitiere ich immer die Facebook-Chefin Sheryl Sandberg: „Die wichtigste Karriereentscheidung der Frau ist die Wahl des Partners." Es fällt immer wieder darauf zurück, wie wichtig es ist, wer dir den Rücken freimacht, wenn es heiß hergeht. Das ist ja nicht immer cool und easy. Du hast ein krankes Kind, der Mann ist irgendwo oder kann nicht, du hast ständig irgendein Feuer zu löschen. Vor allem, wenn die Kinder klein sind. Und da brauchst du jemanden, der mit dir diese Werte teilt. Jemanden, der dir diese gleichberechtigte Position zugesteht.

Und Ihre Tochter hat Ihnen nie den Vorwurf gemacht, dass Sie wegen Ihrer Karriere zu wenig Zeit für sie hatten. Nicht einmal in der Pubertät?

Am Anfang der Pubertät schon, als sie merkte, damit könnte sie mich verletzen, wenn sie das sagt. Aber das kam nur ganz selten. Mittlerweile weiß ich, dass sie zutiefst überzeugt ist von diesem Modell, wie wir es immer gelebt haben.

Wenn man sich Ihren Lebenslauf ansieht, gibt es keinen Bruch. Acht Jahre Gymnasium, Studium und im Job kontinuierlich Stufe für Stufe hinauf: eine steile Vorlage auch für Ihre Tochter?

Ja, manchmal denke ich mir schon, das muss Respekt einflößend sein. Und immer wieder gibt es diese Gegenreaktionen auch bei meiner Tochter. Bei ihr pendelt das so zwischen Bewunderung und

Streben, dass sie so sein möchte wie ich. Und dann geht es auch wieder in die andere Richtung, also, dass sie später einmal ganz anders sein möchte. Ich glaube, das ist ein ganz normaler Selbstfindungsprozess. Aber ich bin mir dieser Problematik sehr bewusst und so zeige ich vor meiner Tochter auch ganz offen meine Schwächen. Dieses Mutter-Dasein ist ja ein langer Weg und ein langer Prozess. Man hat eigene Erwartungen, man glaubt, die Kinder müssen so sein, wie man selbst war, zum Beispiel in der Schule. Aber das ist nicht unbedingt so. Da lernt man als Mutter wirklich sehr viel.

Ihre Tochter ging mit vierzehn Jahren für ein Austauschjahr in die USA. Das ist ungewöhnlich früh. Wollten Sie das so oder war das die Idee Ihrer Tochter?

Ich glaube, das war eine gemeinsame Idee. Mein Mann und ich haben ihr schon immer diesen Reisevirus und die Neugierde für die große, weite Welt eingeimpft. Und dann habe ich sie einfach mal gefragt, ob sie nicht Lust hätte, ein Jahr ins Ausland zu gehen, und sie war sofort begeistert. Ich finde, als Mutter muss man auch loslassen können, man kann auch einmal ein Jahr lang physisch getrennt sein, wenn man grundsätzlich eng miteinander verbunden ist.

War dieses Loslassen schwierig für Sie?

Es war nicht schwierig, nein. Schwierig wurde es nur, als sie einmal etwas unglücklich war dort drüben und wir darüber sprachen, ich ihr aber aus der Entfernung nicht wirklich helfen konnte. Aber sie war ja in Chicago bei einer uns bekannten Familie. Aufgrund der Zeitverschiebung konnten wir uns allerdings nicht so oft hören. Ich finde, als Mutter muss man die Kinder auch ihr eigenes Ding machen lassen, eine Ermöglicherin, eine Unterstützerin sein. Ich habe einen Grundsatz, den ich auch in meiner Firma so schätze und den ich sowohl beruflich als auch als Mutter umsetze: absolutes Vertrauen haben. Also zuerst einmal absolutes Vertrauen in jemanden haben und erst wenn du mein

Vertrauen brichst, dann muss ich dir eben Grenzen setzen. Nicht, erst musst du dir mein Vertrauen erarbeiten und dann kriegst du mehr davon, nein, du bekommst es von Anfang an zu hundert Prozent. Für den Fall, dass das nicht klappt, kann ich dann einen Rückzieher machen. Das lebe ich auch mit meinen Kindern so.

Und das hat bis jetzt immer gut funktioniert?

Ja, mit meiner Tochter hat das immer gut funktioniert. Das ist eigentlich verblüffend bei einer Sechzehnjährigen. Also, alles weiß ich natürlich nicht zu hundert Prozent, wenn sie beispielsweise öfter am Wochenende weggeht und ich nicht ganz genau weiß, wie lange sie letztendlich wirklich ausgegangen ist, aber das hält sich absolut im Rahmen. Mich hat sehr geprägt, wie ich das als Teenager von meinen Eltern erlebt habe, da gab es auch immer ein großes Vertrauen in mich.

Dieses Jahr im Ausland, inwiefern hat das die Beziehung zwischen Ihnen und Ihrer Tochter verändert?

Das war natürlich schon ein Reifungsprozess in dieser Zeit. Sie ist mit Ende fünfzehn zurückgekommen. Meine Tochter war schon immer sehr reif und kam mehr oder weniger erwachsen zurück. Sie musste ihre eigenen Entscheidungen treffen, zum Beispiel, wenn es um Schulfächer ging oder auch nur um kleine Dinge im Leben. Dabei war sie wirklich auf sich allein gestellt, das hat sie viel reifer gemacht. Meine Tochter ist jetzt eine ganz enge Freundin von mir, kann man sagen.

Kann das funktionieren, wenn Mutter und Tochter Freundinnen sind?

Natürlich bin ich nicht nur ihre Freundin, sondern auch ihre Mutter. Wir thematisieren das oft. Ich sage dann: „Anna, du weißt, ich kann nicht nur deine Freundin sein, sondern ich bin auch deine Mutter" – und da gibt es natürlich oft Grenzen und auch Konflikte und Diskussionen. Aber das versteht sie dann auch. Im Kern sind wir wirklich engste Freundinnen und trotzdem können wir dieses Verhältnis Mutter-Tochter gut spielen. Mit Grenzziehungen und manchmal auch Verboten, Diskussionen oder sonstigen Dingen.

Wie würden Sie den Bereich, in dem Sie Ihrer Tochter vor allem Freundin sind, denn beschreiben?

Also, meine Tochter liebt öffentliche Auftritte, träumt manchmal von einem Beruf als Moderatorin und hat zudem einen wirklich guten Blick für Stil. Bei Auftritten lasse ich mich sehr gerne von ihr beraten. Sie sagt dann: „Mama, wähl doch diesen Einstieg" oder „Mama, diese Farbe steht dir besser". Und nicht nur das, auch inhaltlich nehme ich gerne Tipps von ihr an. Die Kinder haben viel Übung darin, sich selbstsicher vor anderen zu präsentieren, das ist eine tolle Sache. Kurz vor einem Auftritt sagt sie immer: „Mama, du wirst es rocken" oder „Mach das und das", um etwaiges Lampenfieber zu überwinden. Sie coacht mich gerne. Sie ist wirklich eine kluge junge Frau.

Manche Mütter erzählen, dass sie bei ihren Töchtern wesentlich konkretere Wünsche für deren Lebensweg hätten als bei ihren Söhnen. Wohl, weil sie sich als Frauen da leichter einfühlen können. Gibt es das bei Ihnen auch, so einen Gedanken, welchen Lebensweg Sie Ihrer Tochter wünschen würden?

Eine konkrete Idee gibt es da nicht. Weder für meine Tochter noch für meinen Sohn. Aber ich wünsche ihr als Frau, dass sie immer unabhängig agieren und das machen kann, was ihr Spaß macht. Ich beobachte, dass meine Tochter wahnsinnig gut mit Kindern umgehen kann. Also könnte ich sie mir einerseits gut in einem Beruf vorstellen, der mit Pädagogik zu tun hat, gleichzeitig träumt sie wie gesagt von einer Laufbahn als Moderatorin. Auf jeden Fall hoffe ich, dass sie diesen Idealismus, den sie hat, nicht verliert. Natürlich erkundigt sie sich in ihrem Alter auch bei mir, was man können muss, um einen Beruf wie meinen auszuüben. Sie dachte zum Beispiel immer, wenn man im Business erfolgreich sein will, dann muss man gut in Mathematik sein. Diese Angst konnte ich nehmen und ihr mit einem Augenzwinkern sagen, dass das überhaupt nicht nötig sei: die Grundrechnungsarten und Prozente rechnen, that's it. Da war sie sehr erleichtert.

Gibt es Themen, bei denen Sie sich als Mutter Ihrer Tochter gegenüber anders verhalten als Ihrem Sohn?

Nein, das spielt bei mir keine Rolle. Wobei, es gibt schon ein Thema, das mir bei meiner Tochter sehr wichtig ist und das bei meinem Sohn eigentlich keine Rolle spielt: die Unabhängigkeit. Das ist ein ganz starker Gedanke, den ich versuche, meiner Tochter einzupflanzen. Dieses Thema habe ich nicht bei meinem Sohn. Es kann natürlich auch sein, dass er Hausmann werden möchte, aber das steht nicht wirklich im Raum. Bei meiner Tochter habe ich schon immer sehr darauf geachtet, dass sie diese Unabhängigkeit schätzt. Und das tut sie. Aber natürlich fällt man auch immer wieder in seine eigenen Vorurteile, Denkmuster zurück. Und da muss man sich selbst dabei ertappen, wie man doch von manchen Stereotypen geprägt ist. Also, ich habe mir das unlängst gedacht, als es um ein Skateboard ging, das ich irgendwo gesehen und daraufhin in unserer Familien-WhatsApp-Gruppe vorgeschlagen habe, ob das nicht etwas für meinen Sohn sei. Und meine Tochter schrieb zurück: „Und warum glaubst du, wäre das nichts für mich?" Eine Kleinigkeit, aber manchmal stolpert man in diese klassischen Rollenbilder hinein. Natürlich hat meine Tochter auch ein Skateboard.

Als Chefin sind Sie oft mit jüngeren Frauen und deren Arbeitseinstellung konfrontiert. Leben die Töchter von heute den Gegenentwurf zu Karrierefrauen wie Ihnen?

Ja, man hört das und ich beschäftige mich sehr intensiv damit, weil wir auch zu Hause diskutieren, was im Leben erstrebenswert ist. Das ist ein ganz heißes Thema an unserem Familientisch. Ich habe sehr ambitionierte, junge Menschen im Unternehmen, die ich auch immer wieder rekrutiere. Die ticken alle irgendwo ähnlich wie wir. Das heißt, auch einmal gerne wirklich viel arbeiten, wenn es nötig ist. Man liest viel von Stichworten wie „Work-Life-Balance", aber „Work-Life-Balance" als Unternehmenskultur und als Vereinbarkeit zwischen Beruf und Familie, das war in meinem Unternehmen schon immer das Ziel. Das ist keine Altersfrage und auch bei meiner eigenen Tochter ist es so. Diese fragt sich natürlich immer wieder und mein Sohn natürlich auch: „Was will ich machen?" Und ich sage immer: „Das Wichtigste ist, dass du das machst, was dir wirklich Spaß macht. Dann bist du auch gut darin." Ich will meine Tochter ermutigen, Dinge auszuprobieren. Das mache ich bei meinen MitarbeiterInnen und das mache ich bei meiner Familie auch, also bei meinen Kindern, einfach zu unterstützen und zu sagen: „Probiere es aus." Wenn sie fünf Jahre in eine Richtung gehen, dann fünf Jahre in eine andere und dann noch einmal fünf Jahre in die dritte, dann gibt es vielleicht eine Diskussion. Aber probiere verschiedene Sachen aus, mache Ferienjobs, mache unterschiedliche Jobs. Also in der Zeit wie heute, in der alles so transparent ist, kann man sich ja über alles informieren. Das war in unserer Zeit nicht so. Wobei ich in der IT schon etwas sehe, das gerade für junge Frauen wichtig wäre – nach wie vor sind die sogenannten MINT-Fächer, also Mathematik, Informatik, Naturwissenschaft und Technik, bei den jungen Mädels viel zu wenig präsent. In anderen Ländern ist das nicht so. Das hat nichts mit Begabung zu tun, sondern mit einer gesellschaftlichen Erwartung. Und da wünsche ich mir sehr, dass sich Mädchen unabhängig vom gesellschaftlichen Druck emanzipieren.

Kommen wir zurück zu Ihrer ganz persönlichen Mutter-Tochter-Beziehung. Was Sie erzählt haben, klingt ja fast schon nach einer perfekten Symbiose.

Ich schätze mich sehr glücklich, dass wir so ein inniges Verhältnis haben. Ich philosophiere manchmal mit meiner Tochter darüber, und sie sagt mir auch immer wieder, wie sehr sie sich über unser enges Verhältnis freut. Bei vielen ihrer Freundinnen sehe sie nämlich, dass das nicht selbstverständlich ist. Wie ungewöhnlich unsere Mutter-Tochter-Beziehung ist, ist uns beiden bewusst und das wertschätzen wir beide sehr. Wobei wir auch nicht nur die besten Freunde unserer Kinder sein wollen, also, ich bin das schon für meine Tochter geworden über die Jahre. Das bedeutet aber nicht, dass es keine Limitvorgaben, keine Einschränkungen oder Kernansagen von mir als Mutter gibt. Ich glaube, dass meine beziehungsweise unsere Erziehung eine gute Mischung ist und bisher hat es auch ganz gut funktioniert. Ob es uns wirklich gelungen ist, eine tolle Mutter-Tochter-Beziehung aufzubauen und zu leben, das kann man dann wohl erst rückblickend sagen, vielleicht wenn meine Tochter so alt ist, wie ich heute bin.

Margareth und Marcela Buschwenter

Hundert Jahre Zweisamkeit, oder?

In diesem Moment bricht es aus ihr heraus. Sie ist 16 Jahre alt. Sie steht ihrem jahrelang immer wieder abwesenden Vater aus Mexiko in der Wiener Wohnung gegenüber und schleudert ihm alles entgegen, was sich in ihr aufgestaut hat. Tränen fließen. Es ist der Moment, in dem die Mutter plötzlich den Unterschied ihrer eigenen Realität und der ihrer Tochter sieht. Wie viele Mütter erleben einen solchen Moment der Klarheit?

Margareth Buchschwenter erinnert sich heute noch, was sie damals gedacht hat: „Wahnsinn! Wie viel Schmerz kommt da heraus! Wir haben das unterschätzt. Ich habe wirklich nicht bemerkt, wie sehr sie darunter gelitten hat." Die Realität der Mutter war, dass die Abwesenheit des Vaters das Kind nicht belastet hat, weil die Zweisamkeit ein gutes Leben ausmachte. Doch auch später waren Männer der Grund, warum Mutter und Tochter die Realität etwas unterschiedlich wahrnahmen – wie sich herausstellen wird.

Was den Mann aus Mexiko betrifft, muss die Realität der Tochter über Jahre hinweg eine andere gewesen sein, denn als der Vater zu Besuch nach Wien reist, nicht nur, um den Teenager zu sehen, sondern auch, um den Sohn, den er mit einer anderen Frau in dieser Stadt hat, zu besuchen, kommt es zur Explosion der Emotionen. Marcela: „Papa wollte unbedingt, dass ich die ganze Zeit etwas mit meinem Halbbruder mache. Er hat mich gefragt, warum ich das nicht wolle. Weil er nicht mein Bruder ist. Dann meinte er doch glatt, wie ich so etwas sagen könne. Da habe ich ihm eben geantwortet, wahrscheinlich ausführlicher, als er sich das gewünscht hat. Ich habe nur gesagt, was ich mir die ganze Zeit über gedacht habe. Wie er so einen Blödsinn machen könne, Kinder in die Welt zu setzen, weil das ja den Kindern wehtut. Wie er ständig mit irgendwelchen Frauen schlafen könne, nur weil er gerade Lust hat. Es ist doch lächerlich, zu glauben, dass daraus eine richtige Familie entstehen könne. Da war er echt schockiert. Er hat geweint, ich habe geweint, die Mama im Nebenzimmer auch." Marcela spricht es so nicht aus, aber es muss eine Befreiung gewesen sein. Danach fährt sie noch am selben Tag weg. „Endlich keine Wut mehr", weil sie sich alles von der Seele geredet hat.

Der Erzählung der Mutter zufolge ist der Ausbruch noch dramatischer abgelaufen. Diese andere Frau habe keinen Kontakt zwischen Vater und Sohn gewollt, er habe ihn bei diesem Besuch zum ersten Mal sehen sollen und sei ganz beglückt zurückgekommen: „Er hat zu Marcela gesagt: Das nächste Mal kommst du mit, dann machen wir Fotos und die kann ich dann in Mexiko herzeigen. Dann fing es an. Wozu herzeigen – zum Angeben oder zum Schämen? Er sei ein verantwortungsloser Typ, der Kinder in die Welt setze und sich dann nicht um sie kümmere. Er hat mir richtig leidgetan, was sie ihm da alles an den Kopf geworfen hat."

Um das alles zu verstehen, ist eine Rückblende notwendig.

Der Mann aus Mexiko oder wie alles begann

Margareth übersiedelt von Südtirol nach Wien, um ein Studium der Ethnologie zu beginnen. Neapel wäre auch eine Möglichkeit, Wien ist aber die bessere Option, was Berufsaussichten anbelangt. Gegen Ende kommt die große Sinnkrise, dann die Schwangerschaft. Margareth: „Das kann ich für mein abgebrochenes Studium nicht als Ausrede verwenden. Marcela war ein so genügsames, ruhiges Baby. Ich hätte daneben alles machen können."

Das Kind ist zufrieden, die Mutter nicht: „Es war von vornherein klar: Ich entscheide mich jetzt für dieses Kind, aber nicht für diese Familie. Es war ziemlich eindeutig, dass das nicht gut gehen kann." Marcelas Vater sei sehr unterhaltsam, nett, in keiner Weise böse gewesen, aber eben unzuverlässig und unstet in seinem Leben. Der kulturelle Unterschied sei von Anfang an erkennbar gewesen: Finanziell gerade genug zu haben, um den nächsten Tag zu überleben, das war nichts für Margareth, das konnte sie nicht. Bald wurde unübersehbar, dass die Beziehung die Diskrepanz in Einstellung und Lebensweise nicht standhalten würde. Als Marcela neun Monate alt war, wurde ihr Vater aus Österreich ausgewiesen. Er verlässt das Land freiwillig.

Margareth über die Zeit danach: „In meiner Karenzzeit waren wir einmal drei Monate, einmal sechs Monate in Mexiko, aber immer nur zu Besuch. Als Marcela drei Jahre alt war, wollte ich es doch noch probieren. Ich bin mit dem Gedanken nach Mexiko geflogen: Auch wenn es die Beziehung nicht mehr trägt, probieren wir es einfach dort. Bald habe ich aber gemerkt, dass mir erstens meine sozialen Kontakte fehlen und es sich zweitens in Mexiko mit viel Geld wunderbar leben lässt, mit wenig nicht. Für viele Menschen ist das Leben dort sehr hart."

Warum dann überhaupt? Motive scheinen vererbbar zu sein: Einerseits wollte Magareth Buchschwenter ihrer Tochter den Vater nicht vorenthalten, andererseits: „Mein Vater war ein lediges Kind und hat immer gesagt, er verzeihe seiner Mutter nie, dass er nicht wusste, wer sein Vater war. Er wollte seinen Vater kennen. Seine Mutter hat ihm seine Fragen aber nie beantwortet. Das hat sich bei mir eingeprägt. Es ist schon wichtig, dass es den Kontakt geben kann, wenn das Kind es will. Das wollte ich fördern. Ich habe mir nichts von ihm erwartet, sondern es nur für sie getan."

„Für sie" hat Magareth auch noch etwas anderes Ungewöhnliches getan: Um ja keine Hindernisse zwischen Vater und Tochter aufzubauen, hat sie seine Vaterschaft nicht registriert. Er wäre zur Zahlung von Alimenten verpflichtet gewesen. Sie hat bei einer Bekannten erlebt, was dann womöglich passiert wäre: „Der Vater des Kindes war Peruaner und hat keine Alimente gezahlt. Als er endlich seine Tochter besuchen wollte, wurde er am Flughafen überprüft. Er schuldete dem Staat Geld, konnte das nicht bezahlen und wurde zurückgeschickt. Da wusste ich, dass ich einem Treffen Marcelas mit ihrem Vater nie im Weg stehen will. Ich wollte immer, dass nicht sie den Vater suchen muss, sondern er sie sehen will." Das sei nach ihrer Rückkehr aus Mexiko auch wichtig gewesen. Nach einigen Jahren der Trennung, in denen er schon regelmäßig angerufen habe, habe er sie wieder besucht.

Dass Magareth Buchschwenter erst viele Jahre danach erfahren sollte, wie sehr die vaterlose Zeit ihre Tochter belastet haben muss und wie verschieden ihre Realität von jener der Tochter war, hängt auch damit zusammen, dass sie sich ihr Leben zu zweit nach der Rückkehr aus Mexiko gut eingerichtet hatten. Die emotionale Stabilität, in der sich eine so enge Beziehung zwischen Mutter und Tochter entwickeln konnte, hatte Margareth offenbar in ihrer eigenen Kindheit erfahren und von ihrer Mutter übernommen. Und wohl auch die Einstellung, dass „man Männern nicht so wirklich vertrauen kann". Worin diese bei ihrer Mutter begründet war, vermag sie nicht zu sagen, denn ihre Eltern hätten eine sehr gute Ehe geführt. Möglich, dass ihre Mutter wiederum von der nicht so guten Ehe ihrer Eltern, also Magareths Großeltern, beeinflusst war. Wie auch immer: „Ich habe mich noch nie auf eine Beziehung so eingelassen, dass ich überzeugt war, sie sei fürs Leben. Das kenn ich nicht."

Von der Groß- zur Kleinstfamilie

Magareth hat an ihrer Mutter in Südtirol gesehen, was es heißt, eine starke, selbstständige, offene Frau zu sein und sich für die Kinder – vier Mädchen und einen Bub – einzusetzen: „Sie war nach außen hin die Wortführerin in der Familie. Ich war so stolz auf sie. Wenn sie in die Schule gekommen ist, war sie immer adrett und gut aufgelegt." Im Vergleich zu den anderen Müttern im Dorf sei sie eine moderne Frau gewesen.

Selbstverständlich sei das nicht gewesen. Ihre Mutter, die in jungen Jahren als Krankenschwester und Gouvernante bei einer reichen Familie in Mailand arbeitete, habe dann auf einem abgelegenen Bergbauernhof geheiratet. Dort sei sie sehr unglücklich gewesen, weshalb der Umzug ins Tal und die Arbeit in der Fabrik die Alternative zum abgelegenen Hof wurden. Im Dorf sei sie anerkannt und angesehen gewesen, auch weil sie, wie nur wenige dort, perfekt Italienisch sprach. Der Widerspruch sei nur gewesen, dass ihre Mutter nach außen hin die Starke, die Angesehene, die Berufstätige, die Selbstbewusste und Selbstständige war, in Wahrheit aber von berufstätigen Frauen und Feminismus gar nichts hielt. Unbewusst, so meint Margareth, habe sie das alles sicher aufgenommen und die Mutter als Vorbild erlebt.

Stärke und Selbstständigkeit seien in den ersten Jahren schon notwendig gewesen. Aus einer Großfamilie kommend, findet sich Margareth in einer Kleinstfamilie wieder. In der Erinnerung tauchen zwiespältige Gefühle auf. Einerseits habe sie es genossen, sich in der Erziehung nicht auch noch mit der Meinung oder der Weisheit des anderen Elternteils auseinandersetzen zu müssen. Andererseits habe sie es doch vermisst, die Freude an dem Kind mit jemandem teilen zu können, der ein ähnlich großes Interesse an der Beziehung und eine ähnlich große Liebe zu dem Kind hat. Sie habe die Erfahrung gemacht, dass bei diversen Entscheidungen für das Kind nicht unbedingt der Partner oder der Vater ausschlaggebend sei, sondern die Möglichkeit, sich mit anderen zu besprechen: „Ganz oft war ich eigentlich froh, ja fast privilegiert, dass es nicht wie in anderen Beziehungen war. Da gibt es meist eine Erwartungshaltung an den Partner, die nicht erfüllt wird. Ich erwarte nichts. Ich weiß, ich bin allein zuständig. Für mich wäre es das Schlimmste, auf etwas oder jemanden vergeblich zu warten. So war das viel klarer und daher leichter."

Margareth war alleinerziehend, aber nicht auf sich allein gestellt. Mutter und Tochter waren in Untermiete zu jemandem quasi mit Oma-Status gezogen. Das heißt, sie war auch umgeben von Erwachsenen, aber nicht in dem Ausmaß, wie es in der Großfamilie in Südtirol der Fall gewesen wäre. Ob sie es allein nur mit dem Kind, und sei es noch so entzückend gewesen, geschafft hätte, vermag die Mutter heute nicht mit Gewissheit zu sagen. Als bewusstes Kontrastprogramm zu ihrer Herkunft habe sie es damals nicht angelegt, aber der sozialen Kontrolle des Südtiroler Dorfes, wo jeder alles über jeden weiß, wollte sie entkommen. So habe sie sich eben in Wien in dieser Wohngemeinschaft mit einer älteren Frau und ihrer Tochter ihren eigenen größeren Familienkreis geschaffen. Die Verbindung ist nie abgerissen. Marcela besucht die „Oma" heute noch.

Marcela muss diese Zeit als eine der Liebe und Geborgenheit empfunden haben: „Ich bin ein absolutes Mama-Kind, weil ich ja mehr oder weniger nur sie hatte. Sie war auch nie wirklich böse. Ich habe nie gedacht, dass sie mich wegen irgendetwas nicht mehr liebhaben könnte." Ihre Mutter sei auch sehr geduldig gewesen, hätte sie nie gedrängt oder gezogen, wenn sie es eilig hatten. Die Erinnerung an ihr „schlimmstes Erlebnis" betrifft eine befahrene Straße: „Ich war noch ganz klein und wollte über eine Straße laufen, als ein Auto kam. Meine Mutter hat mich am Arm gerissen und weggezerrt. Ich habe geweint und sie aus Schock auch. Wir wissen das beide heute noch so genau, weil es sonst nie etwas körperlich so Gewaltsames gegeben hat. Aber da hat sie mich gerettet."

Rückkehr nach Österreich

Alle ihre Erinnerungen als Kleinkind betreffen Wien und kaum die Zeit in Mexiko. Sie kann sich – irgendwie – an die Großeltern dort erinnern, an Tanten, an einen Limettensaft und an das Herumlaufen. Mehr nicht. Eine Erinnerung an den Vater in dieser Zeit habe sie nicht wirklich. Wie soll ein Kleinkind es auch einordnen können, wenn die Mutter sich in einer fremden, wenn auch wohlwollenden und unterstützenden Umgebung, abmüht, der Vater für Wochen verschwindet, niemand so genau weiß wohin, dann wieder auftaucht, nichts wirklich wichtig und schon gar nicht tragisch ist? Vielleicht kommt man zu spät, vielleicht auch gar nicht, was soll's? Marcela: „Das funktioniert mit einem Kind einfach nicht." Hat es auch nicht. Daher die Rückkehr nach Wien.

In der Erinnerung der Mutter muss diese Abreise das erste große Verlusterlebnis der Tochter gewesen sein: „Sie hat schon mitbekommen, dass es lange dauern wird, bis sie ihren Vater wiedersieht. Da war eine große Traurigkeit." Wieder in Wien wollte Margareth die Grundlagen für spätere Treffen festigen: „Ich wollte, dass sie Spanisch behält, aber sie hat total abgeblockt. Wenn ich ihr ein spanisches Buch vorgelesen oder ein Lied vorgesungen habe, wollte sie das nicht." In diese Ablehnung spielte wahrscheinlich doch die unbewusste Verlustangst des Kindes eine Rolle, denn nach der Rückkehr nach Österreich sei Marcela, so erinnert sich Margareth Buschwenter, total an ihr „geklebt": „Sie wollte immer nur bei mir sein. Sie hatte Angst, dass sie mich auch verlieren könnte."

Diese Erfahrung veranlasst Margareth zu einem Exkurs über Einzelkinder alleinerziehender Mütter, obwohl die Tochter das Problematische an dieser Situation so nicht sehen wolle, glaubt sie. Da könnte ihre eigene großfamiliäre Herkunft hineinspielen: „Ich stelle es mir schon schwierig vor für das Kind, wenn es nur von einer Person abhängig ist. Es kann ja nicht gut sein, wenn ein normaler Streit mit einer Person nicht möglich ist, weil das Kind es sich mit dieser Person nicht verscherzen möchte."

Als Marcela 15 Jahre alt war, flogen Mutter und Tochter wieder gemeinsam nach Mexiko: „Ich habe mir gedacht, ich führe sie noch einmal ein. Es gibt ja jede Menge Tanten und Onkel und Cousins. Sie sollte alle noch einmal treffen und kann dann selbst entscheiden, wenn sie alt genug ist." Bis dahin hatte sie alles unternommen, um eine Nähe von Vater und Tochter herzustellen.

Vaterbild vs. Männerbild

Marcelas Vaterbild hat sich naturgemäß im Laufe der Jahre verändert. Als sie ihn zum ersten Mal nach drei Jahren wiedersah, konnte sie sich an sein Aussehen nicht mehr erinnern, fand ihn aber „super cool". Ihr Vater! Das änderte sich später ziemlich radikal: „Je älter und vernünftiger ich wurde und je mehr ich nachdachte, desto grantiger wurde ich. Überall tauchten da plötzlich Halbgeschwister auf. Ich habe mir gedacht: Wie kann man so verantwortungslos sein? Oder, was sind das für Frauen, die einfach so nach Mexiko fahren, mit jemandem schlafen und ein Kind bekommen – nur weil sie vielleicht in Deutschland keinen Mann finden oder ein braunes Baby wollen? Da war ich richtig böse, auch auf meinen Vater. Nach ein paar Mal sollte man es einfach wissen und – verdammt noch mal – verhüten. Er ist ja keine 15 oder 18 Jahre alt, er ist ein erwachsener Mann. Er sollte doch irgendwann Verantwortung tragen für das, was er tut. Aber nein! Wieso kann man sich nicht einfach normal anstrengen für seine Familie?" Halbgeschwister in Österreich, Deutschland, England, Spanien?

Und dann auch noch das Verheimlichen. Ihr Vater habe behauptet, es gäbe nur den Halbbruder in Wien und die Halbschwester in

Deutschland. Sie habe nicht verstanden, dass ihr Vater sie wegen zwei weiterer Halbgeschwister angelogen habe. Sie habe das von einem Cousin in Mexiko erfahren, der auch Deutsch spricht. Ihr Vater habe hingegen behauptet, sie habe etwas falsch verstanden. Mitnichten. Was sie nicht verstanden habe, war die Lüge: „Jetzt ist es doch auch gleich, ob ich drei oder mehr Halbgeschwister habe. Das ändert mein Bild ja auch nicht". Sie wollte das dann aber nicht mehr diskutieren.

Immer wieder habe sie ihren Vater getroffen, immer wieder hat es die Mutter ermöglicht, obwohl sie keinerlei Unterstützung von ihm erhielt. Böse sei sie nicht auf ihren Vater, sagt Marcela, weil er sich nie ändern werde: „Er ist nett zu mir, aber er macht einfach weiter überall Kinder auf der Welt und kümmert sich dann nicht. Das sollte einfach nicht sein." Er hatte in Mexiko drei langjährige Freundinnen. Die seien alle nett gewesen: „Wenn er mit denen Kinder hätte, würde ich diese Geschwister komplett akzeptieren. Sie würden zur Familie gehören. Aber mit irgendwelchen Frauen Kinder in die Welt zu setzen, mit Touristinnen oder Frauen, die er einmal gesehen hat, das ist eine Frechheit. Das kann ich nicht ernst nehmen."

Das Männerbild, das Marcela aus der Erfahrung mit ihrem Vater mitnimmt, könnte der Einstellung ihrer Mutter – „So wirklich vertrauen kann man Männern nicht" – schon nahekommen. Aber sie weiß auch, welche Rolle der kulturelle Unterschied spielt: „In Mexiko ist es so, dass die Leute entweder mit 15 Jahren heiraten und Kinder bekommen oder die Männer machen genau das, was mein Vater macht. Eigentlich ist er ja ein vernünftiger Mensch, deshalb verstehe ich nicht, warum er sich nicht ändert." Manchmal gebe es schon Momente, in denen er anrufe und sich über sein Verhalten im Klaren sei. Ihre Mutter versuche dann, ihn zu trösten – aber „am nächsten Tag ist alles wie vorher".

Die Mutter tröstet den „verantwortungslosen" Vater? Marcela: „Meine Mutter hat definitiv ein großes Herz." Nie habe sie ihn ihr gegenüber abgewertet. Die Erfahrung, dass Eltern ihre Konflikte auf dem Rücken der Kinder austragen, blieb Marcela erspart. Mehr noch! Bei einem ihrer letzten Besuche in Mexiko, so erzählt es Margareth, habe Marcelas Vater nur in den höchsten Tönen gesprochen, was die Tochter dann zur trockenen Bemerkung veranlasst habe: „Wenn ich dich nicht kennen würde, könnte man meinen, du bist eine Heilige."

Das wäre vielleicht etwas hoch gegriffen, doch für Margareth Buchschwenter waren die Rahmenbedingungen, in denen die Tochter aufwachsen sollte, schon entscheidend: Da war einmal die Tatsache, dass der Vater auch unter den schwierigen Bedingungen eine Rolle im Leben Marcelas spielten sollte. Und da war die Gewissheit, dass es in der Erziehung weniger darum geht, was die Kinder sehen, sondern man ihnen vorlebt: „Bei dem Versuch, doch in Mexiko zu leben, war klar: Ich bin da nicht glücklich. Ich wollte dem Kind kein unglückliches Dasein vorleben. Ich wollte ihr ein Beispiel dafür sein, wie es ist, ein gesundes Selbstvertrauen zu haben." Das wäre aber so nicht gelungen.

Der neue Mann

Nach einer anfangs „echt harten" Zeit nach der Rückkehr aus Mexiko tritt etwas später ein neuer Mann in das Leben von Mutter und Tochter. Marcela ist zu dem Zeitpunkt vier Jahre alt und protestiert erwartungsgemäß. Margareth erinnert sich an das Repertoire des Mädchens: „Sie wollte das zu Beginn nicht. Da hat sie alles probiert. Als wir im Gasthaus essen waren und ich kurz wegging, hat sie behauptet, er habe sie geschlagen. Ich habe immer versucht, ihr das Gefühl zu geben, dass ich sie ernst nehme, und ihm dabei böse Blicke zugeworfen. Sie hat sich dann aber so in Widersprüche verwickelt, dass ihr selbst aufgefallen ist, das stimmt jetzt nicht mehr. Irgendwie habe ich da aber etwas nicht geschafft. Wenn die beiden nämlich allein waren, dann hat es zwischen ihnen sehr gut geklappt. Wenn ich da war – nicht. Vielleicht wollte ich sie zu sehr beschützen, habe zu sehr für sie Partei ergriffen."

Natürlich sei da jede Menge Eifersucht im Spiel gewesen, aber sie sei eben nicht richtig damit umgegangen, meint die Mutter heute: „Ich hätte sie viel mehr allein lassen müssen, ihn nicht ständig zurechtweisen dürfen oder von ihm mehr Beachtung für sie verlangen." Andererseits habe sie seine Zurückhaltung als sehr angenehm empfunden: „Er hat sich selten eingemischt." Und in Erziehungsfragen war er auch nur dann präsent, wenn sie seinen Rat wollte: „Das war für mich schon richtig." Nach fünf Jahren, Marcela ist neun Jahre alt, haben sie eine gemeinsame Wohnung bezogen. Das hatte auch finanzielle Vorteile. Ihr Partner war bereit, die Sonderausgaben wie Skikurs etc. zu übernehmen. Harmonisch war die Mutter-Partner-Tochter-Situation auch da noch nicht wirklich, aber: „Es hat funktioniert. Ganz innig sind sie erst nach fünf Jahren geworden. Das hat schon noch gedauert, aber es war nicht mehr problematisch."

Eine solche Konstellation, in der die Tochter den Partner der Mutter als „Eindringling" empfindet, löst sich oft erst langsam. So auch in diesem Fall. Margareth: „Grundsätzlich war eine männliche Bezugsperson schon hilfreich für Marcela, aber es hat ewig lang gedauert." Und es sei kompliziert gewesen, denn in manchen Situationen habe er für Marcela Partei ergriffen, worauf sie dann ihren Standpunkt geändert habe, weil sie sich nicht mit ihm gegen die Mutter verbünden wollte: „Sie hat fast nie zugelassen, dass er und sie einer Meinung sind." Jahre danach sollte Marcela rückblickend erzählen, dass sie die Zweisamkeit mit der Mutter „super schön" gefunden und der Partner diese Harmonie gestört habe.

Und wieder tauchen die zwei Realitäten auf. Margareth meint, ihre Tochter sehe das falsch. Sie habe den Effekt der neuen Partnerschaft für die Mutter nicht bedacht: „Ich war besser gelaunt, nachdem ich ihn kennengelernt habe. Es kann auch sein, dass ich die Zeit mit ihr lustvoller verbracht habe, wenn er nicht dabei war. Aber sie begriff damals nicht, dass es an der Partnerschaft lag." Der abwesende Vater sei von ihr in dieser Phase als Abwehr gegen den Eindringling nie in Stellung gebracht worden.

Erst in der Pubertät näherte sich Marcela offenbar der Realität ihrer Mutter an und akzeptierte den – zuerst im getrennten, dann im gemeinsamen Haushalt anwesenden – Stiefvater: „Ich habe einfach mehr nachgedacht. Seitdem verstanden wir uns relativ gut und später immer besser."

Just zu dieser Zeit der Annäherung schafft Margareth eine neue Realität, die das Bild der Tochter von der bis dahin „perfekten Mutter" verändert. Sie verlässt ihre 15-jährige Partnerschaft für einen anderen Mann. Das sei für sie ein Schock gewesen, erzählt Marcela. Damals kam es zu dem einzigen so richtigen Streit zwischen Mutter und Tochter: „Ich habe sie nach wie vor geliebt, aber ich musste sie wissen lassen, dass es falsch ist, was sie tut. Wenn niemand einem anderen seine Fehler aufzeigt, wird sich nichts ändern. Dann wird dieser Mensch es nicht verinnerlichen, dass er falsch gehandelt hat."

Alle anderen hätten ihre Mutter bemitleidet, weil sie eine so „schwere Entscheidung" zwischen zwei Partnern zu treffen hätte. Marcela: „Ich habe gedacht: Arm ist der andere. Sie hat gewusst, was sie tut, sie hat sich darauf einstellen können." Der langjährige Partner ihrer Mutter aber musste von einem Tag auf den anderen damit zurechtkommen. Sie habe gesehen, wie er gelitten hat. Ihre Mutter aber habe von niemandem anderen außer ihr in dieser Situation ein negatives Wort gehört.

Deshalb glaubt ihre Mutter heute noch, es sei in Wahrheit nicht so schlimm gewesen. In ihrer Erinnerung hat Marcela ihre Enttäuschung „nur kurz herausgelassen" und geweint: „Wieso jetzt? Ich habe mich endlich an ihn gewöhnt und mag ihn eigentlich." Margareth glaubt, es habe in dieser Zeit nur kurzfristig ein Problem gegeben, aber: „Vielleicht ist mir da etwas entgangen."

Offenbar, obwohl der Streit nie an dem Punkt eskaliert ist, an dem Mutter und Tochter nicht mehr miteinander geredet haben, auch weil es ja eigentlich nicht um ihre persönliche Beziehung gegangen sei, sondern um jene der Mutter zum langjährigen Partner, aber: „Ich weiß nicht, ob sie mitbekommen hat, wie sehr sie mich in Wahrheit enttäuscht hat. Sie war zu sehr mit ihren eigenen Emotionen beschäftigt."

Der Partnerwechsel Margareths und die unterschiedlichen Realitäten von Mutter und Tochter hatten nicht nur emotionale Konsequenzen, sondern auch ganz praktische. Der Partner verlässt die gemeinsame Wohnung. Wie sollte es für Marcela weitergehen? Sie entschließt sich, ebenfalls auszuziehen. Dieser Schritt wäre ohne die neue Situation zu diesem Zeitpunkt nicht aktuell gewesen. Margareth erinnert sich an ihr schlechtes Gewissen und die beruhigenden Worte der Tochter: „Das passt schon. Es wäre sonst zu gemütlich, einfach daheim zu bleiben. Ein bisschen ein Kick schadet nicht." Sie hätte die halbe Miete für die Wohngemeinschaft mit der Mutter übernehmen müssen, das wollte sie nicht. Für eineinhalb Jahre sei sie dann in die ursprüngliche WG zur „Oma" gezogen und dann mit einer Freundin in eine eigene Wohnung.

Wie bei der geänderten Wohnsituation, so habe Marcela ihr kaum je Vorhaltungen in ihrem Leben gemacht, meint Margareth. Was das Offen-Ansprechen von Vorwürfen angeht, scheint das zuzutreffen. Allerdings: Sollte Marcela es heute „darauf anlegen", mit ihrer Mutter noch einmal über die Situation von damals zu sprechen, würde sie ihr wahrscheinlich sagen, wie wichtig Loyalität für sie sei. Loyal aber sei ihre Mutter damals nicht gewesen: „In einer vernünftigen Beziehung spricht man doch den Partner auf Probleme an und sucht sich nicht einen neuen. Es ist ja in Ordnung, sich in einen anderen zu verlieben, aber dann beendet man doch die Beziehung, bevor man eine neue anfängt."

Den neuen Mann im Leben ihrer Mutter scheint Marcela zu tolerieren, weniger zu akzeptieren. Aber wenn ihre Mutter glücklich ist, sei das in Ordnung: „Damit habe ich kein Problem. Ich habe ein Problem damit, wie sie es gemacht, also wie dieser Wechsel stattgefunden hat." Irgendwie habe die Mutter die Werte, die sie ihr mit auf den Weg geben wollte, selbst nicht beachtet: „Das war schockierend. Jetzt ist mein Bild von ihr einfach ganz anders." Früher habe ihre Mutter immer versucht, die Familie zusammenzuhalten, alle zu inkludieren, plötzlich sei alles anders gewesen. Sie hätte es besser wissen müssen, man könne niemandem so wehtun.

Man muss mit allem selbst klarkommen

Früher wollte sie immer wissen, was die Mutter denke. Ihre eigene Reaktion sei dann meist gewesen: „Ja, das stimmt. Aus tiefstem Herzen: Ja." Heute frage sie nicht mehr. Vor allem bei emotionalen Fragen hole sie sich keinen Rat mehr. Allerdings habe sie schon von jeher mit niemandem wirklich über ihre Probleme gesprochen, sondern damit allein zurechtkommen wollen. Vielleicht hätten ihre Probleme bei der Mutter Traurigkeit ausgelöst und das wollte sie nicht. Nun will sie sich, aus anderen Gründen, der Mutter nicht mehr so anvertrauen.

Ob die Mutter weiß, wie sich die Sicht der Tochter auf die Beziehung verändert hat, ist nicht eindeutig. Aus ihren Erzählungen lässt sich eher vermuten: Nein. Marcela meint dazu: „Ganz weiß sie es nicht. Wir haben noch nie so darüber geredet. Sollte sie mich darauf ansprechen, würde ich ihr schon die Wahrheit sagen. Aber ich will jetzt kein Gespräch anfangen, von dem ich weiß, dass sie am Ende traurig ist." Die Tochter schützt die Mutter vor Kummer – auch um den Preis, dass sie nicht mehr alles mit ihr besprechen kann.

In einer Art Umkehr lebt Marcela der Mutter vor, was Loyalität für sie bedeutet. Die Beziehung zum früheren Partner ihrer Mutter, dem Marcela heute vieles nachsieht, weil er ein so liebevoller, sorgsamer Mensch sei, der seine Liebe „nicht ausdrücken" konnte, ist intakt: „Er unterstützt mich immer noch. Er ist immer noch für mich da." Und wie Margareth die Beziehung der Tochter zu ihrem Vater immer gefördert hat, so heißt sie auch jene zum Ex-Partner gut.

Diese Art von Stabilität ist wahrscheinlich auch der Grund, warum Marcela heute sagt, sie würde es später – falls sie Kinder bekommen sollte – „genauso machen" wie ihre Mutter: „Mit Liebe ohne Druck." Immer wenn es in ihrer Kindheit beim Spielen irgendwie gefährlich geworden sei, habe ihre Mutter sie nie einfach hart angegriffen, sondern sich „hingehockt, mit den Armen umschlungen und so einen kleinen Käfig gemacht, beschützt, aber nicht festgehalten: Ja, das würde ich gleich machen, weil sie einfach so lieb zu mir war".

So kommt es, dass Marcela auch nie mit einer Belastung zu kämpfen hatte, die Kinder von alleinerziehenden Müttern mitunter spüren: Sie selbst seien die Ursache für die Traurigkeit, Depression, Überforderung der Mutter. Gefühlsexplosionen, die Kinder schwer einordnen können und die sie hilf- und ratlos machen, hätte sie nie erlebt: „Wir hatten ein starkes Gemeinsamkeitsgefühl. Bei meiner Mutter war immer alles sehr stabil. Sie hat nie angefangen, zu weinen oder zu schreien, weil sie erschöpft war. Es war für mich immer alles nachvollziehbar."

Druck gab es auch in der Pubertät nicht, also in jener Phase, auf die manche Mütter mit Schrecken zurückblicken. Strikte Anordnungen, zu welchem Zeitpunkt sie genau zu Hause sein müsse, habe es nicht gegeben, nur die Anweisung, sich bei Verspätungen zu melden. Ausgenützt habe sie das nicht, meint Marcela, im Gegenteil: Respekt, Liebe, Schuldgefühle, wie auch immer, sie habe ihre Mutter nicht enttäuschen, sie nicht besorgt und betrübt sehen wollen. Andererseits habe ihre Mutter ihr immer vertraut, dass sie keinen Unsinn anstellen oder in der falschen Gesellschaft sein würde. Dieser Rückhalt sei schon viel wert gewesen.

Wie bei anderen Themen macht Marcela auch hier in der Erzählung einen Schwenk ins Allgemeine. Ja, es sei richtig, dass viele Jugendliche diesen Rückhalt heute nicht hätten, denn: „Es gibt ja auch sehr viele unverantwortliche Eltern, deren Kinder dann unsicher seien und in dem Alter abstürzen, weil sie nicht genug Liebe bekommen. Es muss für solche Kinder schwer sein, die richtige Entscheidung zu treffen, wenn ihnen niemand den richtigen Weg weist. Aber es gibt eben kein Gesetz, dass nur Vernünftige Kinder bekommen dürfen."

Einen Wunsch hat Marcela ihrer Mutter nicht erfüllt: Sie hat kein Studium begonnen. Die Mutter hätte es gerne gesehen, dass die Tochter schafft, was sie nicht zu Ende gebracht hat. Ein klassischer milder Fall von Selbstverwirklichung der Mutter nach einem abgebrochenen Studium. Während die Mutter seit Jahren bei der „Österreichischen Plattform für Alleinerziehende" arbeitet, kann die Tochter Vollzeitbeschäftigungen wenig abgewinnen, weil da dann irgendwann die Freude aufhöre. So geht sie lieber in den sportlich-künstlerischen Bereich: Goldschmiedin, Kletterlehrerin, Yoga-Lehrerin und Produzentin von Taschen und Schmuck.

Das ist ein Stück weit weg vom Lebensweg der Mutter. Noch weiter weg ist aber Marcelas vegane Lebensweise. Diese Distanz wirkt sich ebenso auf die Beziehung aus, wobei die Liebe der Tochter zur Mutter auch hier eine Rolle spielt. Die Änderung zum Veganen beeinflusse die Beziehung seit etwa zwei Jahren mehr, als alles andere es getan habe: „Ich wünsche mir, dass meine Mutter lang und gesund lebt. Sie liebt ja auch Tiere, Menschen, die Erde. Sie ist ja eh so wie ich. Deswegen habe ich am Anfang probiert, ob sie nicht auf den veganen Zug aufspringen möchte. Dort ist es einfach viel, viel gesünder und ich will, dass sie lange bei mir bleibt. Ich habe es mit Gesprächen versucht, aber ihre Reaktion war sehr oft abweisend."

Natürlich fühle sich jeder angegriffen, wenn seine tägliche Routine infrage gestellt werde. Man wolle sich ja nicht schlecht fühlen und schon gar nicht plötzlich in die Rolle der „Bösen" rutschen: „Da entsteht dann eine starke Abwehrhaltung und ich habe es mittlerweile schon aufgegeben. Ich rede nicht mehr wirklich mit ihr darüber, außer sie fängt ein Gespräch an. Sonst endet das immer im Streit. Umwelt, Tiere, Menschen – das sind für mich ganz wichtige Dinge, die in meinem Herzen einen so großen Platz einnehmen. Ich finde es daher echt schade, dass ich mit ihr nicht darüber reden kann."

Der Subtext dieses Konflikts bezieht sich auf den einen Punkt, den Marcela als Mutter gewiss ganz anders machen möchte: „Ich will zu meinen Grundsätzen stehen. Ich will nicht Wasser predigen und Wein trinken. Natürlich wird jeder behaupten, dass er seine Prinzipien vertritt. Wenn man dann aber den Widerspruch aufzeigt, sind alle gleich defensiv." Es müsse doch möglich sein, jemandem seine Fehler aufzuzeigen, wenn er sie selbst nicht bemerke. Sie selbst sei niemandem böse, wenn er sie auf Fehlverhalten aufmerksam mache. Man wisse ohnehin, ob der Hinweis berechtigt sei oder nicht. Vor allem aber gelte: „Ich kann doch von niemandem verlangen, dass er sich ändert, wenn ich mich nicht selbst ändere." Bei ihrer Mutter sei es aber so, dass sie jederzeit ein Tier retten würde, aber der Verzicht auf Fleisch eine Zumutung sei.

Für die Mutter ist die unterschiedliche Sichtweise auf die Lebensführung ganz offenkundig weniger gravierend als für die Tochter. Margareth möchte nur, dass Marcela glücklich ist – „egal womit". Und sie wünscht sich, dass die Tochter immer von Menschen umgeben sei, die hinter ihr stehen – nicht nur sie selbst, auch andere. Vielleicht hätte sie ihr mehr Ehrgeiz vorleben sollen. Vor allem aber: „Sie soll das Vertrauen in sich nicht verlieren."

Den Leitsatz, den ihre Mutter von ihrer Großmutter übernommen hat – „Männern ist nicht wirklich zu vertrauen" – scheint Marcela trotz oder wegen ihrer Erfahrungen mit dem abwesenden, unsteten Vater widerlegen zu wollen. Enge Freundschaften mit anderen Frauen hat sie kaum, sondern eigentlich nur männliche Freunde. Es kann sein, dass sie die Leere, die sie als Kind und Jugendliche empfunden haben muss, und den Einfluss, den die Partner ihrer Mutter auf ihr Leben hatten, für sich aufgearbeitet hat. Es kann aber auch sein, dass sie den Gegenbeweis antreten will.

„Man muss mit allem selbst klarkommen", ist ein Anspruch an sich, den sie im Gespräch oft wiederholt.

Elisabeth und Caroline Erb

Die Freiheit, die sie meinen

„Ich werde nie vergessen, wie die Mami in der Volksschulzeit einmal in mein Zimmer gekommen ist und gesagt hat: ‚Schatzilein, es regnet draußen so stark, willst du nicht zu Hause bleiben?‘ Das ist zwar nicht unsympathisch, aber ich war eine so brave Volksschülerin. Daher habe ich gesagt: ‚Bist du wahnsinnig, natürlich gehe ich in die Schule.‘"

In dieser Episode sind wichtige Aspekte der Beziehung von Caro Erb zu ihrer Mutter Elisabeth festgehalten, wie sich in den Gesprächen mit beiden herausstellen sollte: Freiheit, Verlässlichkeit, Unkonventionelles, eine gewisse Gleichgültigkeit der Mutter allem Schulischen gegenüber und die Entschlossenheit der Tochter, dagegenzuhalten. Es werden aber auch Behütetsein und Geborgenheit beschrieben.

Das alles in einer für heute eher ungewöhnlichen Umgebung. Das „Familienhaus", auf welches Mutter wie Tochter immer wieder zu sprechen kommen. Eine Villa im Wiener Nobelbezirk Döbling, die Soziologen nüchtern als Mehrgenerationenhaus beschreiben würden: Großeltern, Eltern, Kinder, Tanten, Cousinen; ein Haus, in das Elisabeth nach ihrer Heirat mit Günter Erb, Leiter des Technischen Verlages Erb, 1971 eingezogen ist; ein Haus, das im Heranwachsen der Töchter Caro und Katharina offenbar eine ganz besondere Bedeutung hatte und es bis heute, bis zur nächsten Generation der Söhne Caros, hat.

Das Familienhaus

Die Tochter weiß dieses „Konzept, das es ja eigentlich kaum mehr gibt", zu schätzen. Erstens, weil sie und ihre Schwester als „Kinder viel mitbekommen haben" vom realen Leben wie den Tod ihrer drei Großeltern, die alle im Familienhaus in ihren eigenen Betten gestorben sind; zweitens, weil die Mutter in schwierigen Zeiten nicht allein die ganze Last zu tragen hatte und sich die Kinder der Präsenz der starken Mutter auch entziehen konnten; drittens, weil es – „solange alles friedlich abläuft" – ein wirklich gutes Fundament sei.

Heute bietet die räumliche Nähe für Caros Söhne auch eine starke emotionale Verbundenheit mit der Großmutter. Beide genießen Elisabeths Angebote an Gemeinsamkeit wie Sportübertragungen oder „Voice of Germany" im Fernsehen, wie ihre Geschichten und Ausflüge, Einkaufen und Restaurants inklusive.

Wenn zu Beginn von Freiheit, Verlässlichkeit, Unkonventionellem und Geringschätzung des klassischen Bildungsangebotes im heimischen Schulsystem die Rede ist, dann wird bald klar, dass es sich um so etwas wie einen Generationenvertrag handelt, denn Elisabeth hat als Kind all das erfahren und weitergegeben. Elisabeth: „Ich hatte eine sehr liebevolle und glückliche Kindheit, sehr liberal, weltoffen, tolerant, humorvoll und großzügig."

Ihr Vater, aufgewachsen in Schlesien, hatte vor seiner Einberufung zum Militär des NS-Regimes und fünf Jahren Kriegsdienst in Berlin Geschichte und Politikwissenschaften studiert. Ihre Mutter stammte aus einer geschichtsträchtigen ungarischen Familie aus Siebenbürgen. Als beide sich 1945 trafen, war aller Besitz verloren und eine Existenz neu aufzubauen. Bei all den wirtschaftlichen Schwierigkeiten in den Nachkriegsjahren, der Unruhe durch einen Umzug von Oberösterreich nach Salzburg, den Mühen einer Geschäftsgründung (Strickerei) muss das Unkonventionelle doch immer auch eine Rolle gespielt haben. Ihr Vater, so erzählt Elisabeth, habe nebenbei als freier Journalist bei den „Salzburger Nachrichten" und anderen Publikationen gearbeitet. Generationenvertrag auch hier, denn Elisabeths Großvater ist der Schriftsteller Friedrich von Gagern.

Und so offerierte Elisabeth auch Caro die Freiheit vom traditionellen Zwang zur Bildung, Caro aber empfand als Kind dafür eher Gleichgültigkeit. Es ist nicht der einzige Punkt, an dem sich die Realität der Mutter von jener der Tochter unterscheidet, aber vielleicht der für Caro am auffallendsten. Sie verwendet einen Begriff, der in der äußerst geschmackvollen Umgebung, voll mit Kunst, auch mit Elisabeths großflächigen Bildern, sich doch etwas seltsam ausnimmt.

Ignoranz, tatsächlich? Caro bezieht sich zuerst auf ihren Beruf als Psychologin und dann auf ihre Zeit als Kind: „Mit Ignoranz meine ich, überspitzt gesagt, die Mami weiß bis heute gar nicht, was dieser Beruf eigentlich ist. Oder wenn ich, als ich klein war, gesagt habe: ‚Du ich habe morgen einen Test', dann wurde ein freundliches Gesicht, ein nickendes, dazu gemacht, aber man hat gewusst, dass sie da der falsche Ansprechpartner ist. Sie kann sich darunter weder etwas vorstellen noch interessiert es sie wahnsinnig. Ich hätte also genauso viel Liebe und Akzeptanz erfahren, wär ich nur in die Volksschule gegangen und hätte dann eine Gärtnerlehre gemacht." Sie hätte nach Amerika gehen, auf der Grafischen Lehranstalt oder der Akademie Malerei studieren können, alles wäre ihr ermöglicht, nirgends wäre sie gebremst worden, alles sei sehr „wohlwollend" gewesen.

Bei Caro kam das Desinteresse oder kamen eben – ihre Worte – als Ignoranz an, eingebettet und abgefedert in Geborgenheit und Liebe. Erkundigungsfragen wie „Was ist morgen?" oder „Was ist mit der Matura?" hat sie als absolut beiläufig empfunden, auf die nicht einmal wirklich eine Antwort erwartet wurde: „Ich war ja in einem gewissen Alter in dieser Familie allein auf weiter Flur. Es war schon sonderbar, wenn man dann allein um sieben Uhr das Haus verlässt oder sich den Nachhilfelehrer in Mathe selbst suchen muss. Ab einem gewissen Alter ist das auch gut so. Aber wenn man dann mit einem

Zeugnis nach Hause kommt und dann heißt es nur: ‚Bravo', war klar, dass der Großvater im Haus eher die Ansprechperson war. Er hat das vielleicht anders gutiert oder respektiert, wie auch immer. Ich habe gewusst, dass es so ist. Und ich habe mir in der vierten Volksschule das Gymnasium selbst ausgesucht, in das die meisten meiner Freunde gegangen sind. Ich hatte viele Freunde. Wäre das nicht so gewesen, dann hätte das Konzept nicht gepasst. Ich habe natürlich früh erkannt, dass dieses ganze Segment der schulischen Ausbildung komplett mir alleine überlassen bleibt."

Im Laufe der Zeit habe sie das einfach akzeptiert. Sie müsse ja auch nicht dauernd gelobt oder gestreichelt werden, sie sei auch selbst gar nicht der Typ dazu. Aber: „Wenn man weiß, auf diesem Gebiet ist bei der Mutter eigentlich wenig zu holen, dann wird man sich beim siebenten Mal als Kind überlegen, ob man ihr das Zeugnis zeigt, und als Erwachsener, ob man ihr von dem Vortrag erzählen soll, weil da keine große Nachfrage kommt. Man lernt damit umzugehen. Ich erzähle es halt jemand anderem."

Wie es scheint, hat Caro ihre Mutter darüber im Laufe der Zeit auch nicht im Unklaren gelassen. Elisabeth: „Ich glaube, den einzigen echten Vorwurf, den mir die Caro macht und den sie bis zu meinem Grab nicht loslassen wird, ist, dass ich die Schule nicht ernst genug genommen habe. Also für sie nicht ernst genug, für mich selbst sowieso. Aber ich glaube, das liegt daran, dass ich immer ein großer Gegner von Zwang und Stress war. Und ich wollte den Kindern das Gefühl geben, die Welt geht nicht unter, wenn sie ein paar Fünfer haben. Jedenfalls ist das der einzige Vorwurf, den sie äußert. Vielleicht hat sie mehrere Vorbehalte, ich habe keine Ahnung."

Wie eine Tochter mit dem Mangel an schulischer Aufmerksamkeit, Überschwang und Interesse umgehen kann, hat Caro für sich geklärt, wobei sie dann bewusst oder unbewusst wiederum der Mutter sehr ähnlich sein muss, denn Elisabeth hält sich Pragmatismus, Nüchternheit und Akzeptanz zugute. Caro jedenfalls meint, man könne als Tochter nicht alles haben, und nachdem sie andererseits sehr viel Liebe, Anerkennung und Selbstbewusstsein, Unterstützung, Wohlwollen bekommen hat, kam irgendwann die Akzeptanz, dass mehr als ein „Super, Schatzi" nicht zu haben war. Mit der Einsicht kam die Entschlossenheit, sich „die Detailarbeit" der Schul- und Ausbildung selbst zu organisieren, was ungefähr auf die Formel hinauslief: „Ok, diesen Bereich wird sie nie abdecken. Aber das kann ich zum Glück auch selbst."

Natürlich denkt man sich da seinen Teil. Diese Ignoranz sei ja „sagenhaft", aber sicher nicht böse gemeint. Ihre Mutter sei eben ganz anders aufgewachsen und hatte eine andere Einstellung zur Schulbildung. Ihr Spruch sei eher: „Die Welt ist schön und bunt und Hauptsache ins Ausland und viele Sprachen." Nur hätten sich die Zeiten eben stark geändert. Es gibt auch heute Schulabbrecher oder Kreative, die einen ganz tollen Weg einschlagen. Für Caro wäre es undenkbar gewesen, die Schule abzubrechen oder, „grässlich" und „lästig", noch ein Extrajahr hineinzubuttern.

Da ist er wieder der Gegenentwurf zur Mutter, die zwar über einen Schulabbruch nicht erfreut gewesen wäre, aber auch nicht so entsetzt wie viele andere Mütter. „So weit hat sie mich aber nicht getrieben", blickt Caro zurück. Sie sei da eher neutral gewesen, im Nachhinein betrachtet, vielleicht sogar froh und ein wenig stolz. Jedenfalls habe sie ihren Freundinnen schon von der Matura und dem Studienabschluss erzählt. Das wiederum quittiert Caro mit Verwunderung: „Es hat mich ja nicht zu einem besseren Menschen gemacht, nur weil man da irgendeiner Bewertung ausgeliefert war. Ich habe mir eher gedacht: ‚Geh bitte, ich mache doch etwas ganz Normales.'"

Allerdings klingt es schon irgendwie durch, dass sie auch heute, als erfolgreich Berufstätige und Mutter zweier Söhne, nach wie vor nichts gegen etwas mehr Interesse an ihrer jetzigen Tätigkeit hätte.

Für Elisabeth spielt da ihre eigene Kindheitserfahrung eine Rolle. Sie verlässt mit 15 Jahren die Schule und die Eltern haben es gelassen hingenommen oder sogar begrüßt: „Mein Vater war ein bisschen ein intellektueller Snob und hat gefunden, was er weiß, kann mir eh kein Schullehrer vermitteln." Die beste Schule sei das Leben. Die Lockerheit die Schule betreffend habe sie von ihren Eltern. Auch für sie selbst sei es vor allem wichtig gewesen, dass die Kinder glücklich sind. An dieser Stelle wirft sie jedoch ein: „Nur was macht sie glücklich?"

Caro hätte vielleicht glücklich gemacht, wenn sie manches mit mehr Überschwang und weniger Beiläufigkeit zur Kenntnis genommen hätte. Ein Ausgleich durch den Vater war nur in den ersten Jahren, später nicht zu haben. Denn als Caro acht Jahre alt war, brach das große Unglück herein – eine Tragödie, die das enge Verhältnis der „Prinzessin" zu ihrem Vater zerstören und Elisabeth jeden erdenklichen Pragmatismus abverlangen sollte, den sie sich selbst zuschreibt. Günter Erb verunglückte 1982 in der Schweiz tödlich unter einer Lawine.

Die Plötzlichkeit des Lebens

Elisabeth erinnert sich an diesen Tag: „In Ausnahmesituationen bin ich sehr klar, sehr nüchtern, sehr sachlich. Ich habe den totalen Überblick. Die Nachricht kam an einem späten Nachmittag. Ich wollte die Kinder damals nicht damit ins Bett schicken. Ich habe auf den nächsten Tag gewartet. Ich war total ruhig. Ich hatte eine sehr liebevolle Beziehung zu meinem Mann, aber trotzdem war der erste Gedanke, den ich nach dieser Nachricht hatte: Es tut mir so leid für meine Kinder, dass sie ohne Vater aufwachsen werden. Das hat mich mehr getroffen, mich persönlich. Ich habe mir gedacht, ich bin erwachsen, aber die Kinder! Caroline war damals schon acht und sie hat das sofort einordnen können. Sie hat den totalen Überblick gehabt, was das bedeutet. Caroline war immer ein wenig ihrer Zeit voraus."

In der Erinnerung an diesen Lebensbruch treffen sich die Wirklichkeiten von Mutter und Tochter, denn auch Caro meint heute, es sei ihr vollkommen bewusst gewesen, „was da abgeht", mit acht Jahren – Zeit voraus oder nicht – wisse man ganz genau, was das bedeutet: „Ich war komplett reif dafür und habe diese Dimension natürlich erkannt." Das muss an jenem Samstagvormittag gewesen sein, an dem Elisabeth die Töchter nicht für die Schule aufgeweckt hat und sich Caro, wie sie sagt, „streberhaft" echauffiert hat – bis ihre Mutter plötzlich gesagt hat: „Kinder, ich muss euch etwas mitteilen. Der Papi ist gestorben. Er war in St. Moritz mit drei Freunden Ski fahren."

Da wurden Caro und ihre Schwester herausgerissen aus einer Kindheit, in der sie die Alltagsgeschichten der Mutter vergleichsweise für langweilig und die Aktivitäten mit dem Vater für viel prickelnder hielten: hunderttausend Erinnerungen an den Tennisplatz auf der Hohen Warte, Fahrten in den Wurstelprater, Ski fahren in Kitzbühel, Erinnerungen eines Vaterkindes eben.

Und dann diese Erschütterung durch die Plötzlichkeit des Lebens. Das muss einen weiteren, oben genannten, Pfeiler, der Mutter wie Tochter wichtig ist, erschüttert haben: die Verlässlichkeit. Sich darauf verlassen zu können, dass der Ehemann und Vater abends aus dem Verlag zurückkommt, am Wochenende präsent ist, den Ausbau des Familienhauses fertigstellt.

Für Caro sind im Rückblick drei Dinge prägend: das „Familienhaus", in dem die Mutter nicht die einzige Ansprechperson war, in dem man sich mit mehreren Personen austauschen konnte und davon abgelenkt wurde; ein Haus, in dem sich alle gekümmert haben und die Kinder aufgefangen wurden; ein Haus, in dem Caro, wie sie heute sagt, für wirkliche Trauerarbeit Zeit bekommen und für längere Zeit der Schule fernbleiben konnte. Dann sind ihr auch die Gespräche mit der Mutter in Erinnerung, in denen viel über Unglück und Verlust geredet wurde, die Kinder aber in Caros Erzählung nie das Gefühl hatten, sie müssten die Mutter auffangen, sondern das Gefühl vermittelt bekommen haben: „Okay, das Leben geht weiter. Sie hat das irgendwie im Griff." Nie hätten sie geglaubt: „Oh Gott, die Mutter vergeht in einer Depression und heult den ganzen Tag." Wie es innerlich aussieht, könne man natürlich nie sagen. Das ist übrigens ein Satz, den auch Elisabeth verwendet, wenn sie über Caro und den Verlust des Vaters spricht.

An anderer Stelle beschreibt sich die Mutter auch als Verfechterin, die Dinge in ihrer richtigen Dimension zu sehen. Es sei eben alles relativ. Das hat Caro durch den Verlust des Vaters auch verinnerlicht: „Schicksalsschläge prägen einen insofern, dass ich mir heute denke und schon als Kind gedacht habe: ‚Dir soll nichts Schlimmeres im Leben passieren als ein zu kurzer Rock.' Ich empfinde mich als sehr fröhlichen, zuversichtlichen Menschen, auch als grundsätzlich sehr stabil, aber wenn man schon so früh etwas Furchtbares erlebt hat, dann wird einem bewusst, dass nichts selbstverständlich ist. Es ist nicht selbstverständlich, dass man gesunde Kinder; dass man selbst keine fürchterliche Diagnose hat. Man bekommt zu gewissen Dingen einen pragmatischen Zugang. Manches erscheint dann läppisch."

Bei all den Gesprächen, bei aller Nähe durch den gemeinsam erfahrenen Lebensbruch gibt es doch Grenzen. Wie Caro heute nicht sicher ist, was in Elisabeth damals bei dem Verlust des Partners wirklich vor sich gegangen ist, so äußert diese auch heute in Bezug auf Caro Zweifel: „Sie ist eigentlich eine fröhliche Natur. Ich würde sie nicht als oberflächlich bezeichnen, aber sie ist wie ein kleiner Schmetterling. Typisch Zwilling. Sie richtet es sich ganz gut. Und da ist vieles vielleicht gar nicht aufgefallen. Aber ich glaube, es wurde nie von ihr so ganz aufgearbeitet, und ich behaupte, sie hat sich dieses Studium der Psychologie deshalb auch ausgesucht. Das war aber nie wirklich ein Thema zwischen uns." Wahrscheinlich dürfte es die Mutter heute auch deshalb überraschen, wie die Tochter darüber denkt. Caro kann nämlich dieser psychologischen Erklärung ihres Interesses an

Psychologie wenig abgewinnen. Ungesagtes aber taucht zwangsläufig fast in jeder Mutter-Kind-/Tochter-Beziehung auf.

Die Jahre des Matriachats

Und dann die Jahre „danach", man könnte sie nach der Beschreibung beider auch die Jahre des Matriachats nennen. Der wiedergewonnenen Leichtigkeit des Seins der Mutter stand der Wunsch nach Normalität der Tochter gegenüber oder das, was Caro nach vielen Reisen „mein 08/15-Programm" nennen wird.

Unmittelbar nach dem Verlust des Vaters und auch später noch glaubt Elisabeth, dass die „Kinder immer ein bisschen verunsichert waren", wie seriös sie eigentlich sei: „Diese Art von Humor und diese Leichtigkeit können ein Kind schon verunsichern. Ich hatte viele Jahre das Gefühl, dass sie sich Sorgen gemacht haben, speziell die Caro: Hoffentlich kann die Mami das alles richtig einschätzen oder hoffentlich hält die Mami genug Ordnung mit den Papieren." Das waren die Jahre, in denen Elisabeth den Verlag leiten musste.

Wenn Caro heute darüber spricht, wie sie ihr eigenes Leben und das ihrer eigenen Familie gestaltet, dann klingt das wie ein Gegenentwurf: Es sei ihr wichtig, eine Vision zu verfolgen, eine Idee zu verwirklichen. Die Neigung, lieber gleich Nägel mit Köpfen zu machen und gerne auch aufs Tempo drücken zu wollen, ergibt schon einen Unterschied zwischen Mutter und Tochter in der Einstellung zu manchen Dingen. Allerdings: Langeweile ist für beide ungefähr so ein Gräuel wie Spießertum. Da trifft sie sich erst recht wieder mit ihrer Mutter.

Es gab eine Phase, von der Elisabeth glaubt, sie habe die beiden Töchter verwirrt, weil sie „die Mami zwar immer lustig" gefunden hätten, aber, ob sie auch wirklich alles im Griff hatte, damals, als sich Caro, so vermutet es Elisabeth heute, viele Gedanken über sie gemacht hat, manches aber nicht so richtig einschätzen habe können. Denn sie habe schon so etwas wie ein „zweites Leben" gehabt, ein konventionelles, mit Struktur und Ordnung. Das hätten die Töchter nur so nicht wahrgenommen.

Und: „Das Improvisieren hat ihr Angst gemacht." Caro habe Elisabeth erst sehr spät als Person „entdeckt", nicht als Mutter. Da muss etwas klargestellt werden: „Ich habe ihr einmal erklärt, dass ich nie ein nicht-kalkuliertes Risiko eingehe. Seit Günter gestorben war, hat es nie eine einzige Panne gegeben. Es läuft – vom geschmückten Christbaum bis zur Weihnachtsgans – alles. Aber wie ich's mache, merkt man gar nicht. Man bemerkt nicht, was ich tue, es geschieht halt einfach."

Später hat Elisabeth in der Erziehung der Töchter etwas eingesetzt, was man heute wahrscheinlich einen „Spin" nennen würde – und zwar einen sehr kreativen. Möglich wurde er – auch da haben sich Mutter und Tochter offenbar in stillschweigender Übereinstimmung getroffen – durch die enorme Gastfreundschaft und den großen Freundeskreis beider. Elisabeth wurde bereitwillig ein Teil von Caros Kreis. Das Familienhaus erfuhr so eine Weiterung zum Freundeshaus, in dem die Jugendlichen ständig ein und aus gegangen sind; Spaghetti für alle waren da, alles wurde besprochen oder „beackert" und in der Küche hätte die Wiege der sogenannten Küchenpsychologie stehen können.

Wenn Elisabeth der Tochter etwas vermitteln wollte, was ihr wirklich wichtig war, dann spielte sie das den eigenen Erzählungen nach gewissermaßen über die Bande. In ihren Augen wäre jedes Aufmucken der Tochter an den Freunden gescheitert: „Die hätten sie gleich zurückgestutzt und gesagt: ‚Du, sag einmal, uns geht's viel schlechter, was willst du eigentlich von deiner Alten.'"

So wurden die Freunde zu Brückenbauern zwischen Mutter und Tochter. Die Brücken seien eher unauffällig entstanden, aber, so

Elisabeth, „she got the message". Die Stilmittel, von den Freunden besonders geschätzt, waren Humor, die Bereitschaft der Mutter, ein wenig den Hofnarren zu spielen, und schließlich ein Stofftier, ein kleines Schwein namens Grünz, der Sohn des Königs von Schweinonien. Dazu passt die Selbstbeschreibung der Mutter ganz gut: „Ich war immer eine junge Mutter. Ich bin zeitlos." Grünz also ist von Zeit zu Zeit aufgetaucht, hat eine eigene Sprache gesprochen und ist gewissermaßen zum Einsatz gekommen, Caro eine Botschaft zu übermitteln. Für die Freunde sei er zur Kultfigur geworden, Caro habe ihn gar nicht ignorieren können, weil die anderen ihn so geliebt haben. Da musste niemand direkt angesprochen werden, über die Humorschiene könne man viel transportieren.

Direkte Konfrontationen zwischen Mutter und Tochter wurden so weit wie möglich vermieden. Caro neige zu endlosen Argumenten, mit denen sie bei ihr „manchmal gegen eine Betonmauer gelaufen sei", erzählt Elisabeth. Sie selbst sei zwar sehr aufgeschlossen für jedes intelligente Gespräch, aber dieses endlose Forcieren gehe bei ihrer Haltung gar nicht: „Ich stehe auf dem Standpunkt, man kann im Leben nichts erzwingen. Man kriegt sofort eine Rechnung dafür. Man soll die Dinge anstreben und versuchen, sie zu tun oder zu lösen. Wenn es nicht so ist, dann muss man's halt akzeptieren."

Bei einer direkten Konfrontation neige die Tochter dazu, immer wieder eine Schleife zu ziehen. „Nachschnabbeln" oder „Nachquaken" nennt es Elisabeth. Bilde sich Caro etwas ein, dann gebe es hundert Argumente, auch wenn das Thema schon längst erledigt sein sollte. Mühsam: „Das habe ich in der Pubertät sofort abgestellt, weil mir das nicht sachlich genug ist." Elisabeth erklärt diese Differenz damit, dass Caro eine sehr weibliche Person sei, sie selbst eine eher männliche Psyche habe. Diese wiederum sei in ihrer Kindheit geprägt worden durch das sehr liebevolle und enge Verhältnis zu ihrem Vater: „Er hat mit mir alle Sachen für Jungs gemacht wie mit Pfeil und Bogen schießen oder mit der Hand fischen. Ich habe das sehr gerne gehabt. Als ich dann 13 oder 14 und weiblich geworden bin, hat ihn das ein wenig enttäuscht, glaube ich. Da konnte er mit mir weniger anfangen."

Ob dieser „männliche" Zug, den Elisabeth sich selbst zuschreibt, von den Töchtern geschätzt wird, mag sie nicht beurteilen. Sie merkt nur, dass ihr „Schabernack" und ihr Humor bei Caros Söhnen, den „heiß geliebten Enkelkindern", besser ankommen als bei den Töchtern.

Bei Caro etwa, als sie ihrer Mutter von der zweiten Schwangerschaft, also von ihrem Sohn Tim, erzählt und diese nach eigenen Angaben so reagiert hat: „Aha, und wo tun wir den jetzt hin?' Wenn man mich kennt, weiß man, dass das keine negative Äußerung war. Eine andere Tochter erwartet vielleicht, dass man sagt: ‚Mein Gott, ich bin so glücklich und freu mich schon so.' Ich aber setze voraus, dass sie weiß, dass ich glücklich bin und mich freue." Elisabeth glaubt, dass auch dies aus ihrer Kindheit kommt, weil in ihrem Elternhaus Humor vor Zimperlichkeit ging.

So ganz spurlos dürfte das aber auch an der Enkelin/Tochter nicht vorübergegangen sein, denn „man trifft sich im Humor", bei gewissen Schmähs und in der gemeinsamen Ablehnung jeglichen Banausentums. Achtung Generationenvertrag, denn der Bogen spannt sich offenbar von den Großeltern zur Enkelin.

Zu dem eingangs erwähnten Kern der Beziehung gehört auch Verlässlichkeit, eine Haltung, die Elisabeth bei ihrer eigenen Mutter schätzen gelernt und weitergegeben hat. Sie habe sich sehr stark daran orientiert, erzählt sie: „Meine Mutter war für mich der Inbegriff der Verlässlichkeit. Sie hat oft gearbeitet, war nicht immer vorhanden, aber ich hatte dennoch das Gefühl, sie ist immer da. Zweitens war sie ein unglaublich sozialer Mensch. Sie war immer sehr, sehr engagiert bei allen Menschen in unserem Umfeld. Sie war eigentlich der Inbegriff selbstloser Liebe. Sie war eine typische ungarische Mutter, so eine ‚Grizzlybärin'. Sie hätte uns Kinder bis aufs Blut verteidigt."

Auf dieses große Maß an Liebe, auf die Fürsorge und Hilfsbereitschaft für alle, nicht nur für die Familie, sondern auch für alle in ihrem sozialen Umfeld kommt auch Caro immer wieder zu sprechen. In diesem Punkt absolvieren Mutter und Tochter einen Paarlauf: Der große Freundeskreis ist beiden wichtig, das offene Familienhaus sowieso.

Als dann für Elisabeth die Arbeit im Verlag dazu kam, hat sie die Haltung ihrer Mutter übernommen: „Sie haben mich nie als arbeitende Mutter empfunden. Das hatte den Nachteil, dass sie glaubten, ich hätte nie gearbeitet. Bis heute wahrscheinlich. Die Mami, die war ja immer da." Aber es war eben auch ein Stück Verlässlichkeit, Schutz, Unterstützung. Das zu honorieren, hatte für die Tochter durchaus Vorteile, auch als Schülerin: „Sie war sehr pünktlich. Sie war sehr verlässlich. Ich kann ja nicht hier bibbernd am Abend sitzen und warten, bis mein Kind irgendwann nach Hause kommt. Das hat sie gewusst. Verlässlichkeit war auch zu ihrem Vorteil, weil ich ihr dann auch ein gewisses Maß an Freiheit ließ."

Das richtige Maß an Freiheit

Freiheit! Die Mutter nahm sie sich früher, die Tochter etwas später auf langen Reisen. Elisabeth ging mit 16 Jahren als Au-pair für sechs Monate nach England in ein Tudor-Schloss nahe Chester und danach für zwei Jahre nach London. Dort entwickelte sie ihr „Talent zur Improvisation", etwas, das die Tochter heute noch mit einer gewissen Skepsis quittiert. Elisabeth arbeitete in einer Töpferei, als Platzanweiserin in Covent Garden, als Hundesitterin für einen alten General, als Floristin, als Auslagendekorateurin. Danach ging sie nach Paris und für eine Zeit zurück nach Wien: „Das war damals ein Schock für mich, wegen seiner Rückständigkeit und seines morbiden Phlegmas, bis ich begriff, dass sich hinter der vordergründigen Unschuld eine bitterböse

Seele verbirgt." Wir reden von der zweiten Hälfte der Sechzigerjahre des vergangenen Jahrhunderts. Nach zwei Jahren in Wien flog Elisabeth für drei Monate nach Mexiko zu ihrer Halbschwester, Material für Schmuck im Gepäck, denn sie hatte in Wien mit der Erzeugung von Modeschmuck begonnen. Danach legte sie einen Zwischenstopp in New York ein, wurde auch dort mit ihrem Modeschmuck erfolgreich und überlegte, sich niederzulassen. Ein Schicksalsschlag, die Krebserkrankung der Mutter, brachte sie zurück nach Wien.

Aufwachsen in einem Matriarchat mit einer dominanten Mutter hat gewisse Herausforderungen. Aber so wie Caro ihre Strategie entwickelt hat, um das Desinteresse der Mutter am Bildungs- und Berufsfortgang einfach akzeptieren zu können, so fand sie Wege, sich als Jugendliche und auch später der starken Präsenz der Mutter zu entziehen. Da kommen dann wieder das Familienhaus und der Freundeskreis ins Spiel. Als Kind und Halbwüchsige war der Fluchtweg gewissermaßen im Haus angelegt, wie sich Caro erinnert: „Ich habe gewusst, wenn die nerven, wenn es hier langweilig ist, geh ich im Pyjama hinunter zu den Großeltern und spiel mit denen Romeé oder geh zu den lustigen Cousinen hinüber, die gerade eine Party haben." Oder später gab es dann bei Meinungsverschiedenheiten die Möglichkeit, sich Verbündete im Haus zu suchen. In Elisabeths Erinnerung hat sich Caro dort andere Meinungen eingeholt, mit denen sie dann zurückkam: „Die hat das und das gesagt."

Später, vor allem in der Pubertät, einer Zeit, in der die Mutter der Tochter „wahnsinnig auf die Nerven geht", in der für Caro alles „zu eng, zu dicht, zu präsent" war und sie ihre Ruhe haben wollte, konnte sie sich in den Freundeskreis entziehen. Leicht konnte das nicht immer gewesen sein, denn der Freundeskreis war oft im Familienhaus zu Besuch. Da blieb es manchmal zu eng: „Ich hatte das Gefühl, jetzt kleben die alle auf meinen Freunden drauf und ich hatte ja zu lernen, Dinge zu erledigen. Das ist zwar einerseits sehr nett und um einiges besser als in Familien, in denen nie wer zu Besuch kommen darf, aber man musste sich schon seine Nische, seinen Bereich suchen." Jedenfalls waren alle ihre Freunde und später ihre Partner zu Hause immer sehr willkommen.

War da nie der Wunsch nach dem totalen Ausbruch, der klaren Abgrenzung von der Mutter? Natürlich, antwortet Caro, habe sie manchmal gedacht: „Verschwindet alle hier. Ich brauche meine Ruhe!" Sie sei aber viel unterwegs gewesen und phasenweise „nur ein und aus gegangen, ohne groß das Gespräch zu suchen", sei dann viel auf Reisen gewesen, auch auf sehr langen.

Bei Elisabeth ist ziemlich eindeutig, dass die Mutter, die sie war und ist, stark davon geprägt ist, wie sie ihre eigene Mutter wahrgenommen hat, das soziale Engagement für alle um sie herum, nicht nur im Familienverband, sondern auch für Caros Freunde, die im Familienhaus ständig präsent waren. So sehr, dass sich den Erzählungen nach oft die Grenzen verwischten. Waren sie nun die Freunde der Tochter oder auch der Mutter?

Elisabeth über ihre Mutter: „Sie hat immer gesagt: ‚Weißt du, das Leben ist nie einfach, egal, welche Voraussetzungen man hat. Versuche sie so auf das Leben vorzubereiten, wie ich es getan habe, dass sie ein freier Mensch ist.' Es war ihr sehr wichtig, ein freier Mensch zu sein. Einfach ein freier Mensch, der dann in der Lage ist, auch seine eigene Meinung zu bilden. Ich fand das wichtig, weil ich's selbst genossen habe, in Freiheit aufzuwachsen."

Caro wiederum hat als Mutter bei einigem Alternativen gefunden. Sie sei zwar auch nicht der „oberdisziplinierteste" Mensch, aber: „Man muss immer etwas gedanklich vorhaben, immer etwas tun, immer ein Projekt im Kopf haben." Der erträglichen Langsamkeit der Mutter, dem Hang zur Improvisation und generell der Einstellung macht man vielleicht dies oder doch jenes, setzt sie „zack, zack, zack" schon die nächste Idee entgegen.

Vor allem aber zeigt sich der Gegenentwurf im Heranwachsen ihrer Söhne. Dem Desinteresse in manchen Bereichen ihrer Mutter stellt sie Aufmerksamkeit gegenüber: „Alles, wofür sich die Kinder interessieren, interessiert mich unweigerlich auch. So finde ich es beispielsweise spannend, am Wochenende am Fußballplatz zu stehen. Ballettaufführungen müssen nicht unbedingt sein, aber das würde ich genauso gerne machen, sollten die Kinder dafür brennen."

Und wie gestaltet sich diese ungewöhnliche Nähe von Großmutter, Mutter, Enkelkinder im Alltagsleben heute? Die Mutter, also Caro, spricht vom „Totalen Vorteil", denn: „Es mischt sich niemand in mein Leben ein. Ich mache, was ich will, bin halt nur physisch im selben Haus. Wenn ich am Abend mit meinem Mann ausgehe, freuen sich meine Kinder, weil sie dann bei der Großmutter sein können. Es ist ein Leben-und-leben-Lassen. Meine Mutter würde nicht plötzlich mitten im Raum stehen. Es gibt Respekt. Man lässt den anderen so sein, wie er will."

Elisabeth, die leidenschaftliche Großmutter, sieht das genauso: „Ich rufe nicht nach den Kindern, sondern sie kommen. Oder Caro deponiert sie, weil sie ausgeht. Ich locke die Kinder nicht. Das tue ich absichtlich nicht. Sie haben immer irgendein Programm und da komme ich nicht in die Quere. Und dann sagt sie vielleicht: „Mami, wieso rufst du ihn herauf? Er hätte Aufgaben machen sollen. Ich habe auch von der ersten Sekunde alles bei ihr gelassen. Ich mische mich nicht ein. Ich kritisiere sie auch nie. War auch nie nötig bis jetzt. Es gibt auch keine Eifersucht. Das läuft eigentlich sehr gut."

Bei allen Unterschieden der Sichtweisen, bei allen Diskussionen und so manchem Streit, weiß Caro nicht, „wo sie mich jetzt einschränken könnte": „Ich bin erwachsen, habe meine eigene Familie, will weder werden wie meine Mutter noch nicht so sein wie sie. Oder irgendjemand anderer. Ich lebe ganz anders, ich sehe das Leben sicher auch anders und ich bin auch viel ungeduldiger. Und manches geht mir auf die Nerven."

Eine Sache sehen Mutter und Tochter mit Gewissheit ganz unterschiedlich: Caros Talent zur Malerei. Elisabeths Wunsch wäre es, die

Tochter würde es mehr ausleben, die Tochter will vielleicht der Mutter nicht nacheifern, aber Elisabeth findet: „Sie malt gut und sie malt vor allem originell. Sie hat eine eigene Handschrift in ihrer Malerei. Also in der Zeit der Renaissance hätte man es als Geschmier hingetan, so wie meine Bilder auch, aber in der Zeit, in der wir leben, ist das anders. Sie macht herrliche Karikaturen. Das ist aber einer breiteren Öffentlichkeit nicht bekannt. Als ich das einmal erwähnt habe, war sie eher unwirsch. Vielleicht findet sie es nicht gut genug oder sie will sich nicht auf unbekanntes Terrain begeben. Sie hat wahrscheinlich Angst, etwas von sich preiszugeben, das dann nicht akzeptiert wird oder Erfolg hat. Bei ihrem Studium ist sie im weitesten Sinn unanfechtbar. Bei den Psychologen ist es ja so. Wenn es einer nicht versteht, dann kennt er sich halt nicht aus. Das hat gewisse Vorteile."

Caro sieht das viel pragmatischer. Ja, sie habe viel gezeichnet und auch gemalt; ja sie habe sich nach der Matura überlegt, ob sie auf die Angewandte Akademie gehen und es ausprobieren sollte. Aber da Malerei und Psychologie als schwierige Berufe gelten, habe sie sich für den „vielversprechenderen" entschieden und Psychologie inskribiert – und es nie bereut. Malen könne sie ja so auch.

Was immer Caro vom Leben im Familienhaus an ihre beiden Söhne weitergeben wird, einen Satz, mit dem sie aufgewachsen ist, wird sie für sich behalten müssen: „Ein Mann ist nichts Besonderes." Da sei es aber, so die Buben-Mutter, nie darum gegangen, dass Töchter den Vorzug haben, sondern um die Einstellung in Beziehungen zu Männern. Der Rat in puncto Liebesbeziehung war: „Bitte lass dich nicht tyrannisieren, bring dich nicht in Abhängigkeit, und wenn er ein Arschloch ist, heul ihm nicht nach, er ist es nicht wert." Da sei auch Koketterie dabei wegen des gelebten Matriarchats.

Das Familienhaus als Frauenhaus. Das ist schon lange vorbei. Freiheit, Verlässlichkeit, Geborgenheit, Unkonventionelles wird aber auch für die Buben gelten.

„Die Pubertät meiner Tochter war die schlimmste Zeit meines Lebens"

Auf den ersten Blick sieht Yuriko aus wie ein Mädchen. Zierliche Figur, feine asiatische Gesichtszüge, gepflegte, extrem lange Haare, modisch und körperbetont angezogen. Erst auf den zweiten Blick bemerkt man, dass Yuriko nicht mehr ganz so jung ist, bemerkt man durchaus reife Züge in ihrem Gesicht. Sie altersmäßig einzuschätzen, fällt trotzdem schwer. Sich vorzustellen, dass diese Frau sechsfache Mutter und bereits zweifache Großmutter ist, fast unmöglich. Und wenn sie erzählt, dass ihre jüngsten Kinder teilweise jünger sind als ihre Enkelkinder, dann ist die Verwirrung perfekt. Dabei ist die Geschichte von Yuriko gar nicht so kompliziert: Mit knapp 19 Jahren bekam sie ihre erste Tochter, heiratete den Vater ihrer Tochter und bekam mit ihm bald eine zweite Tochter, mit einigen Jahren Abstand dann zwei Söhne und nach weiteren Jahren zwei weitere Söhne. Mit ihrem Mann sei sie nach wie vor verheiratet und sehr glücklich, meint Yuriko. Doch einfach war ihr Leben als Mutter nie und ist es nach wie vor nicht. Das liegt nicht nur daran, dass viele Kinder natürlich viel Arbeit, Sorgen und Einfühlungsvermögen bedeuten und man immer für jemanden da sein muss. Es liegt auch nicht nur daran, dass sie sich als Frau oft ausgepowert fühlt, dass sie immer berufstätig war, weil die große Familie mit nur einem Einkommen schwer zu erhalten gewesen wäre. Dass die Mutterrolle für Yuriko oft auch belastend war und ist, das hat nicht nur, aber vor allem mit ihrer ältesten Tochter Maiko zu tun.

„Mit Maiko tue ich mich einfach schwer. Mit ihrer Schwester, also meiner zweiten Tochter, bin ich total innig. Aber Maiko und ich, wir sind zu unterschiedlich. Ich liebe sie über alles, aber sie war von Anfang an anders." Das beschäftigt die sechsfache Mutter seit vielen Jahren sehr stark. Sie würde ihre Tochter gerne besser verstehen und sie möchte auch wissen, warum das Leben ihrer Tochter nicht einfach ist und es nie war. Und vor allem quält sie die Frage, was sie als Mutter bei ihrer Ältesten hätte anders machen sollen und welche Fehler sie möglicherweise mit ihr gemacht hat. Außerdem gibt es viele Dinge, die Yuriko über ihre Tochter nicht weiß. Und das, obwohl die beiden Frauen seit Jahren gemeinsam arbeiten, obwohl die Kinder ihrer ältesten Tochter im selben Alter sind wie ihre jüngsten eigenen Kinder und die beiden Frauen gemeinsam mit ihren kleinen Kindern viel Zeit verbringen. Aber beginnen wir chronologisch.

Yuriko wuchs als Tochter eines Österreichers und einer Japanerin in Wien in einem, wie sie es bezeichnet, sehr konservativen Elternhaus auf. „Meine Mutter ist eine total zurückhaltende Japanerin, also Herzlichkeit ist ihr fremd. Ein Hemmnis im Umgang mit ihren Kindern war vielleicht auch, dass sie nie Japanisch mit uns gesprochen hat, nie in ihrer Muttersprache. Das könnte ich mir überhaupt nicht vorstellen, nicht in der Muttersprache mit meinen Kindern zu reden. Streicheleinheiten gab es von meiner Mutter für uns Kinder so gut wie nie. Aber mir ist das als Kind nicht abgegangen. Dafür waren meine österreichischen Großeltern zuständig. Die haben nebenan gewohnt und da waren wir oft." Streng sei sie erzogen worden, erwähnt Yuriko, und ein sogenannter klassischer Weg sei für die Kinder vorgesehen gewesen: also Matura und dann ein Studium. „Und dann komme ich daher mit nicht mal ganz 19 Jahren und bin schwanger. Oje", lacht sie. Nach der Matura war Yuriko drei Monate lang in Lausanne, um besser Französisch zu lernen. Ihren Freund und späteren Mann hatte sie in Wien schon ein Jahr vor ihrem Aufenthalt in der Schweiz kennengelernt. „Ich war sehr unerfahren und bin nicht mal im Geringsten auf die Idee gekommen, dass ich schwanger sein könnte. Am Anfang der Schwangerschaft hatte ich auch immer wieder Blutungen, also, bis ich die Kindsbewegungen in meinem Bauch gespürt habe, wäre ich nicht im Geringsten auf die Idee gekommen, dass ich ein Kind bekomme." Denn geplant hatte sie das nicht, so früh Mutter zu werden. Nach den drei Monaten im Ausland wollte sie eigentlich in Wien ein Studium beginnen, klassisch eben, wie sie das von zu Hause mitbekommen hatte. Doch ihr Leben sollte anders verlaufen. Als Yuriko dann trotz aller Unerfahrenheit begriffen hatte, dass sie schwanger war, rief sie ihren Freund in Wien an. „Der hat sich einfach nur gefreut", erinnert sie sich. „Er hat gesagt, okay, wir kriegen ein Kind. Wir waren wirklich so naiv." Und auch sie selbst freute sich dann darauf, ein Kind zu bekommen. Ihre Eltern informierte sie vorsichtshalber aber erst kurz vor dem Geburtstermin über die überraschenden Neuigkeiten. „Es war Anfang Februar, als ich es meinen Eltern gesagt habe, das war knapp zwei Monate, bevor Maiko auf die Welt kam. Drei Tage haben sie gebraucht, dann haben sie sich beruhigt", erzählt sie und schmunzelt dabei. Statt Inskription an der Universität hieß es für die 18-Jährige also Geburtsvorbereitung, die bald mit ihrem Freund zu dessen Eltern zog. Und auch wenn es ihm damals wichtiger gewesen sei als ihr, heirateten sie auch noch kurz vor der Geburt ihrer ersten Tochter. „Jetzt im Nachhinein betrachtet, finde ich, dass ich in dieser Zeit alles richtig gemacht habe. Ich habe mich total auf das Baby konzentriert, meine Schwiegereltern waren extrem lieb und haben geholfen. Ich habe dann Japanologie und Französisch inskribiert, mein Mann hat seine Lehre beendet. So viel hat sich in unserem Leben eigentlich gar nicht verändert." Auch ihre eigenen Eltern waren nach anfänglichem Schock liebevolle Großeltern, die Familie hielt zusammen. Drei Jahre nach ihrer ersten Tochter kam dann als absolutes Wunschkind ihre zweite Tochter Hanako auf die Welt. „Ich glaube, ich habe das damals besser geschupft als heute. Ich hatte mehr Gelassenheit, ich war unbekümmert, ich habe mir nie wegen irgendetwas Gedanken gemacht. Das kam erst mit der Zeit." Und mit den Schwierigkeiten mit ihrer ältesten Tochter.

Anders als alle anderen

„Maiko war von Anfang an anders. Sie war eigentlich schon immer ein altes Kind. Sie war immer schon viel mehr wie ihr Vater, sehr introvertiert. So anders als ich." Und ganz anders als ihre jüngere Schwester, die schon als Kind offen und immer gern von vielen Menschen umgeben gewesen war. Maiko hingegen zog sich gerne zurück. In der Volksschule war sie eine „super Schülerin, die nie etwas lernen musste, auch noch in den ersten Klassen im Gymnasium war die Schule nie ein Thema", blickt die Mutter zurück. „Meine Tochter ist sehr intelligent, in der Schule ist ihr alles ganz leicht gefallen im Gegensatz zu ihrer Schwester, die musste sich immer alles hart erarbeiten. Nur erzählt hat sie nie etwas, sie war immer so ruhig, es war schwer für mich, zu verstehen, was in ihr vorging." Als Maiko ungefähr 14 Jahre alt war, fingen jedoch die wirklichen Probleme an. „Ich bin jetzt 48 Jahre alt, und diese Zeit zwischen Maikos 14. und 19. Lebensjahr war ganz sicher die schlimmste Zeit in meinem Leben. Begonnen hat das mit einer Revolution gegen mich. Mit einer totalen Revolution." Auch bei ihrer zweiten Tochter habe sie die Höhen und Tiefen mit einer Pubertierenden mitgemacht, Streit, schreien, im nächsten Moment heulen und umarmen, aber das sei unterm Strich „trotzdem recht einfach gewesen", man wisse ja, was die Pubertät vor allem bei Müttern und Töchtern so mit sich bringen könne. „Aber Maiko war eine Katastrophe. Viele denken, warum habe ich ihr so viel durchgehen lassen? Aber sie war so anders, so extrem." Vielleicht, denkt sich Yuriko im Nachhinein oft, habe sie ihrer Tochter damals zu viel Freundin sein wollen, habe zu viel freundschaftlich lösen wollen, wohl auch, weil ihre eigene Mutter so streng gewesen war und sie daher dieses Antiautoritäre mit ihren Kindern gelebt hatte. Ihr Mann, sagt Yuriko, hielt sich bei der Erziehung der Töchter weitgehend zurück. Aber sie wollte so gerne eine gute, eine offene Beziehung zu ihrer Tochter schaffen. „Also, du kannst anbieten, was du möchtest", reflektiert Yuriko in der Nachschau, „wenn jemand nicht darauf einsteigt, dann steigt er nicht darauf ein. Meine Tochter hat mir gar nichts erzählt." Auch nicht, dass die Schule auf einmal nicht mehr so easy lief und sie in der vierten Klasse einfach aufhörte, in die Schule zu gehen." So hatte sie ihrer Tochter jeden Tag in der Früh weiter eine Jause hergerichtet, und ihre Tochter ging dann ganz normal aus dem Haus. Allerdings nicht in die Schule, wie ihre Mutter dachte. Das bemerkte diese allerdings erst, als es schon zu spät war. Maiko, die bis dahin fast nur Einser in der Schule hatte, fiel in der vierten Klasse Gymnasium plötzlich durch. „Ich habe immer versucht, an sie heranzukommen, aber das war nicht möglich. Mein Mann und meine Tochter haben grundsätzlich eine sehr schwierige Beziehung zueinander, mit ihm hat sie damals noch weniger geredet." Nach der zweiten Runde in der fünften Klasse schmiss Maiko die Schule dann endgültig. „Sie hat sich dann in ihrem Zimmer eingesperrt und am Familienleben nicht mehr teilgenommen. Ich wusste nicht, was ich tun sollte. Alle Versuche, mit ihr zu reden, eine Lösung zu finden, stießen auf keine Reaktion ihrerseits. Maiko hatte damals offenbar auch noch eine unglückliche Liebe und war nur mehr traurig. Eines Nachts, daran kann ich mich noch gut erinnern, hat sie einmal ein bisserl aufgemacht. Da habe ich sie gehalten und wir sind so stundenlang am Sofa gesessen. Es war so furchtbar, zu erleben, dass es meinem Kind so schlecht geht." Damals sagte Maiko ihrer Mutter wenigstens, dass es ihr nicht gut gehe, und willigte ein, mit ihr zur Jugendpsychiatrie ins AKH zu fahren, um Hilfe zu bekommen. Ein, zwei Versuche habe Maiko dann auch unternommen, eine Therapie zu beginnen, aber diese immer kurz nach dem Beginn wieder abgebrochen. „Ich konnte meine 16-jährige Tochter doch nicht vor die Türe setzen. Das haben mir damals nämlich einige Freunde geraten. Sie haben mir geraten, sie ins kalte Wasser zu werfen. Vielleicht hätte ihr das auch gutgetan? Aber ich konnte das doch nicht tun", vergegenwärtigt sich Yuriko ihre damalige Verzweiflung und völlige Überforderung mit der Situation.

Und so blieb Maiko zu Hause. Yuriko erinnert sich an grauenvolle Szenen, als sie selbst wieder schwanger war und ihre Tochter sie auch körperlich attackierte und ihr in den Bauch trat, als ihre Tochter am Fenster stand und damit drohte, aus dem dritten Stock zu springen. Maiko verbrachte in dieser Zeit den ganzen Tag nur zu Hause und lag depressiv im Bett. Ihre Mutter verzweifelte, der Vater hielt sich auch weiterhin mehr oder weniger heraus und die ganze Familie litt. Bis Maiko eines Tages vorschlug, sie wolle die Maturaschule machen. „244 Euro hat das im Monat gekostet, das habe ich mir gut gemerkt. Meine Eltern haben eine Hälfte gezahlt, wir die andere. Bis sie wieder alles hingeschmissen hat trotz ausgezeichneter Noten. Ich glaube, sie ist vier oder fünf Monate hingegangen, nicht einmal ein Semester lang." Schließlich begann Maiko, mittlerweile 17 Jahre alt, in einem Weinlokal zu jobben. Und obwohl sie die letzten Jahre aus der Sicht ihrer Mutter total zurückgezogen lebte, hatte Maiko offenbar einen großen Freundeskreis und begann auf einmal, viele Freunde mit nach Hause zu bringen. „Manchmal haben dann gleich mehrere hier geschlafen. Im Vorzimmer standen mit einem Mal fremde Schuhe. Ich erinnere mich, als ich einmal in der Früh aufgestanden bin und plötzlich irgendein Typ vor mir stand, zum Glück hatte ich einen Bademantel an." Da es damals mit ihrer Tochter ohnedies schon so schwer war, sagte sie lieber nichts – zumindest wusste sie, wo ihre Tochter war. Denn es kam in dieser Zeit oft vor, dass Yuriko gemeinsam mit ihrem Mann – er war Polizist – nach ihrer Tochter suchen musste. Nicht immer mit raschem Erfolg: Als Maiko wieder einmal kommentarlos verschwunden war, bekam die Mutter einen Anruf von ihr aus Berlin, dass sie bitte dringend Geld benötige, erzählt Yuriko von der, wie sie es selbst bezeichnet, „schlimmsten Zeit ihres Lebens". Es war Yuriko lieber, sie wusste ihre Tochter zu Hause in Sicherheit – fremder Typ im Vorraum ihrer eigenen Wohnung hin oder her.

Zwischen 17 und 19 Jahren habe sich Maiko dann irgendwie durchgewurschtelt, immer irgendwo gejobbt. Bis sie eines Tages wieder Kontakt mit einer ehemaligen Schulfreundin hatte, die ihr erzählte, dass sie gerade in Paris als Au-pair-Mädchen lebte, und sie einlud, sie dort zu besuchen. „Ich habe mich ja über alles gefreut, was sie unternommen hat. Also habe ich ihr das Flugticket gekauft. Oh, ich kann mich noch so gut an den Anruf erinnern, ich stand gerade im Geschäft, als sie mich vom Flughafen in Wien anrief, weil sie sich in der Abflugzeit geirrt hatte. Und ich habe mir nicht gedacht, du blöde Gurkn, Pech gehabt, Nein, ich habe ihr ein neues Ticket gekauft und sie ist dann nach Paris geflogen." Bei ihren anderen Kindern hätte sie das nie so gemacht, meint Yuriko, aber mit ihrer ältesten Tochter sei das einfach anders gewesen. Paris, das war dann ein Wendepunkt. Nach einigen Tagen meldete sich ihre Tochter, begeistert von der Stadt, und teilte ihrer Mutter mit, dass sie auch eine Au-pair-Stelle gefunden habe und bleiben wolle, und das war dann auch so. Maiko ging für fast ein Jahr nach Paris. „Da habe ich mir überhaupt keine Sorgen gemacht. Das war eine super Sache für sie." Und tatsächlich veränderte sich das Verhältnis zwischen Mutter und Tochter in dieser Zeit. Nach ein paar Wochen bekam Yuriko regelmäßige Anrufe ihrer Tochter. „Das waren plötzlich ganz tolle Gespräche, die wir geführt haben. Und sie hat mir tatsächlich gesagt, dass sie uns vermisst. Ihren 20. Geburtstag haben wir dann gemeinsam in Paris gefeiert und zum Muttertag hat sie mir tatsächlich geschrieben – Moment." Yuriko holt die Karte heraus und liest vor: „Zum Muttertag die schönsten Glückwünsche und vielen, vielen Dank für die vergangenen 20 Jahre. Ich habe dich sehr, sehr lieb.‘ So etwas konnte sie früher nie aussprechen, und ich weiß auch nicht, ob sie jemals wieder so etwas geschrieben hat.“ Endlich keine ständigen Sorgen mehr und endlich das Gefühl, dass es ihrer Tochter gut geht.

Wenn ein Mann ins Spiel kommt

In Paris lernte Maiko den zukünftigen Vater ihrer Kinder kennen, lebte bald mehr bei ihm als bei der Au-pair-Familie. Doch auch in Paris begannen nach einigen Monaten wieder Schwierigkeiten. Vor allem mit der Au-pair-Familie wurde es immer schwieriger. Und so bekam ihre Mutter in Wien nach einigen Monaten wieder einen Anruf, diesmal von der Pariser Au-pair-Mutter. „Sie hat mir erzählt, dass Maiko ihre Kinder nicht von der Schule abgeholt hat und verschwunden sei. Ich solle sofort nach Paris kommen, um meine Tochter zu suchen. Das übliche Muster also wieder“, stöhnt Yuriko beim Erzählen.

Einige Tage lang wusste niemand, wo Maiko war, bis sie plötzlich wieder in Wien auftauchte und bald darauf mit ihrem Freund bei ihren Eltern einzog. Und ihre Mutter war wieder einmal froh, dass ihre Tochter bei ihr und ihr nichts zugestoßen war, also nahm sie auch diese Eskapade einfach hin. Nach ein paar Wochen bezog Maiko in Wien dann eine kleine eigene Wohnung mit ihrem Freund, der sich mit Gelegenheitsjobs über Wasser hielt. Maiko wollte unbedingt Psychologie studieren, was ohne Schulabschluss allerdings eine Illusion war.

Schließlich fand Maiko einen Job als Verkäuferin in einem Geschäft in der Wiener Innenstadt, bei dem sie ihr inzwischen perfektes Französisch gut einsetzen konnte und wo alle auch ganz begeistert von ihr waren, wie sich die Mutter erinnert. Nach den vielen Aufregungen der letzten Jahre kehrte wieder so etwas wie Ruhe in die Familie ein. Die älteste Tochter auf eigenen Beinen, ihre Schwester in Berufsausbildung, die kleinen Brüder in der Schule. Und die Eltern heirateten nach zwanzig Jahren noch einmal, das heißt, sie holten die kirchliche Trauung nach. Als ihre Trauzeugin wählte Yuriko ihre älteste Tochter Maiko, was sehr schön gewesen sei, erinnert sie sich.

„In Maikos Leben habe ich mich damals gar nicht eingemischt, außerdem habe ich mich beruflich gerade neu orientiert. Im April ist Maiko 21 Jahre alt geworden und Anfang Jänner hat sie mir eröffnet, dass sie schwanger sei. Ich habe das eigentlich super und lustig gefunden. Ich habe zu ihr gesagt: ‚Perfekt, ich werde vierzig Jahre alt sein, wenn mein erstes Enkelkind auf die Welt kommt.‘ Ich habe damit überhaupt kein Problem gehabt, so jung Großmutter zu werden. Ich habe Maiko ja selbst so früh bekommen, und das war eine unglaubliche Bereicherung für mein Leben." Ihre älteste Tochter konnte sich Yuriko allerdings nicht wirklich als Mutter vorstellen, das hätte sie eher ihrer jüngeren Tochter zugetraut. Und tatsächlich gab es schon bald neue Probleme mit Maiko, denn „dann hat es meine Tochter geschafft, mitten in der Schwangerschaft fristlos gekündigt zu werden. Ja, das geht. Sie ist irgendwann einfach nicht mehr in die Arbeit gegangen, das wusste nicht einmal ihr Freund. Ich habe alles versucht, die im Geschäft waren auch wirklich lieb, aber dann fliegt die blöde Gurkn mit ihrem Freund nach Tunesien und postet das auf Facebook. Während ich gerade dabei war, eine Lösung für sie zu finden. Da haben die verständlicherweise nicht mehr mit sich reden lassen und sie entlassen. Und dann ist sie dagestanden, ohne Geld, ohne irgendetwas". Und wieder hielt die ganze Familie zusammen und half Maiko. „Ihr Freund hat sich um nichts gekümmert, naiv, unbekümmert, was weiß ich. Er hat auch Jahre gebraucht, um Deutsch zu lernen. Wir konnten nie so richtig mit ihm reden", meint Yuriko. Auch wenn sie über ihn nicht viel erzählt, wird schnell klar, dass sie vom Vater ihrer Enkelkinder keine allzu gute Meinung hat. Die Phase, in der ihre Tochter ein ruhiges Leben mit einem geregelten Job hatte, sollte also nur sehr kurz dauern.

Über Geburten und ein neues Leben

Als bei Maiko schließlich die Wehen einsetzten, war Yuriko gerade mit ihrer zweiten Tochter bei den Schwiegereltern zu Besuch. Ein Glücksfall, wie sich bald herausstellen sollte, denn Maiko wollte unbedingt, dass ihre Mutter bei der Geburt dabei ist. „Ich hätte meine Mutter nie im Leben bei meinen Geburten dabeihaben wollen. Ich wäre auch jederzeit gegangen, aber meine Tochter dachte anders. Ich weiß, das klingt alles so widersprüchlich, aber sie wollte das. Und so habe ich sie gehalten, als die Kleine auf die Welt gekommen ist. Das war so unglaublich. Das war überwältigend. Das war ein großes Geschenk für mich, dass Maiko mich dabeihaben wollte." Und, was Yuriko damals noch nicht wusste: Es war der Auftakt für ihre weitere Rolle bei der zweiten Geburt von Maikos Sohn drei Jahre später. Da wurde die Oma nämlich unfreiwillig zur Hebamme, als sich herausstellte, dass ihre Tochter zur eigentlichen Hebamme, ohne irgendjemanden zu informieren, den Kontakt abgebrochen hatte, und ihre eigenen Eltern bei der extrem schnell einsetzenden Geburt zu Hause dann sozusagen ihr Enkelkind mit auf die Welt brachten, weil dieses schon da war, als die alarmierte Rettung eintraf. „Diese Geburt war eine Katastrophe. Es ist dann eh noch glimpflich ausgegangen, aber da hätte so viel passieren können." Und so stolperte ihre Tochter weiter von einer Turbulenz in die nächste. Die Kinder der beiden Frauen, Yurikos fünftes und Maikos zweites Kind, sind nur neun Monate auseinander. „Da haben wir viel gelacht darüber." Der Mutter gelang es dann, ihrer Tochter in dem Geschäft, in dem sie selbst arbeitet, auch einen Job zu verschaffen. Von Yurikos Schwiegereltern konnte Maiko eine Wohnung übernehmen und so stabilisierte sich ihr Leben wieder einigermaßen. Bis es zu diesem „Zwischenfall" kam und sich Maiko vom Vater ihrer Kinder trennte. Dann stellte sich auch noch heraus, dass sie monatelang keine Miete gezahlt hatte und es ihr drohte, mit ihren beiden kleinen Kindern auf der Straße zu landen. Und wieder sprang die Familie ein. „Ich meine, es sind schon immer wir, die es richten. Egal, was passiert ist. Maiko hat so viel Scheiße gebaut in den letzten Jahren, es ist sehr, sehr schwierig für sie. Ich weiß das. Und ich ziehe sie immer wieder heraus, obwohl sie mich nie um Hilfe gebeten hat. Ist das ein normaler mütterlicher Reflex? Wahrscheinlich, denke ich mir. Ich kann es mir auch gar nicht anders vorstellen, ich werde es immer wieder tun, da bin ich mir 100 Prozent sicher." Aber wie das alles ihre Tochter sieht, das würde Yuriko so gerne wissen. Deshalb sagte sie auch sofort zu, ihre Mutter-Tochter Geschichte für dieses Buch zu erzählen.

Die Sicht der Tochter

Und auch ihre Tochter Maiko war sofort davon angetan, aus ihrer Perspektive über ihre Geschichte mit ihrer Mutter zu berichten: „Meine Mutter ist ein offenes Buch. Das war bei uns auch immer der Hauptkonflikt und ist es auch jetzt noch. Sie ist jemand, der immer reden muss, wenn es ihr nicht gut geht. Und die auch immer sehr offenherzig darüber redet, wenn etwas nicht gut läuft in der Familie. Für sie muss man sich in der Familie gegenseitig helfen, was ja an sich sehr schön ist. Aber ich wollte immer mehr für mich allein sein und auch allein mit meinen Problemen klarkommen." Maiko sieht ihrer Mutter ähnlich. Hübsch, nicht ganz so zart und etwas weniger asiatisch geprägte Gesichtszüge vielleicht, aber dass diese beiden Mutter und Tochter sind, das sieht man sofort. Bei unserem Gespräch ist sie 29 Jahre alt, ihre Tochter besucht die erste Klasse Volksschule, ihr Sohn geht noch in den Kindergarten, zusammen mit ihren kleinsten Geschwistern, den Nachzüglern ihrer Eltern. Gemeinsam mit ihrer Mutter arbeitet Maiko seit einigen Jahren in einem Geschäft, überhaupt verbringen die beiden Frauen viel mehr Zeit miteinander als andere Mütter und Töchter, und das, obwohl ihre gemeinsame Geschichte alles andere als einfach ist. „Ich glaube, ich wäre lieber ein Einzelkind gewesen. Zu meiner Schwester, die knapp drei Jahre jünger ist als ich, hatte ich als Kind überhaupt keine gute Beziehung. Und dann habe ich ja noch vier Geschwister bekommen", erzählt Maiko von ihren ersten Kindheitserinnerungen. Bis sie so etwa sieben, acht Jahre alt gewesen war, hat sie am liebsten gar nicht mit anderen Kindern gesprochen. „Ich war kein Kind, das wirklich gespielt hat, sagt man in meiner Familie. Ich habe sehr früh zu lesen begonnen, und ab dann habe ich nur mehr gelesen und war in meinen eigenen Traumwelten. Das heißt, ich war sehr zurückgezogen, als Kind konnte ich mit anderen Kindern nicht gut zurechtkommen, sie waren so unberechenbar für mich mit ihren Emotionen." Im Mittelpunkt stehen und Aufmerksamkeit einfordern, wie das ihre Schwester als Kind gemacht hat, damit kam sie überhaupt nicht klar, und ebenso wenig mit der Emotionalität ihrer Mutter. „Ich habe oft das Gefühl gehabt, dass sie mich mit ihrer Liebe bedrängt. Ich glaube schon, dass sie mit mir kompensieren wollte, was sie als Kind nicht erhalten hat. Meine japanische Großmutter war sehr zurückhaltend, sagen wir es einmal so. Und meine Mutter, die hat mich dann überschüttet. Dabei war ich eher so ein Kind, das auch körperliche Berührungen nicht so gerne hatte." Trotzdem habe sie sich als Kind nie als Außenseiterin in der Familie gefühlt, meint Maiko, sie hätte sich eben ihre eigene Welt geschaffen, wollte am liebsten Schriftstellerin werden und sei schon als kleines Kind sehr selbstständig gewesen. Als erstgeborene Tochter habe sie sicher, von

Anfang an, eine ganz eigene, eine andere Beziehung zu ihrer Mutter gehabt als ihre Geschwister, das sieht sie auch bei ihren eigenen Kindern jetzt. „Das erste Kind hat schon etwas Besonderes, weil man als Mutter plötzlich in eine ganz neue Rolle kommt. Meine Mutter war damals ja noch dazu irrsinnig jung. Eben auch noch sehr kindlich. Und plötzlich war sie Mutter. Es war ihr auch dieses Außenbild immer so wichtig. Das ist heute noch so. Meine Mutter passt sich leicht an, es ist ihr wichtig, wie die Familie nach außen wirkt. Von ihrer eigenen Mutter ist ihr nie so der Rücken gestärkt worden, sie musste als Kind hauptsächlich funktionieren. Wenn zum Beispiel ein Vorfall in der Schule war, dann waren die Eltern meiner Mutter immer auf der Seite der Schule, sie ist ohne viel Wärme aufgewachsen", erklärt sich Maiko, warum ihre Mutter bei ihr so anders war. Nur hat sie das als Kind natürlich nicht verstehen können und diese Nähe ihrer Mutter eher als unangenehm empfunden – manchmal. Eine Katastrophe sei für sie dann der Schuleintritt gewesen: „Am Anfang ging es noch. Aber bald haben sich die anderen schon gewundert, warum ich nicht gesprochen habe. Die Schulpsychologin hat mich dann auf Autismus getestet. Aber das hat sich mit der Zeit langsam gelegt, ich habe versucht, mir anzutrainieren, wie ich mit den anderen Kindern reden und mich in die Gruppe einfügen kann. Das habe ich ganz allein gemacht. Ich kann mich noch gut an dieses Gefühl der Überwindung erinnern. In der Volksschule war das zwar mühsam für mich, aber es ging. Ich weiß, das klingt jetzt seltsam, aber das war für mich einfach so." Nach und nach wurde es dann für Maiko schwieriger, sich zu überwinden, sich in die Schulgemeinschaft einzufügen. „Mit 13 Jahren habe ich dann begonnen, die Schule zu schwänzen. Im Nachhinein so blöd, ich weiß. Aber ich wollte das absolut nicht, da hingehen in der Früh, das war schrecklich für mich. Ich habe mich mehr und mehr zurückgezogen. Das war auch ein absoluter Systemverdruss. Da gehört so viel geändert in unserem Schulsystem. Ich sehe das jetzt ja auch bei meiner Tochter. Aber die tut sich damit gar nicht schwer und ich muss mich so zurückhalten, dass ich meine Einstellung da nicht auf sie übertrage." Und so verbrachte Maiko, als sie 13 Jahre alt war, viel Zeit im Café Europa in der Zollergasse. Teilweise sei sie in der Früh noch kurz in der Schule gewesen, aber das wurde ihr meist schnell zu viel und sie ging ins Café.

„Meine Eltern waren da leider nicht so dahinter, dass sie sich da in die Richtung erkundigt hätten, welche anderen Schultypen für mich geeigneter gewesen wären. Das hat mich im Nachhinein sehr oft gewurmt. Kein Kind muss irgendetwas durchdrücken, wenn es nicht richtig ist für das Kind. Das habe ich bei meinen eigenen Kindern sehr im Hinterkopf. Meine Eltern hatten nur zwei Vorstellungen – Matura oder eine Lehre. Und eine Lehre wiederum wollte ich unter keinen Umständen machen. Ich hatte als Teenager einen älteren Freundeskreis außerhalb der Schule, die haben alle studiert." Ihre bis zu diesem Alter guten Schulleistungen verschlechterten sich immer mehr, bis sie die vierte und auch die fünfte Klasse wiederholte und schließlich die Schule hinschmiss. „Meine Eltern hatten es damals nicht fein mit mir zu Hause. Meine Mutter war schon relativ verzweifelt. Mein Vater, der hat sich immer aus allem herausgehalten. Ich glaube, er war sehr wütend auf mich und auch verzweifelt, weil ich damals überhaupt nicht mit ihm gesprochen habe. Ich bin dann ab meinem 15. Lebensjahr extrem viel ausgegangen. Ich habe mich die ganze Zeit total unglücklich gefühlt. Mit meinem Vater bin ich gar nicht klargekommen, und die Emotionalität meiner Mutter war mir einfach zu viel in der Pubertät." Ob sie heute verstehen kann, warum das damals so war? „Nein, eigentlich nicht. Ich habe mich einfach extrem unwohl gefühlt zu Hause. Ich sollte meiner Mutter da jetzt auch keine Vorwürfe machen, denn ich selbst habe mir auch keinen besonders tollen Vater für meine Kinder ausgewählt. Aber als Kind war ich schon sehr wütend, warum sie diesen Vater für uns ausgewählt hat. Das habe ich nicht verstanden. Sie müsste doch das Beste für uns gewollt haben. Aus meiner damaligen Sicht war mein Vater dafür nicht der ideale Mann." Die Beziehung zwischen ihren Eltern erlebte Maiko als Kind als „extrem kalt", das habe sich erst gebessert, als ihr ältester Bruder zur Welt gekommen sei. „Als Kind hatte ich eigentlich den Wunsch, dass sich die beiden trennen, als Kind sieht man das so radikal. Er war so distanziert, auch zu mir, und zu meiner Schwester war er eigentlich noch fieser als zu mir. Aber meine Mutter hat ihn geliebt." Als Kind habe sie, egal, was passiert ist, immer alles über sich ergehen lassen. Die aufgestaute Wut sei dann, erzählt Maiko, in der Pubertät ausgebrochen. „Damals war mir egal, ob meine Mutter gelitten hat. Wenn sie mich weinend angerufen hat, dann hat es mich eher nicht gekümmert. Ich erinnere mich noch genau an dieses Gefühl, da war ich so 14, 15 Jahre alt. Ich habe mich schon erwachsen gefühlt. Am liebsten wäre ich ausgezogen, aber ich war natürlich total abhängig von meinen Eltern." Zwischen 14 und ungefähr 18 Jahren ging es Maiko ihrer Erinnerung nach nicht gut, Hilfe hätte sie aber auch keine annehmen wollen. Nur langsam sei das Gefühl in ihr besser geworden, und die Möglichkeit, als Au-pair nach Paris zu gehen, war für sie eine tolle Gelegenheit. „Wegen des Studiums war ich mir eh unsicher, und wie ich das machen konnte mit der Studienberechtigungsprüfung wusste ich ebenfalls nicht. Ich hatte da auch keinen Plan, und so hat sich das mit Paris super ergeben." Und genau so, wie ihre Mutter erzählt, brachte auch für Maiko die Zeit weg von zu Hause einen Wendepunkt in ihrem Verhältnis zu ihrer Familie und einen anderen Blick auf ihre Eltern. „Unser Verhältnis war dann viel besser. Sehr viel besser sogar. Und das ist auch so geblieben. Ich bin ja danach nicht mehr zurück", lacht sie. „Ich brauche diese Distanz einfach, die fordere ich auch nach wie vor ein. Und natürlich wird es leichter, wenn man nicht gemeinsam wohnt. Aber dieser Blick aus der Ferne, der hat sehr gutgetan. Vieles hat sich beruhigt. Auch was meinen Vater betrifft, vor allem sogar. Es war also für alle gut, dass ich in Paris war." Auch das Leben in der Au-pair-Familie habe ihr viel Neues über ihre eigene Familie gezeigt, weil die Mutter dort nur schrecklich gewesen sei, da habe sie sich oft gedacht, dass sie so eine Mutter absolut nicht haben wollte. „Da habe ich gemerkt, wie anders meine Mutter war. Und ich war sehr dankbar dafür, dass sie ganz anders gewesen ist, immer." Maiko kehrte dann gemeinsam mit ihrem Freund nach Wien zurück, jobbte und bekam ihre beiden Kinder – und bald Probleme mit ihrem Freund, von dem sie sich nach dem ersten Kind eigentlich schon trennen wollte und mit dem sie sich dann in der zweiten Schwangerschaft wieder zusammenraufte, wie sie es bezeichnet. „Ja, der Vater meiner Kinder wurde mir gegenüber sehr gewalttätig. Das war dann auch der Auslöser für meine endgültige Trennung von ihm. Damals, als es diesen Vorfall gab, als ich die Polizei rufen musste, auch um meinen Kindern zuliebe den Kontakt abzubrechen, war mein Vater die bessere Unterstützung als meine Mutter. Er war sehr lange Polizist und kennt solche Vorfälle sehr gut. Und auch wenn mein Vater der, sagen wir, Distanziertere, Eigenbrötlerische ist, in diesem Punkt ist es gut, wenn jemand gelassen bleibt und nicht so emotional ausbricht wie meine Mutter." Anstatt auf ihren Partner zu schimpfen, habe ihr Vater damals einfach gehandelt, habe geschaut, was sie brauchte, was zu tun war, ohne die Situation zu zerreden, wie es Maiko bezeichnet. „Meine Mutter war immer da für mich, aber ich rede ja nichts, ich erzähle eher nichts." Auch nicht, wenn die beiden Frauen gemeinsam im Geschäft stehen, wenn sie viele Nachmittage gemeinsam mit ihren Kindern verbringen? „Ich weiß, das ist natürlich eine ganz besondere Situation, und andererseits denke ich mir, na, es ist einfach so. Manchmal fühle ich mich immer noch wie ein Kind, das irgendwie nicht ernst genommen wird, dabei bin ich schon lange volljährig. Für meine Mutter bin ich wohl immer in der Rolle des Kindes, das ist ja auch irgendwie logisch." Aber in welcher Phase der Mutter-Tochter-Beziehung sieht sie sich mit ihrer Mutter?

In der Mutter-Kind-Phase? In der Pubertätsphase oder doch in der Erwachsenenphase?

„Ui, das ist schwierig", lacht Maiko, „also, schon in der Erwachsenphase. Und an und für sich haben wir jetzt auch ein gutes Verhältnis zueinander. Menschen, die uns von außen betrachten, denken immer, wir haben so eine tolle Beziehung. Und irgendwie stimmt es auch, aber schwierig ist es genauso. Einerseits sind wir sehr eng, wir haben ja auch unsere Kinder im selben Kindergarten. Und wir helfen uns gegenseitig viel. Aber die Grenzen zu bewahren, das ist für mich ein allgegenwärtiges Thema. Ich habe da ein extremes Freiheits- und Unabhängigkeitsbedürfnis. Und meine Mutter hat das eben nicht. Und da finde ich ihr Verhalten dann sehr schnell grenzüberschreitend. Aber wenn ich so zurückschaue, was ich alles aufgeführt habe. Also, ich hoffe nicht, dass meine Kinder mir das auch antun werden."

Rituale als Anker

Hongkong und Strawberry Margarita. Zwei Stichwörter – ein Lachkrampf. Und immer wieder eine besonders lustige und schöne Erinnerung für Mutter Doris und Tochter Olivia, die vor Jahren auf einer Geschäftsreise der Mutter eines Abends im Hotel den einen oder anderen Cocktail zu viel erwischt hatten. „Das war mein erster Rausch, gemeinsam mit der Mami", erinnert sich die heute 21-jährige Olivia. „Wir haben bloß noch gekichert, das war unglaublich komisch. Und sobald eine von uns davon erzählt, können wir herrlich miteinander darüber lachen." Wie auch über viele andere Dinge, die die beiden Frauen gemeinsam erlebt haben und durch die sie sich so eng verbunden fühlen.

Mit ihrer Mutter auf Geschäftsreise, so wuchs Olivia auf. Mutter Doris Rose ist Chefdesignerin und Geschäftsführerin des österreichischen Modelabels Jones, das sie mit ihrem Mann vom kleinen, österreichischen Textilunternehmen zur etablierten Modemarke entwickelt hat. Über sechzig Filialen in Österreich und Europa, in Eigenregie oder im Franchise-System, gehören heute zu Jones. Eine Erfolgsgeschichte in einer schwierigen Branche, die, laut Doris Rose, „immer schwieriger wird" und die ihr stets vollstes berufliches Engagement abverlangt habe. „Olivia hatte schon im Alter von zwei Jahren Anspruch auf einen Senator-Status beim Fliegen, obwohl sie diese Karte in ihrem Alter noch gar nicht bekommen durfte", erzählt Doris Rose, die ihre Tochter als Baby und Kleinkind auf alle Geschäftsreisen mitnahm. „Mit meinem Mann war es immer so ausgemacht: Wenn wir ein Kind haben, dann leben wir mit dem Kind unser Leben. Und unser Leben bedeutet nun einmal auch, sehr oft unterwegs zu sein. Als Unternehmerin hatte ich in dieser Hinsicht natürlich auch ein Privileg; ich konnte einfach sagen, dass ich für alles die Verantwortung übernehme. Musste ich beispielsweise vierzehn Tage in Nahost sein, brauchte ich trotzdem mein Kind mit dabei. Wenn eine Mitarbeiterin mir sagen würde, dass sie ihr Kind mit auf Geschäftsreise nehmen möchte, würde ich ihr raten, besser zu Hause zu bleiben. Aber als Chefin konnte ich mir diesen Luxus herausnehmen."

Mehr Zeit mit der Kinderfrau

Für Tochter Olivia waren die häufigen Reisen die Normalität, in der sie aufwuchs, und die sie, wie ihre Mutter meint, auch sehr neugierig auf vieles gemacht habe. „Olivia war eine sehr unkomplizierte Reisebegleiterin. Immer hatte sie eine Geschichte im Ohr, später dann las sie unglaublich viel, wenn wir auf Reisen waren. Harry Potter und Co waren ständig mit dabei", lacht ihre Mutter, die jedoch gleichzeitig auch von der „harten Realität als Unternehmerfrau" berichtet, die sie nach der Geburt ihrer Tochter schnell einholte.

Mutterschutz, wie er für Angestellte gesetzlich geregelt ist, war für die Geschäftsfrau nicht anzudenken. Nur mithilfe einer fest angestellten Kinderfrau, die nach wie vor eher ein Mitglied der Familie ist, waren Kind und Business vereinbar. Schon kurz nach der Geburt ihrer Tochter musste Doris Rose zurück ins Geschäft. Die Kinderfrau brachte ihre Tochter zum Stillen ins Büro und ging in der Nähe mit dem Baby spazieren, während die Mutter weiterarbeitete, bevor sie ihre Arbeit erneut unterbrach, um ihr Kind zu stillen. Die Kinderfrau verbrachte mit Olivia mehr Zeit als ihre Mutter. Anders war es nicht möglich gewesen.

Für die Tochter ein Manko? „Nein, ich habe es schließlich nie anders erlebt. Und außerdem haben wir ein wichtiges Ritual – der

Sonntag gehört der Familie. Das war für mich ein perfekter Ausgleich. Wir waren an diesem Tag immer alle zu Hause und es war für mich sehr schön, zu wissen, dass sich meine Eltern, wenn sie zwei Tage lang freihatten, einen Tag lang voll auf mich konzentrierten."

Die Familie als Anker, darauf legte Doris Rose stets besonderen Wert. Vielleicht auch aufgrund ihrer eigenen Prägung, die sie eine Zeit lang „sehr vorsichtig" gemacht habe. „Meine Mutter hat die Familie verlassen, als ich 16 Jahre alt war. Danach herrschte einige Weile Funkstille zwischen uns. Das hat mich bestimmt geprägt. Heute, viele Jahre später, hat sich das Verhältnis zu meiner Mutter wieder gut eingependelt. Damals jedoch konnte ich diese Erfahrung jahrelang nicht verwinden und habe mir geschworen, dass mein Kind niemals auf der Strecke bleiben würde, sollte ich jemals Eheprobleme haben – was ich zum Glück nicht kenne."

Doris Roses Familie hatte eine Handtuchweberei im Waldviertel betrieben. Ihre Mutter „lebte ihr das Unternehmertum vor", ihre Großmutter sprang an ihrer statt ein. „Meine Mutterfigur war meine Großmutter. Bis zu meinem vierten Lebensjahr war ich jeden Tag bei ihr. Oft dachte ich, dass ich es irgendwann einmal mit meinen Kindern genauso machen wollte wie meine Omi mit mir."

Als das Unternehmen in den Konkurs schlitterte, zerbrach die Familie daran – das prägt. „Meine Mutter ist eine toughe Person. Man braucht sie bloß anzusehen, um zu merken, dass sie einiges auf die Reihe bekommt", meint Olivia, die ihre Mutter für ihre Stärke sichtlich bewundert.

Willensstark und temperamentvoll, diese Eigenschaften attestieren Mutter und Tochter einander gegenseitig. „Wir haben beide keine besonders hohe Frustrationstoleranz. Es genügt schon, dass eine von uns ihre Stimmlage verändert, und es kann losgehen", scherzt Olivia und erzählt weiter, dass sie und ihre Mutter durchaus auch laut werden könnten, wenn sie miteinander streiten. „Das ist eine ehrliche Sache und die tragen wir auch lautstark aus. Aber es renkt sich ebenso schnell alles wieder ein", meint ihre Mutter. Sobald jedoch Ehemann und Vater Rose anfinge, sich in eine ihrer Auseinandersetzungen einzumischen, würden Mutter und Tochter stattdessen gemeinsam gegen diesen argumentieren. „Ja, dabei gehen wir dann zusammen auf den Papa los", lacht Tochter Olivia.

Authentizität und das Zulassen von Emotionen sind Werte, die die Psychologiestudentin Olivia von ihrer Mutter seit ihrer Kindheit an vermittelt bekam. „Die Mami hat mir bewusst gemacht, dass es in Ordnung ist, auch Schwächen zu zeigen, und dass es möglich ist, sich immer wieder aufzurappeln, auch wenn man ein paar Mal hinfällt."

Für ihre alltäglichen Bedürfnisse während ihrer Kinderzeit war jedoch eher ihre Kinderfrau zuständig gewesen als ihre Mutter, die aufgrund ihres Jobs keine Kapazitäten übrig gehabt hatte. Rückblickend gesehen, könnte dieser Umstand dazu beigetragen haben, dass die beiden sich heute so gut verstehen, meint Olivia. „Weil wir meine Kindheitsjahre aufgrund ihrer Arbeit weniger intensiv miteinander verbracht haben, ist unsere Beziehung heute inniger als viele der Verhältnisse zwischen meinen Freundinnen und deren Müttern, die häufiger zu Hause waren. In deren Kindheit kamen sehr viele Reibungen zustande, die wir uns erspart haben."

Die spezielle Beziehung von Mutter und Tochter

Auch das oft leidige Thema Schule führte zwischen Mutter und Tochter nie zu einem Konflikt. Nach ernüchternden Erfahrungen mit dem österreichischen Schulsystem im Falle von Olivias älteren Halbgeschwistern fiel die Entscheidung für ein anderes, internationales, Schulsystem für Olivia sehr leicht, nachdem diese die österreichische Volksschule abgeschlossen hatte. „Am Beispiel von Olivias

Halbbruder konnten wir sehen, dass Schule auch glücklich machen kann, als er in der Oberstufe in die American School gewechselt hatte. Deshalb kam für mich in Olivias Fall bloß ein internationales System infrage", erzählt Doris, die ihre Tochter schon als Schülerin als „wahnsinnig selbstständig" erlebte.

„Die Beziehung zwischen Mutter und Tochter ist schließlich auch deshalb so speziell, weil man sich als Frau natürlich daran erinnert, wie man selbst in einem gewissen Alter gewesen ist und daher eine Tochter eher mit sich vergleichen kann als einen Sohn. Meine Tochter habe ich immer als wesentlich reifer erlebt, als ich es gewesen bin. Für mich war die Schule die lustigste Nebensache der Welt, alles andere war mir als Mädchen um einiges wichtiger. Olivia war in dieser Hinsicht bedeutend zielstrebiger, viel ernsthafter. Das mag auch an der Zeit liegen, in der sie aufgewachsen ist. Heutzutage bekommen die Jugendlichen einfach viel mehr von allem mit als wir damals."

Olivia jedenfalls erlebte von Kindesbeinen an eindrücklich, was es bedeutet, ein Unternehmen zu führen. Mutter, Vater und viele Jahre lang auch ihre Geschwister arbeiteten in der Firma. „Als Mädchen habe ich mich zwar für Mode interessiert – ich habe beispielsweise viel gezeichnet und einmal T-Shirts entworfen –, doch ein wirkliches Aha-Erlebnis mit der Modewelt hatte ich nie. Mir war es schon immer sehr wichtig, als ich selbst wahrgenommen zu werden, deutlich zu machen, dass ich meinen eigenen Weg gehe und gehen kann."

Schon als kleines Mädchen sei Olivia diejenige gewesen, die stets eine Ansprechpartnerin für alle anderen war, die schon im Kindergarten den Ausgleich gesucht hatte, wenn es Streit gab, erinnert sich ihre Mutter. „Vielleicht hat sich ihr Berufswunsch schon damals abgezeichnet. Olivia absolviert ein Doppelstudium, Psychologie und Psychotherapie. Seit ihrer Kindheit hat sie nach ihrem eigenen Weg gesucht und sie hat ihn auch gefunden. Ich freue mich, dass sie etwas gänzlich anderes macht als ich. Ich habe ihr niemals den Druck auferlegt, in den Familienbetrieb einsteigen zu müssen."

Mutter Doris erinnert sich an eine Episode aus lang vergangener Zeit, die deutlich mache, wie ihre Tochter schon als kleines Mädchen gewesen war: Als sie einmal für einen Fernsehbeitrag einen Tag lang von einem Kamerateam begleitet wurde – „Geschichten über die Doppelbelastung von Frauen zwischen Beruf und Familie waren zu diesem Zeitpunkt ein großes Thema" –, sollte sie auch dabei gefilmt werden, wie sie ihre Tochter aus der Volksschule abholte. „Ich konnte Olivia vorher nicht fragen, da ich während des Drehs selbst überrumpelt worden bin, ich habe davor nichts davon gewusst. Ich stimmte schließlich dennoch zu und wir fuhren mit dem Kamerateam zu Olivias Schule. Ich glaube, sie war damals in der dritten Klasse. Als ich ihr schließlich erzählte, worum es ging, wollte sie das nicht. Sie hat sich geweigert und kam einfach nicht aus der Schule heraus. Damals habe ich viel gelernt und vor allem darüber nachgedacht, was ich meinem Kind damit antue, wenn ich es auf diese Weise in mein Leben involviere, obwohl es das nicht will. Es gab daher keine Fernsehbilder von mir und Olivia an der Schule. Und auch später, wenn es um ein öffentliches Foto ging, habe ich sie vorher häufig gefragt, ob sie das möchte. Es gibt auch nur sehr wenige offizielle Auftritte, bei denen Olivia auf den Fotos zu sehen ist."

Die Zukunft der Tochter

Olivia ist heute sehr froh darüber, dass sie im Familybusiness nicht mitspielen musste: „Hinsichtlich meines Berufswunsches wäre das heute problematisch für mich. Wenn ich später als Therapeutin arbeite und meine Patienten viel im Internet über mich finden könnten, wäre das nicht gut."

Möglicherweise war ihre Pubertät deshalb so „unauffällig" und „kam erst gegen Ende der Schule" ins Spiel, wie sich ihre Mutter erinnert, weil ihre Tochter keinen Grund zur Rebellion verspürte, da sie immer ihren eigenen Weg hatte gehen können.

Dass Olivia nach dem Maturaabschluss mit ihrem besten Freund seit Volksschulzeiten in eine WG ziehen wollte und die beiden sich dafür bereits eine Wohnung ansahen, wusste ihre Mutter. Dennoch kam der Auszug für diese schließlich doch überraschend und auch zu schnell. „Das war eine sehr abrupte Abnabelung: Ich kam von einer Geschäftsreise zurück und sie war weg, ausgezogen. Das ist jetzt vier Jahre her und Olivia hat seitdem nur ein einziges Mal wieder zu Hause übernachtet. Das heißt, mit uns zusammen, denn wenn sie hier übernachtet, um auf die Hunde aufzupassen, sind wir schließlich nicht da." Was dennoch blieb, war der gemeinsame Sonntag. Wann immer es möglich ist auch mit der erwachsenen Tochter, denn dieses Ritual ist Olivia ebenso nach wie vor sehr wichtig.

„Mein Auszug hat unser Miteinander noch gelassener werden lassen", freut sich die Tochter, die ihre harmonische Beziehung zu ihrer Mutter sehr schätzt. „Bei uns ist das zum Glück nicht so, aber ich denke, eine gewisse Konkurrenz kann in einer Mutter-Tochter-Beziehung durchaus eine Rolle spielen. Ich glaube auch, dass zwischen Müttern und Töchtern Neid aufkommen kann. Beispielsweise, wenn Mütter ihren Frust auf ihre Töchter projizieren. Zwei Frauen, die sich miteinander vergleichen, das kann schwierig sein." Mütter und Töchter, eine ganz spezielle Beziehung.

„Für mich war es beinahe eine Erleichterung, als mir die Ärztin während meiner Schwangerschaft mitteilte, dass ich eine Tochter bekommen würde. Ich habe mich irrsinnig gefreut. Das war bestimmt unbewusst, aber vielleicht wollte ich mit einem Mädchen auch meine eigene Muttergeschichte ein wenig aufarbeiten. Ich hatte das zuvor nie ausgesprochen, aber damals habe ich auf einmal begriffen, wie sehr ich mir gewünscht habe, ein Mädchen zu wickeln, ein Mädchen zu knuddeln, ein Mädchen großzuziehen." Dass sie es geschafft habe, zu ihrer Tochter eine so schöne und gute Beziehung zu entwickeln, mache sie ungeheuer glücklich. Eine Grundlage dafür, glaubt Doris Rose, sei das Vertrauen, das sie stets in ihre Tochter setzte.

„Ich hatte immer Vertrauen zu meiner Tochter. Ich wusste immer, dass sie nichts tun würde, das ihr schadet. Natürlich haben mein Mann und ich ihr auch Grenzen gesetzt, das halte ich für sehr wichtig. Kinder wollen Grenzen, eine antiautoritäre Erziehung wäre für mich nicht infrage gekommen. Aber meiner Tochter wollte immer ihren eigenen Weg gehen, dabei habe ich sie auch niemals eingeschränkt."

Von dem Trend, Mütter und Töchter als beste Freundinnen darzustellen, hält Doris Rose wenig. „Sehe ich mir die Zeitschriften an, in denen manche Promi-Mütter und ihre Töchter auf den ersten Blick nicht zu unterscheiden sind, sodass man glauben muss, dass sie zu demselben Schönheitschirurgen gehen, dann weiß ich, dass das überhaupt nichts mit der Realität zu tun hat. Meine Freundinnen und ich sind in dieser Hinsicht sehr entspannt. Wir würden mit unseren Töchtern niemals in Konkurrenz treten, was das Aussehen betrifft. Aber natürlich ist die Freundschaft mit der eigenen Tochter ein schönes Element in der Beziehung. Sie bleibt dennoch eben nur ein Element. Man bleibt Mutter und Tochter und das ist auch gut so." Olivia meint dazu: „Ich würde absolut nicht vergleichen, wie ich mich mit einer Freundin und wie ich mich mit der Mami verhalte. Das hat einen vollkommen anderen Stellenwert." Schon allein wegen der Ähnlichkeiten, die sie aneinander sehen. „Wir sind beide sehr nahe am Wasser gebaut. Wenn wir uns einen Film oder eine Serie ansehen, dann weinen wir an derselben Stelle. Wir können beide leicht unsere Emotionen zulassen."

Trotz unterschiedlicher Berufswege sieht Tochter Olivia auch in dieser Beziehung eine Gemeinsamkeit: „Die Mama sorgt mit ihrer Mode dafür, dass Frauen sich gut fühlen. Mein Ansatzpunkt war immer, den Menschen eher von innen heraus zu helfen. Aber eigentlich ergänzen sich unsere Herangehensweisen doch recht gut: Die Mama hilft von außen und ich von innen", lacht sie und ihre Mutter findet diesen Gedanken sehr schön.

Gar keine Kritik von Tochter an Mutter?

„Vielleicht würde ich als Mutter versuchen, nicht ganz so impulsiv zu sein wie meine Mutter", meint Olivia. „In der Hinsicht würde ich ein wenig zurücktreten." Ihre Mutter stimmt ihr lachend zu. „Mir fällt allerdings keine Situation ein, in der mich meine Mutter so sehr gekränkt hätte, dass es ein No-go gewesen wäre. Am Ende sind immer bloß bedingungslose Liebe und Wertschätzung geblieben."

Geblieben ist auch, dass gemeinsame Zeit ein kostbares Gut ist, das sich Mutter und Tochter, wie von Anfang an, ganz bewusst schaffen müssen. Deshalb fahren die beiden, wenn es Firma und Studium erlauben, einmal im Jahr für ein paar Tage gemeinsam in den Urlaub. „Nur Olivia und ich – das ist auch ein wichtiges Ritual."

Das Weggehen hat uns gerettet

Es ist mitten in der Nacht. Unvermittelt wacht Vroni auf. Sie verlässt ihr Bett und betritt das dunkle Wohnzimmer. Von der Straße herauf tönen eigenartige Geräusche. Sie tritt ans Fenster und erblickt unten eine Gruppe vollkommen betrunkener Jugendlicher im Alter ihrer ältesten Tochter. Sie hört die Rettung herbeirasen. Panik erfasst sie, ihre Beine drohen, nachzugeben. Ein Gedanke schießt ihr in den Kopf: „Ist sie da dabei?" Es wäre möglich. Die Mädchen sehen ihr ähnlich. Aber ihre Tochter ist zu diesem Zeitpunkt Tausende Kilometer weit weg in Argentinien bei einer Gastfamilie, in Sicherheit. Oder?

Solche Momente kennt jede Mutter pubertierender Kinder. Die Angst, die Ungewissheit, die Unsicherheit. Als Vroni einfällt, dass ihre Tochter gar nicht vor dem Haus sein kann, beruhigt sie das in diesem Moment nicht unmittelbar. Ihre Tochter ist bei einer anderen Familie. Ist sie sicher? Vroni erinnert sich ganz genau: „Diese Situationen sind Realität. Die haben wir nicht unter Kontrolle. Nicht zu wissen, welchen Einflüssen dein Kind gerade ausgesetzt ist, welche Verführungen sich ihm darbieten. Kennt es seine Grenzen? Weiß es, wann der Alkohol zu viel wird? Wann es Nein sagen muss?" Wie viel Vertrauen kann man schenken? Kann es auch zu viel sein? Wo befindet sich die Grenze zur Verantwortungslosigkeit, wenn man denkt: „Ach, sie bekommt das schon hin." Sie habe in ihrer Jugend auch vieles gemacht, woran man sich als Erwachsener besser nicht erinnern sollte, als Mutter aber sehe die Freiheit, die man sich als Tochter genommen hat, doch ganz anders aus.

Und genau diese Freiheit ist es, die sich Fini, Vronis Tochter, in den vergangenen Jahren genommen hat. Sie ist auch der Grund dafür, dass sie sich in dieser Nacht in einer Kleinstadt in Südamerika befindet und nicht unten auf der Straße „mit ihren Mädels" lärmt. Diese Freiheit, die zu einem „unbeschreiblichen Zustand" zwischen Mutter und Tochter geführt hat.

Wie es so weit kommen konnte, können Mutter und Tochter heute genau nachvollziehen. Vronis Elternhaus lässt sich als klassisch gut bürgerlich beschreiben: der Vater ein Arzt, die Mutter nicht erwerbstätig, voll ausgelastet und herausgefordert, fünf Kinder ins Erwachsenenleben zu begleiten.

Rebellionsjahre

An die Jahre ihrer Rebellion musste Vroni immer dann denken, wenn sie diese später mit ihrer eigenen Tochter erlebte – oder vielleicht präziser formuliert, zu durchleiden hatte. Sie aber wollte sich anders verhalten als ihre Eltern: „Ich habe natürlich versucht, mich zu erinnern. Auch ich habe mich stets unverstanden gefühlt. Mein Vater war furchtbar streng und hat nie etwas zugelassen, das ihm nicht gefiel. Ich habe daher gelogen, was das Zeug hält, aber ich habe immer gewusst, warum. Es war schließlich meine einzige Möglichkeit."

Zu ihrer Mutter habe sie eigentlich immer ein gutes Verhältnis gehabt, blickt Vroni heute zurück. Bezüglich ihrer Fluchteskapaden aus dem Familienverband habe sie sie allerdings nur manchmal ins Vertrauen gezogen: „Ich glaube, sie hat mehr geahnt, als sie gesagt hat." Die Elternwohnung bestand aus drei zusammengelegten Einheiten, inklusive einem extra Zugang: „Ich bin sehr häufig durch diese Tür abgehauen. Sie haben das nicht bemerkt. Auch meiner Mutter habe ich es nicht gesagt. Ich hätte wirklich nichts anderes tun können, sonst wäre ich eingesperrt gewesen."

Vroni weiß also, wie sich Rebellion anfühlt. Ihre Mutter, Helga Male, im Rückblick auf diese Zeit auch. Sie hätte vieles ohne Weiteres erlaubt, der dominante Vater nicht: „Mein Mann war sehr streng. So wollte er zum Beispiel nie, dass unsere Kinder anderswo übernachten. Das ist heute ganz selbstverständlich. Wir wussten damals aber nicht, warum er das nicht wollte."

Eigentlich hätte sie damals, so die Großmutter heute, in dem Spannungsverhältnis zwischen Vater und Kindern die Kinder unterstützen wollen. Meist habe sie sich letzten Endes aber doch gefügt oder zumindest versucht, einen Kompromiss zu finden.

Immer wieder habe sie ihren Mann, den Vroni heute noch als tyrannisch in Erinnerung hat, darauf angesprochen. Er habe sehr altmodische Ansichten gehabt, obwohl er die Religiosität seiner sehr katholischen Familie hinter sich gelassen und in jungen Jahren selbst „immer Freundinnen" gehabt habe. Helga Male: „Ich habe ihn gefragt, warum er bei den Kindern so streng sei, wenn er sich doch selbst auf diese Weise verhalten habe. ‚Gerade eben deswegen', hat er gesagt. ‚Weil ich nicht will, dass sie so werden.' Und er war unberechenbar. Das war unangenehm. Wir haben deshalb manches vor ihm verheimlicht, damit er nicht dazwischenfährt. Wenn er guter Laune war, wurde alles besprochen. Plötzlich aber konnte es wieder heißen: ‚Nein, das geht nicht!' Darüber haben wir uns alle geärgert."

Vroni, so meint ihre Mutter, sehe heute jedoch trotzdem auch den Wert der Struktur in der Familie, die es damals gegeben habe: „Es war eine strengere Struktur als heute. Das war nicht unbedingt schlecht. Ich selbst bin auch eher streng, obwohl das vielleicht doch übertrieben ist. Zumindest möchte ich Ordnung haben." Auf diese musste sie jedoch im engeren und konventionellen Sinn einige Zeit später verzichten.

Denn innerhalb des bürgerlichen Ordnungssystems sollte es zu Ereignissen kommen, die in anderen Familien ähnlichen Zuschnitts zu groben Verwerfungen hätten führen können. Angefangen mit der frühen Mutterschaft der ältesten Tochter, noch im Schulalter, gefolgt von Vronis Flucht aus dem, wie sie ihn heute nennt, Male-Apparat, mit 19 Jahren, später eine Lebensgemeinschaft mit zwei Kindern und der Ausbruch aus dieser, danach eine Beziehung mit dem besten Freund ihres Mannes, der zuvor auch eine Beziehung zu ihrer Schwester gehabt hatte.

Aufbruch – Umbruch

Vroni erinnert sich heute an diese Umbrüche so: „Bei allem, was sich in der bürgerlichen Starre abgespielt hat, hat sich doch auch sehr viel bewegt. Meine Mutter ist in vielen Dingen über sich hinausgewachsen und hat alles bewältigt, das auf sie zugekommen ist. Es wäre ihr anders vielleicht lieber gewesen, aber sie ist daran auch gewachsen. Letztlich war sie uns in vielerlei Hinsicht ein Vorbild. Das sehe ich auch als etwas Positives. Wenn man den Widerstand gegen das, was passiert, diese Ablehnung der Geschehnisse, schließlich doch in etwas Konstruktives umwandeln kann. Ich empfinde das als etwas sehr Gesundes."

Für Helga Male kamen die Ereignisse nach einer Zeit, in der alles entlang der Linien ihrer Vorstellung verlaufen war, in der der glänzende Schulerfolg der älteren Tochter eine Fortsetzung bei der jüngeren erwarten ließ, „Schlag auf Schlag": „Ich dachte, so würde es weitergehen. So war das aber nicht. In dieser Hinsicht war ich wohl entweder zurückgeblieben oder verblendet." Die frühe Mutterschaft der ältesten Tochter habe ihr Mann, der strenge Patriarch, „besser ausgehalten" als sie. Sie sei zu Beginn einfach „erschlagen" gewesen. Nach ihren Schilderungen heute hat die Großmutter die darauf folgenden Ereignisse dann einfach hingenommen, in der ihr eigenen Distanz.

Über den Beziehungskonflikt der Schwestern, nachdem die Ältere nach der Trennung von ihrem Freund von dessen Verbindung zur Jüngeren erfuhr, habe sie nie mit beiden Töchtern gemeinsam geredet. Ein Gespräch zu dritt habe sie immer vermieden: „Das war schlecht, ich weiß." Wie sich diese neue Konstellation für ihre Töchter genau ergeben hatte, habe sie lange nicht gewusst: „Einmal waren wir bei einer Freundin von mir eingeladen und da hat Vroni mir die Situation geschildert. Da habe ich eigentlich zum ersten Mal richtig davon gehört. Ich fand es immer angenehmer, wenn eine dritte Person anwesend war."

Vroni hat in ihren Jugendjahren gegen die Strenge und die Dominanz ihres Vaters rebelliert. Nichts davon hingegen hat ihre Tochter Fini erlebt, weshalb Vroni die Wucht von Finis Aufbegehren zum damaligen Zeitpunkt nicht verstanden hat und sich auch heute noch mit Verblüffung daran erinnert: „Wir waren schließlich so aufgeklärt und den Kindern stark zugewandt. Ich weiß, was das für ein Unterschied ist. Dass diese Zuwendung durch ständige Lügen und Täuschungen ausgenützt wurde, das habe ich nicht ertragen. Ich habe stets versucht, eine Ebene des Verständnisses zu finden, und das haben wir auch immer wieder. Doch danach ging es unverändert weiter." Sie freue sich jetzt schon auf die Pubertät ihrer drei jüngeren Töchter, weil sie, im Gegensatz zu allen Erst-Müttern, bereits darüber Bescheid wissen werde, „was da abgeht". Nach den Erfahrungen mit Fini sei sie bestimmt schon um einiges gelassener geworden, zu jener Zeit jedoch waren die Konflikte zwischen ihnen, trotz allem Verständnis, schlicht unlösbar gewesen.

Fini gibt zu, dass sie sich, im Gegensatz zu ihrer Mutter, während ihrer Schulzeit nie eingesperrt gefühlt habe. Warum sie dennoch so stark aufbegehrt habe, erklärt Fini heute so: „Pubertät. Man muss sich einfach reiben." Muss man? Das glaubt auch Vroni: „Das ist schon gut so. Wer diese Phase nicht durchlebt, den treffen die Ausbrüche vielleicht später, weil er sie nachholen muss. Ich bin wirklich überzeugt davon, dass es diese angepassten Super-Beziehungen zwischen Müttern und Töchtern – oder Kindern und Eltern im Allgemeinen – während dieser Zeit einfach nicht geben kann."

„Diese Zeit" – das war für Fini die Zeit des Verheimlichens, der falschen Ortsangaben, der heimlichen Partys, des Schuleschwänzens und des ununterbrochenen Lügens, um der Kontrolle ihrer Mutter zu entgehen. Vroni: „Es war eine furchtbare Zeit. Ich hatte die Babys und Fini war mitten in der Pubertät. Gelogen, betrogen, die Schule geschwänzt, oder?" Fini dazu knapp: „Ja!"

Obwohl Helga Male mit drei Töchtern und vor allem während Vronis Rebellion Erfahrungen mit pubertierenden Jugendlichen gesammelt haben muss, waren von ihr aus mehreren Gründen in dieser Situation kaum Ratschläge zu bekommen. Vroni dazu: „Ich habe ihr wenig erzählt. Sie hätte das wahrscheinlich nicht verstanden. Dabei ging es schließlich um andere Dimensionen, die es zu meiner Zeit nicht gegeben hat. Ich habe ihr zwar nichts verschwiegen und vielleicht das eine oder andere Mal mit ihr darüber geplaudert, aber einen kompetenten Ratschlag habe ich gar nicht erwartet." Ihre Mutter sei eine sehr coole Person, die – bis heute – vieles relativieren würde. Das wiederum findet Vroni entlastend. Zum Thema Mutter-Tochter waren daher häufig Sätze gefallen wie: „Das hat es früher auch gegeben." Oder: „Das ist aber immer so zwischen den Generationen." Oder: „Das hast du auch gemacht." Es sei sehr hilfreich, wenn die ältere Generation in so einer Situation beruhigen würde, anstatt auch sofort in Panik zu verfallen. Vroni: „Ich hoffe, dass ich das auch so machen werde."

Helga Male beschreibt sich im Gespräch selbst als jemanden, der „wahrscheinlich die Leute nicht wirklich dazu auffordert, ihr Herz auszuschütten"; für tiefgehende Gespräche sei sie eigentlich keine Ansprechperson. Vielmehr seien sie ihr unangenehm, in der Familie noch mehr als im Kreis ihrer Freundinnen, aber auch dort nur in sehr engen Grenzen: „Das liegt wahrscheinlich an meiner kühlen Art." Einer ihrer Söhne habe sie einmal als „unsere kühle Mutter" bezeichnet. Sie wisse nicht, ob alle ihrer Kinder das so empfunden hätten, aber: „Es ist eben schwer, anders zu sein."

Woher diese Kühle kommt, die Vroni in gewissen Situationen jedoch eben auch für angenehm relativierend hält, weiß Helga Male ganz genau – von ihrer eigenen Mutter: „Ich glaube, ich bin ihr sehr ähnlich. Sie war vermutlich auch ein wenig kühl, aber auf eine freundliche Art. Ich habe nur die besten Erinnerungen an sie." Helga Male, die Tochter eines Offiziers, sieht sich von ihrer Mutter stark beeinflusst: „Ich denke heute oft daran, wie viel ich von ihr übernommen habe. Mir muss das doch gefallen haben. Wirklich analytische Gespräche hat es auch unter uns nicht gegeben." Auch heute vermeide sie solche Gespräche: „Das ist schlecht, ich weiß." Ihre Eltern, so sieht sie es heute, waren sehr aufeinander eingestellt. Die Frage nach der Mutter-Tochter-Freundschaft, die zwei Generationen später oft auftauchen wird, erübrigt sich unter diesen Umständen.

Zerreißprobe

Jedenfalls erlebte die Großmutter, wie man es den Gesprächen heute entnehmen kann, die mühsame Phase zwischen Vroni und ihrer Tochter aus selbst gewählter Distanz. Wer jedoch heute als Außenstehender die Vorgänge, die zu dem erwähnten „unbeschreiblichen" Zustand geführt haben, nachzuvollziehen versucht, kann davon nicht wirklich überrascht sein. Zu viele Einzelaspekte hatten sich zu einer explosiven Mischung aus Veränderung, Frustration, negativer Schulsituation und Überforderung verdichtet.

Vroni hatte mit 19 Jahren die Wohnung ihrer Eltern verlassen. Darauf folgten ihr Studium der Gesangs- und Instrumentalpädagogik, der Blockflöte und der Alten Musik am Konservatorium in Wien und an der Musikuniversität Wien und die vielfältige Arbeit im Bereich der Musik: Vroni betätigte sich als Instrumentallehrerin, Sendungsgestalterin des Radiokollegs, Konzertmoderatorin und Erwachsenenbildnerin („Singen ohne Noten"). Die Lebensgemeinschaft mit dem Vater ihrer beiden ältesten Kinder und damit auch die Jahre der finanziellen Schwierigkeiten in einer Studentenbeziehung fanden ihr Ende: Trennung, eine neue Familiensituation und später drei Töchter.

Fini musste diese Veränderungen bewältigen und Vroni die Tatsache, dass sie in den Augen ihrer Tochter und der ganzen Familie als „die Böse" galt. Fini: „Ich glaube, ich habe es nie so formuliert, aber für mich war die Mami lange Zeit die Schuldige. Ich habe meinen Vater immer in Schutz genommen." Einen Vater, der in der Familie als der Liebenswerte galt, dem niemand böse sein konnte – auch Vroni nicht, wie sie heute erzählt.

Finis Erinnerungen an diese Zeit sind vage, aber zwei Episoden, in der ihr Vater immer wieder zum Abendessen kam, sind ihr doch sehr präsent geblieben: „Einmal habt ihr telefoniert und gestritten. Du hast irgendwann einfach aufgelegt. Da habe ich bitterlich geweint. Ich habe mich gefragt, wie du das nur tun konntest. Das andere Mal kam er – das war schon nach der Trennung – nach Hause und begrüßte dich mit „Hallo, Schatzi". Ich hörte das und dachte: ‚Schatzi? Das ist gut!' Aber du bist ihn daraufhin angefahren: ‚Warum nennst du mich Schatzi?' und ich konnte bloß denken: ‚Die Mami macht's wieder kaputt.'"

Vroni versteht, dass Fini das als Kind so sehen musste. Es sei fürchterlich für sie gewesen, aber trotz aller Sympathie für Finis Vater war ein Zusammenleben auch damals nicht möglich: „Ich war wirklich nicht gierig auf die Rolle der Bösen und die tat mir auch immer wieder sehr weh. Letztlich aber ging es um eine sehr junge unreife Beziehung und ich empfand ihn in seinem Studententum als unerträglich. Die „Nette" zu sein, konnte ich mir einfach nicht leisten. Rückblickend betrachtet, haben wir damals eigentlich viel geschafft, aber für ein echtes Familienleben hat es nicht gereicht und das war mir irgendwann klar."

Auch ihre Mutter findet, dass Vroni und ihr Ex-Partner die Trennung für die Kinder „irgendwie recht gut gemacht haben". Fini und ihr Bruder seien jedenfalls nie vor die Entscheidung für eines der Elternteile gestellt worden. Als Großmutter sei sie für die Kinder jedoch keine Ansprechperson hinsichtlich dieser Schwierigkeiten gewesen: „Ich habe die Dinge einfach immer hingenommen und nicht auch noch aufgerührt."

Neue Familie und die Möglichkeit der Flucht

Das galt auch für Vronis neue Familiensituation. Es scheint aber auch nicht besonders schwer gewesen sein, diese zu akzeptieren: Ehe, eine neue Wohnumgebung, die Tochter ist glücklich, die Enkelkinder befinden sich in stabilen Verhältnissen und das dritte Kind hält Einzug. Zu dieser Zeit hätte niemand vermutet, dass die Situation sich einige Jahre später mit dem Aufkeimen von Finis Pubertät zuspitzen würde. Vroni heute: „Es war dann schließlich ein regelrechter Cocktail aus einer Umbruchsituation, meinem schlechten Gewissen und einem negativen Umfeld." Denn Fini geriet in eine sehr ungünstige Klassensituation, die zahlreiche Probleme schuf. Die Schule gestaltete sich für sie nicht als positiver Ort, was einen negativ verstärkenden Effekt gehabt haben muss. Doch wie sollte man das Kind diesen Verhältnissen entziehen? Ein Schulwechsel wurde angedacht, zu diesem Zeitpunkt aber nicht durchgeführt.

Hat die Älteste in dieser Situation mit ihrer Rebellion vielleicht – wenn auch unbewusst – um die Aufmerksamkeit ihrer Mutter geheischt, die von den Kleinen voll beansprucht wurde? Generell könne das bei all dem „Trubel" zu Hause nicht der Fall gewesen sein, denn Vroni war in diesem Abschnitt ihres Lebens zu Hause weitaus präsenter, als sie es früher gewesen war. Vroni im Rückblick auf die Zeit mit drei kleinen Kindern: „Ich war schlagartig viel häufiger zu Hause, stillend und anderswie beschäftigt. Davor, während der ersten zehn Jahre von Finis Leben war ich eine Working Mum gewesen. Sie hatte das also bisher völlig anders erlebt. Plötzlich veränderte sich ihre Situation komplett und ich habe allem viel mehr Aufmerksamkeit geschenkt– vielleicht zu viel." Ohne die Kleinen wäre sie weit weniger gegenwärtig gewesen. Also können Mütter, die viel Zeit zu Hause verbringen, auch übermäßig anstrengend werden? Fini: „Ja!" Eigentlich aber habe sie sich bloß unverstanden gefühlt. So wie, laut der Erzählung der Großmutter, auch ihre Mutter in diesem Alter.

Und dann plötzlich, mitten in der Phase der Konfrontation, das Auslandsstipendium als Fluchtmöglichkeit. Vroni kann heute dem „Modell, ein pubertierendes Monster ein Jahr lang einer anderen Bezugsperson zu überantworten" einiges abgewinnen. Aber vermisst man die Tochter trotz aller Konflikte in einer solchen Situation nicht trotzdem? Vroni hält das für eine schwierige Frage, da sie zu dieser Zeit wirklich sehr „überfordert" gewesen sei.

Fini meint lächelnd: „Sie hat mich nicht vermisst. Sie war froh." Das klingt härter, als es gemeint ist. Denn Fini ist heute eine sehr reflektierte Studentin, was den Eindruck vermittelt, dass Mutter und Tochter sich mit diesem Thema gemeinsam auseinandergesetzt haben und dadurch zu einem tieferen gegenseitigen Verständnis gelangt sind. Beide wissen, wie die Situation zum damaligen Zeitpunkt ausgesehen hat. Jedenfalls im Rückblick.

Andererseits kann sich Vroni an eine bezeichnende Szene erinnern: „Bevor du weggefahren bist, habe ich auf der Straße eine Mutter aus dem Bezirk getroffen, eine blöde Blunzn, die ich nie leiden konnte. Ich hatte die Kinder dabei und sie hat mich angesprochen und vermeintlich verständnisvoll gefragt, wie es mir denn so gehe. Abschließend hat sie gesagt: ‚Na, eine bist du jetzt ja los.‘ Das hat mich wirklich getroffen. Später dachte ich mir dann: ‚Du hast wirklich keine Ahnung, was bei uns los ist.‘“

Was auch immer los gewesen ist, heute gesteht Vroni sich ein, froh gewesen zu sein, sich um ein Kind weniger sorgen zu müssen: „Ich habe dieses Jahr gebraucht. Für all diese Entscheidungen, die man während der Pubertät treffen muss – was man erlauben kann, was man kontrollieren muss, wo man locker sein darf und wo streng – für all das braucht man eine dem Alter entsprechende Einstellung. Wenn man sich aber gleichzeitig um Pampers und alles Übrige kümmern muss, ist das eine ganz andere Welt. Ich war wirklich froh, dass das nun von jemand anderem übernommen wurde.“

Jede Mutter wird diesen Zwiespalt nachvollziehen können: einerseits die Entlastung, andererseits die gleichbleibende Sorge, die in ihrer Intensität auch viel Kraft gekostet hat. Die Ambivalenz zwischen bedingungsloser Liebe und dem Aufbrechen einer problematischen Situation kann für eine Mutter auch schmerzhaft sein. Was ist angebracht: ein schlechtes Gewissen oder Dankbarkeit für die Gelegenheit einer Auszeit?

Und dann Argentinien. Im Alter von 15 Jahren musste sich Fini ohne die ständige Rückkoppelung an ihre eigene Familie in einem fremden Land beweisen, die Gastfamilien wechseln, ihren Platz finden. Fini: „Es gab eine Zeit, in der noch nicht klar war, wo ich auf Dauer bleiben würde. Damals habe ich bei Freunden gewohnt. Dann war ich für kurze Zeit in einer anderen Stadt. Im Endeffekt habe ich mich selbst darum gekümmert, dass ich dort war, wo ich sein wollte.“ Die lokale Organisation, in deren Obhut sich Fini in Südamerika befand, schaltete sich immer wieder ein, aber Fini hatte andere Vorstellungen und Durchsetzungskräfte.

In Wien wusste ihre Familie oft nicht, wo die Tochter gerade war. Ihre Mutter um Intervention zu bitten, ging gar nicht. Nicht nur, weil Fini – wir sprechen von der Zeit vor sieben Jahren – kein Handy besaß und auch nicht über Internetzugang verfügte, sondern vor allem, weil sie selbst zurechtkommen wollte: „Es ging mir eigentlich hauptsächlich darum, es für mich selbst zu schaffen. In diesem Moment war es meine Aufgabe und schließlich hat es ja auch super funktioniert." Gelungen ist die Kommunikation mit den Betreuern und schließlich das Finden einer Fini sehr zugewandten Familie.

Das ringt Vroni noch heute Bewunderung ab: „Ich finde das toll. Es war schon beachtlich, wie sie sich das alles organisiert hat." Ob sie das ihrer Tochter nach deren Rückkehr auch vermittelt habe? Vroni: „Ja. Es ist schließlich alles gut ausgegangen. Man braucht sich bloß den Zustand zwischen uns vorzustellen, in dem sie weggegangen ist. Der war ja unbeschreiblich." Und so sagen Mutter und Tochter heute unisono: „Das hat uns gerettet."

Diese Abreise damals – die Flucht aus dem turbulenten Familienleben, der Einschnitt in die Beziehung zwischen Mutter und Tochter, zu diesem Zeitpunkt für beide belastend – war nicht ohne Risiko. Die Herausforderung, sich in einer völlig fremden Umgebung mit völlig fremden Menschen durchzusetzen, war insgesamt jedoch für Fini eine so positive Erfahrung, dass sie diese nach Abschluss der Schule – einer mittlerweile anderen als der, die sie vor dem Auslandsjahr besucht hatte – in Chile wiederholen wollte. Von Flucht konnte zu diesem Zeitpunkt schon nicht mehr die Rede sein. Heute wüsste sie nicht mehr, wovor sie flüchten sollte: „Ich hab es hier schließlich gut und bin zufrieden mit meinem Leben. Auf meiner Südamerikareise nach der Schule habe ich so viele Menschen getroffen, die wirklich auf der Flucht waren."

Fini spricht über diese Erfahrungen in einer Art und Weise, die später die Frage an ihre Mutter provozieren sollte, ob sie ihre Tochter um all das Erlebte beneide. Denn Fini selbst ist zu folgender Erkenntnis gelangt: „Es ist mir aufgefallen, dass ich im Ausland immer eine andere Version von mir selbst bin. Das Aufregende ist es, sich selbst zu beobachten. Ich bin viel lockerer, habe einen weitaus offeneren Zugang zu allem." Das Wichtige sei für sie, dieses Gefühl nach der Rückkehr eine Zeit lang zu bewahren: das Selbstbewusstsein, die Offenheit, das Zugehen auf andere Menschen, die Gleichgültigkeit dem Bild gegenüber, das andere vielleicht von ihr haben. Nach einiger Zeit würden die alten Muster wieder zurückkehren: die Selbstzweifel, die Bedeutung des Urteils der anderen.

In diesem Moment gibt Vroni zu, ihre Tochter tatsächlich „irrsinnig zu beneiden", wenngleich der Begriff ‚Neid' vielleicht nicht der richtige Ausdruck sei. Vermutlich würde es sich eher um eine Art Spiegelung handeln: die Tochter, wie sie auch die Mutter hätte sein können: „Ich hätte schließlich auch Freiheiten gehabt – theoretisch. Ich bin allerdings in einem sehr viel engeren Korsett in bürgerlichem Rahmen aufgewachsen. Ich habe großen Freiheitsdrang verspürt und war auch ehestmöglich weg von zu Hause, blieb dieser Familie aber viel stärker verhaftet. Das kennst du alles nicht, du gehst deinen Weg. Das ist so herrlich. Fini greift in ihrem jungen Leben einfach nach allem. Ich hätte das nicht auf die gleiche Weise gekonnt. Vielleicht ist wirklich etwas dran, an dieser komischen Idee, dass sich Eltern in ihren Kindern verwirklichen. Es geht schließlich nicht um Neid im negativen Sinn. Ich freue mich einfach, dass du ausleben kannst, was du möchtest. Du wirkst so frei auf mich. Das war ich in deinem Alter nicht."

Aber entspricht die Sicht der Mutter über die Tochter denn in jedem Punkt dem Bild, das diese von sich selbst hat? So wiederholt Vroni etwa häufig, dass Fini nach ihrer Rückkehr aus Argentinien und nach allem, was sich seitdem positiv für sie entwickelt habe, stark „geerdet" und „bei sich" sei. Fini: „Als Mami davon gesprochen hat, dass sie das Gefühl habe, ich sei geerdet, da habe ich mir gedacht: ‚Gut, dass du das denkst.'" Da kommt bei ihrer Mutter wieder Zweifel auf: „Vielleicht möchte ich sie einfach so sehen."

Ganz so sei das nun auch wieder nicht, lenkt Fini ein. Sie möchte nicht, dass ihre Mutter die ganze Verantwortung für ihre Persönlichkeit trage. Sie hätten inzwischen eine Ebene gefunden, auf der die Tochter gewisse Dinge mit sich selbst ausmachen kann, ihrer Mutter nicht alles erzählt und diese mit gewissen Konflikten gar nicht belasten möchte. Andererseits bleibt die Gewissheit, in schwierigen Zeiten auf Unterstützung vertrauen zu können. Fini: „Meine Mutter sieht, wann es mir gut geht und wann nicht. Sie weiß, was ich brauche." Und die nächste Beziehungskrise kommt bestimmt – in Finis Alter.

Von der Wichtigkeit zu leben und zu erleben

Vor dem Hintergrund ihrer Familiengeschichte, ihrer eigenen Erlebnisse und vor allem der Lebenswirklichkeit ihrer eigenen Mutter lassen sich drei Verhaltensmuster erkennen, die Vroni Fini und später auch ihren drei jüngeren Töchtern vermitteln möchte: Selbstbestimmtheit, Selbstständigkeit und die Fähigkeit, sich zur Wehr zu setzen: „Ich halte es für enorm wichtig, er- und gelebt zu haben, dass man auf eigenen Beinen stehen kann. Ich finde ein Leben unmöglich, in dem man sich von vornherein in eine finanzielle Abhängigkeit vom Partner begibt. Andererseits halte ich auch ein Modell, in dem alle Lebenskosten, nicht nur die materiellen, sondern auch die ideellen, streng aufgeteilt werden, für nicht gut." Sie sei froh, dass sie heute nicht mehr jeden Cent selbst aufstellen müsse. Vor allem während der ersten Jahre ihrer Beziehung als Studentin und später im getrennten Zustand mit den entsprechend höheren Belastungen und Zuständigkeiten sei ihr die ganze Arbeit – „Menschwerdung der Kinder" und Lebensunterhalt – fast zu viel gewesen. Eine Zeit lang gehe das gut und sie habe es – mithilfe der Großmütter – auch ganz gut hinbekommen, doch es habe Kraft gekostet. Wichtig sei es für ihr Lebensgefühl dennoch: „Ich weiß, dass ich es kann. Ich habe es ja gemacht. Es ist möglich."

Aber Mutterschaft beschränke sich schließlich nicht nur darauf, den Lebensunterhalt für sich und das Kind zur Verfügung zu stellen. Wenn dies der Partner tue, hieße das noch lange nicht, von ihm abhängig zu sein. Für Vroni begibt sich eine Frau nur dann in Abhängigkeit, wenn sie keine Alternative dazu hat, wenn es ihr nicht anders möglich ist. Habe sie es aber einmal „anders" erlebt, dann könne sie sich frei entscheiden.

Für manche vielleicht überraschend, unterstreicht Vroni in Sachen Selbstbestimmung die Vorbildfunktion ihrer Mutter, die auf den ersten Blick über die Generationen hinweg gar nicht so leicht erkennbar ist. „Das ist schon eine interessante Geschichte. Meine Mutter gilt ja wahrscheinlich als klassisch konservative, unterdrückte Frau, die sich niemals selbst verwirklicht hat. Aber sie hat es durchaus in sich. Ich fand schon immer, dass sie mir viel mehr Selbstbestimmung vermittelt hat als jeder andere." Wichtig sei doch, die Kinder rechtzeitig in die Unabhängigkeit zu entlassen, ihnen diese zu bieten, sie aber auch für sich selbst einzufordern.

Für Helga Male und ihre Generation war die Unabhängigkeit, die eine Mutter für sich selbst beanspruchen kann, nicht selbstverständlich. Sie hatte es ganz anders kennengelernt: „Die Eltern wollten, dass man heiratet. Und wenn man geheiratet hatte, wollte man unbedingt Kinder. Das war irgendwie so selbstverständlich, dass ich darüber nicht nachgedacht habe." Die große Kinderschar hatte sich daraufhin ergeben.

Und zwar nach der Ausbildung, nach einer Zeit der Berufstätigkeit. Vroni ist heute der Meinung, dass ihre Mutter jemand sei, der „natürlich" studieren hätte sollen: „Sie spricht das nicht aus und es ist für sie auch kein Thema, aber sie wurde auf jeden Fall reduziert." Ihr Bruder sei, wie es eben in dieser Generation üblich war, Jurist geworden, die Tochter erhielt bloß eine Kurzausbildung, obwohl sie eine Musterschülerin gewesen sei. Vroni: „Ich glaube, da ist schon etwas verbrochen worden." Verbrochen in Anführungszeichen.

Dennoch: Das Thema Verwirklichung hat viele Facetten. Sie kann von Müttern auf die vielfältigste Art vorgelebt werden. Vroni sieht das heute so: „Meine Mutter hat sehr viel dazu beigetragen, dass ihre fünf Kinder in einem intellektuellen, anregenden Klima aufwuchsen, in dem vieles reifen konnte. Ich glaube, sie war damit durchaus zufrieden. Ich sehe es als ihre große Leistung." Das Fundament, das sie gelegt habe, sei stärker, als man glauben möchte. Von einem dominanten Ehemann bestimmt, sei es ihr dennoch gelungen, den Glauben an das eigene Potenzial und den Willen, sich zur Wehr zu setzen, sich nicht alles bieten zu lassen, an ihre Kinder weiterzugeben – nicht verbal vielleicht, sondern durch die Art und Weise ihres Vorlebens.

Die Fähigkeit, sich zu widersetzen, ist etwas, das Vroni ihrer Ältesten mitgeben möchte und auch drastisch vorgelebt hat: „Einmal habe ich eine Szene hingelegt und meinem Vater alles, was nötig war, ins Gesicht gebrüllt. Damals hatte ich schon zwei Kinder. Das hat eine Auseinandersetzung nach sich gezogen. Er hat sich danach ziemlich vor mir gefürchtet; ich glaube, ich war das Einzige seiner fünf Kinder, das sich so etwas im Umgang mit ihm getraut hat. Er hat mich daraufhin respektiert und ich war von einer Urangst befreit."

Der „Wert" dieser Explosion in der Familie bestand für Vroni in der Erfahrung, dass ein Aufbegehren auch befreiend sein kann und nicht grundsätzlich unerträgliche Konsequenzen nach sich ziehen muss; vor allem aber ist sie froh darüber, dass sie ihren Kindern die positiven Auswirkungen der Selbstbehauptung vermitteln konnte und kann. Zu Fini sagt sie dazu: „Vielleicht habe ich euch das sogar zu oft vorgelebt, ich habe mich schließlich immer zur Wehr gesetzt. Das habt ihr auf jeden Fall wahrgenommen."

Fini bestätigt diese Einschätzung: „Das hast du uns auf jeden Fall weitergegeben. Es ist in dem Zusammenhang auch interessant, dass ich mich noch nie wirklich von jemandem unterdrückt gefühlt habe. Und wenn doch, dann habe ich dem entgegengewirkt. Ich weiß genau, dass ich mich, wenn es sein muss, behaupten kann."

Unterdrückung gehört jedenfalls nicht zu den Erfahrungswerten von Vronis Kindern. An ihren Großvater hat Fini kaum eine Erinnerung: „Ich habe sie verloren." Als er starb, war sie zehn Jahre alt.

Auch, wenn der bürgerliche Rahmen sich durch manche Ereignisse phasenweise etwas verschoben hat, so gab es doch ein starkes Bindemittel, das ihn letztlich zusammenhielt: Gesang und Musik. Helga Male ist damit aufgewachsen. Ihre Mutter hatte eine Singgruppe gegründet und war, laut Helga Male, der Meinung gewesen: „Es ist großartig, dass ein Freundeskreis durch Singen so lange zusammenbleibt." Und dieses Großartige hat Vronis Mutter an ihre Kinder weitergereicht. Eine Freundin habe sie einmal gefragt: „Wie ist dir das gelungen, dass deine Kinder sich so für Musik interessieren?" Heute gehe ihr „das Herz auf". Vroni hat die Musik als ihren Beruf gewählt und möchte in ihrem Ensemble „Mobleier" auch nicht auf die Mitwirkung ihrer Mutter verzichten. Helga Male: „Das freut mich wahnsinnig und sie hat auch schon hundertmal gesagt: ,Das habe ich von dir!'"

„Das habe ich von dir übernommen", ist auch ein Satz, den Fini verwendet. Vor Finis „Jahr der Erkenntnis" hat für Mutter und Tochter nichts darauf hingedeutet, dass sie sich sieben Jahre später als „special team" bezeichnen würden. Hätten Vroni und Fini gewusst, wie gestärkt ihre Beziehung aus der Pubertätskrise hervorgehen würde, hätten sie sich viel an Kummer und dem Gefühl erspart, nicht verstanden zu werden. Verständnis füreinander haben sie heute wahrscheinlich in einem Ausmaß, um das sie andere Mütter und Töchter beneiden würden.

Heute sehen sie, wie ähnlich sie sich eigentlich sind. Da erkennt sich die eine in der anderen. Sie seien schnell einer Meinung, vor allem, was die jüngeren Mädchen beträfe. Da spiele der Draht „von Frau zu Frau" eine große Rolle. Wer aber hätte während der turbulenten Zeiten geahnt, dass Mutter wie Tochter später sogar Wert darauf legen würden, nicht auch noch für „beste Freundinnen" gehalten zu werden – denn das seien sie, bei allem Gleichklang, nicht. Dass sie sich gegenseitig spiegeln würden, sei wahr, von einer Symbiose zu reden aber eine ganz andere Sache. Fini dazu: „Das wäre auch ungesund, denke ich."

Was sie wohl mit 15 Jahren gesagt hätte, hätte ihr jemand prophezeit, sie würde einmal ein „totaler Familienmensch" werden – nämlich in jenem Familienverband, aus dem sie damals ausgebrochen ist? Sie werde Nähe suchen – und finden?

„Damit habe ich nicht gerechnet"

Vorspann:

Autoritärer Vater, sanftmütige Mutter, Sandwich zwischen einer älteren Schwester und einem jüngeren Bruder, AHS, Studium, Heirat, Kinder, noch mehr Kinder und ganz viele Kinder – einfach das volle Leben im Extrem, damit ich nichts versäume. Auch wenn ich ab und zu jammere – ich genieße mein Leben in vollen Zügen und bin damit zufrieden.

Familienfolge: vier Buben, ein Mädchen (Prinzessin), zwei Buben, ein Mädchen (Sonnenschein), ein Bub, ein Mädchen (Mäuschen)

Prinzessin

Man muss sich das einmal vorstellen. Prinzessin ist meine erste Tochter und mein fünftes Kind. Als die Hebamme mir sagte, es sei ein Mädchen, habe ich mich aufgerichtet und nachgesehen. Ich konnte es nicht glauben, obwohl ich mich immer nach einer Tochter gesehnt hatte. Wir waren damals ein Haushalt mit vier Buben und einem Mann. Ich war die einzige Frau. Ich habe mir immer gedacht: „Mein Gott, wem werde ich einmal meine besten Kochrezepte überlassen?" Eigen – ich weiß! Dann kam Prinzessin auf die Welt. Das war für mich unglaublich. Ich hatte das Gefühl, jetzt bin ich nicht mehr allein, jetzt habe ich eine Verbündete in dieser Männer-Familie.

Nach ihr kamen wieder zwei Buben. Das heißt, Prinzessin war bis zum sechsten Lebensjahr das einzige Mädchen. Wenn sie gut drauf ist, sagt sie heute manchmal, das sei eine gute Schule fürs Leben gewesen. Aber der Vorwurf ist auch da – es seien immer nur die Buben-Interessen im Vordergrund gestanden. Zum Beispiel: Wenn es darum ging, einen Film auszusuchen, dann war das sicher immer einer, der die Buben interessierte, mit Außerirdischen oder Fantasy. „Ich muss gestehen, mir haben die auch immer besser gefallen. Überhaupt war es in unserer Familie immer etwas derber. Die Sprache war rauer, alles ein bisschen körperlicher, nicht so ganz mädchenlike."

Sie ist also nicht mit Mädchensachen aufgewachsen. Trotzdem oder vielleicht deshalb ist meine kleine Prinzessin total kompliziert geworden und mit mir immer ein bisschen in Konkurrenz getreten. Das war schon früh so, nicht erst seit der Pubertät. Manchmal rede ich mir ein, es sei vielleicht einfach ihr Wesen. Da gibt es Erinnerungen, mit denen kann ich bis heute nichts anfangen. Wenn ich mich um sie bemüht habe, konnte sie das nicht sehen. Habe ich ihre Freundinnen eingeladen und mich bemüht, nett zu ihnen zu sein, dann waren da Meldungen wie: „Mit mir redest du nie so nett wie mit denen." Das hat wehgetan. Das machte mich ratlos. Ich weiß nicht wirklich, was ich da falsch gemacht haben könnte. Vielleicht bin ich auch nur viel zu schnell beleidigt. Ich mag es gar nicht, wenn ich ratlos bin.

Es war sicher nicht leicht für sie, ihr eigenes Mädchensein zu finden. Natürlich habe ich mich ihr besonders zugewendet, aber offenbar habe ich sie dabei auch glauben lassen, ich hätte so viele Erwartungen an sie, die sie erfüllen müsste. Das muss eine große Last für sie sein. Sie wollte diesen Erwartungen gerecht werden, aber irgendwie auch überhaupt nicht. So will sie sich fortwährend mit mir messen oder just nicht mit mir verglichen werden. Mir scheint, sie macht die Dinge nur deshalb anders als ich, um mich zu ärgern. Wenn ich jedoch nicht dabei bin, wenn ich sie unbemerkt erwische und sie selbstständig arbeitet und werkt, dann ist sie wie eine Kopie von mir. Das ist witzig und unglaublich. Da halte ich mich am besten zurück und trete ja nicht in Erscheinung, sonst kommt es sofort zum Wettstreit, und ich spiele anscheinend immer mit. Da hatten wir zum Beispiel Besuch und Prinzessin hat alles organisiert. Und ich habe dann ohne vorherige Rücksprache mit ihr vor den Gästen einen Ausflug zum Skywalk vorgeschlagen. Die darauf folgende Zurechtweisung meiner Tochter hatte sich gewaschen: „Mama, das kannst du nicht machen. Du musst mich vorher fragen!" Und so weiter und so fort. Ganz so, als ob ich ihr Kind wäre. Dann denke ich mir, von wem hat sie das nur, sie wird mich doch nicht kopieren.

Spiegelung

Manchmal erkenne ich mich in ihr wieder, wenn sie etwas tut und nicht weiß, dass ich in der Nähe bin. Dann macht sie selbst jene Dinge, die sie mir ständig ankreidet. Zum Beispiel erklärt sie jedem ganz genau, was er zu tun und wie er es zu tun habe. Genau so, wie sie es mir vorwirft. Ich rede mir ein, bei mir sei das etwas anderes. Ich musste das jahrelang so machen, weil ich mir doch nicht von der Bubenschar auf der Nase herumtanzen lassen konnte. Ich war es gewohnt, enge Grenzen vorzugeben, ständig zu sagen, wo es langgeht. Wahrscheinlich war es in dieser Situation für meine Prinzessin sehr schwierig, Selbstständigkeit zu finden.

Ob es für sie auch so schwierig war, sich von mir abzunabeln? Vielleicht bin ich diejenige, die sich nicht abnabeln kann. Diese Konkurrenzsituation zwischen uns ist einfach da. Zwar fühle ich mich von ihr nicht bedrängt, aber ich muss jedes Wort auf die Goldwaage legen. Ich glaube, wir sind noch zu wenig auseinander, als dass wir wieder zusammenkommen können.

Ich hoffe, ich kann nicht so viel dafür, dass sie glaubt, sich mir ständig beweisen zu müssen. Wahrscheinlich hätte ich mehr loben, sie mehr hinaufheben, ihr mehr vertrauen sollen und ihr mehr Selbstständigkeit geben können. Manchmal habe ich das Gefühl, ich habe sie da ein bisschen alleine gelassen. Gewollt war das nicht.

Familiendynamik

Dass Buben ganz anders sind als Mädchen, jedenfalls in meiner Familie, wäre mir nicht eingefallen. Ich war der Meinung, dass vieles anerzogen ist und natürlich ungerecht. Aber meinen Buben konnte ich sagen: „Entweder du machst das so oder es gibt Zores. Oder: Entweder du isst das jetzt oder du kriegst gar nichts." Die Buben akzeptierten das; sie haben zwei Möglichkeiten und wählen eine. Wenn ich aber die Tochter vor so eine Wahl gestellt habe, wie ich es bei den Buben ja gewohnt war, dann hat sie mich mit großen Augen angeschaut, ist zusammengebrochen und hat geweint. Und ich habe nicht mehr gewusst, was ich tun sollte. Langsam habe ich dann gemerkt, meine Töchter wollen etwas aus Liebe machen. Sie wollen mir eine Freude machen, nicht gezwungen werden. Bei den Buben geht das ganz einfach: So oder so, wähle aus, Punkt. Bei den Mädchen ist das anstrengender. Viel komplizierter.

Ich war schon der Meinung, dass ich Maria besondere Aufmerksamkeit schenke, weil sie so allein war. Das einzige Mädchen sechs Jahre lang. Immer wenn ich sie so angeschaut habe, habe ich innerlich gelächelt. Ich habe mich einfach gefreut. Ich glaube, es war für mich immer klar, dass sie ein selbstständiger, ganz eigener Mensch werden sollte. Irgendwie war aber auch klar, dass dieser eigenständige Mensch eine Kopie von mir wird, eine bessere Kopie als das Original. Ich habe nicht damit gerechnet, dass sie ganz anders wird als ich. Und ich habe nicht damit gerechnet, dass sich da so ein starker Drang entwickelt, sich zu beweisen.

Ich will nicht sagen, dass sie mich nie verstanden hat, aber sie hat alles von mir in Zweifel gezogen. Was immer ich getan habe, aus welcher Motivation auch immer, sie hat es angezweifelt. Noch schlimmer, sie hat meine Motive angezweifelt. Offen ausgesprochen hat sie die Kritik erst mit 18 Jahren. Dann aber hat sie gemeint, es sei auch schon vorher meist unerträglich gewesen – für mich ein Schock. Mein ganzes Luftschloss ist zusammengebrochen. Ich glaube, sie hat alles, was ich jemals getan habe, im Nachhinein noch sehr streng bewertet.

Seit ihrem 18. Geburtstag gibt es keine heile Welt mehr für mich. Da ist sie zu einem Freund gezogen, dann wieder zurückgekommen, dann wieder weggegangen, obwohl sie gewusst hat, dass ich damit gar nicht einverstanden war. Sie wollte unbedingt, dass ich anerkenne, was sie macht. Prinzesschens Rebellion war in dieser Zeit schon sehr anstrengend und ganz unterschiedlich zu den Burschen. Ich musste mich da ganz neu ausrichten und wusste nicht, wie ich das tun sollte. Wenn ich mir das jetzt so überlege, hätte ich sie sicher anders behandeln können, mehr auf sie eingehen sollen. Es herrschten schon sehr raue Sitten unter den Geschwistern. Vielleicht hätte ich auch mehr Frauen- oder Mädchengespräche mit ihr führen sollen. Aber das liegt mir nicht, das habe ich nie getan, auch früher selbst nicht.

Eifersucht

Meiner Prinzessin fehlt es ganz zu Unrecht großteils an Selbstwert-
gefühl und Selbstvertrauen. Das verstehe ich nicht. Wahrscheinlich
bin auch ich wieder schuld daran. Immer glaubt sie, allen anderen
werde mehr Beachtung geschenkt als ihr. Auch heute noch. Es heißt
dann: „Mit mir hast du noch nie so lange telefoniert." Oder: „Mich
hast du nie von der Schule abgeholt." Im Nachhinein fragt man sich
ja immer, was man da falsch gemacht hat. Wenn es deinem Kind
nicht gut geht, steht da immer der Gedanke im Vordergrund: „Ist es
einfach so oder habe ich dazu beigetragen. Und wenn ja, was?"

Ich war ja lange berufstätig, auch mit den vielen Kindern. Für
mich war es irgendwie eine Flucht. Ich habe das für meine Selbstständigkeit getan, für mein Ego. Ich habe an einer Schule unterrichtet und hatte einen Lehrauftrag an der Universität in Wien. Als ich
einmal vor dem Bildschirm am PC einen Sekundenschlaf hatte, war
klar: So geht das nicht, das ist es nicht wert. Ich habe alle meine
Anträge an der Universität zurückgezogen und bin bei den Kindern
zu Hause geblieben.

Dann kam das zweite Töchterlein, der Sonnenschein. Damals
war Prinzessin sechs Jahre alt und das liebste und schönste Mädchen
auf der Welt. Sonnenschein ist ganz anders in ihrem Wesen. Sie hatte
diese Gabe, einfach zu lächeln und über das ganze Gesicht zu strah-
len. Alle haben sofort positiv auf sie reagiert. Sie war ein Sternchen,
immer lieb, hat immer zugehört. Mit ihr konnte man reden. Sie war
genau so, wie man sich ein Mädchen vorstellt.

Und bei ihr war ich ja um viele Erfahrungen reicher. Da habe
ich schon gewusst, dass dieses Entweder-oder wie bei den Buben bei
Mädchen eben nicht geht. Ich habe immer ein wenig abfällig auf
die soziale Kompetenz der Männer herabgeschaut. Wenn man aber
beobachtet, wie Männer mit Frauen umgehen, Väter mit ihren Töchtern – da kann man schon etwas lernen. Meinem Mann ist es immer

wieder gelungen, die Mädchen zum Lachen zu bringen, alle. Ich habe mir die Haare gerauft und bin kampflustig in den Zickenkriegsring gestiegen, aber er hat alle zum Lachen gebracht. Umgekehrt konnte ich die Buben dazu bringen, das zu machen, was ihr Vater wollte. Das ist anscheinend die ewige Konkurrenz zwischen Vater und Söhnen – wer ist hier der Chef? Da geht es zum Beispiel sogar um den Vorsitz am Tisch. Immer gibt es einen Kampf um die Vorherrschaft bei Männern. Bei uns Frauen spielt sich das schon subtiler ab.

Die zweite Tochter hat bis jetzt nie so richtig rebelliert, jedenfalls habe ich das nie so empfunden wie bei Prinzessin. Auch diese starke Geltungssucht gibt es zwischen ihr und mir nicht. Aber vielleicht lasse ich mich auch gar nicht mehr darauf ein. Es scheint alles viel unkomplizierter zu sein. Natürlich gibt es Bereiche, bei denen ich auch bei der zweiten Tochter nichts mitzureden habe. Oft aber kann ich ihr offen meine Meinung sagen. Wenn Sonnenschein mich kritisiert, empfinde ich das als nicht so tragisch. Auf die Art, wie sie es sagt, und den Ton, in dem sie es sagt, reagiere ich anders. Bei Prinzessin geht das noch nicht wirklich.

Mit Prinzessin ist das viel schwieriger. Da muss ich mich immer bewusst zurücknehmen und mir denken: „Macht nichts." Prinzessin ist einfach in ihrer Persönlichkeit anders. Das verstehst du nicht, nimm es nicht so, sondern interpretiere, was sie sagt. Zwar lobe ich sie jetzt viel mehr, weil ich mir bewusst mache, dass es genug Gründe dafür gibt, aber dann passiert es doch wieder: Ich komme spät nach Hause, das Abendessen ist noch nicht fertig. Ich bitte sie, mir zu helfen. Darauf sie: „Ich komme doch nicht nach Hause, um auch noch zu arbeiten." Darauf ich: „Was soll das schon für eine Arbeit sein?" Da schmeißt sie dann alles hin und geht weg. Drei Tage beantwortet sie meine Anrufe nicht und ich leide wieder. Inzwischen bin ich aber auch schon so bescheiden geworden, dass ich anrufe, obwohl ich weiß, dass sie nicht abhebt, nur um ihr und wahrscheinlich auch mir das Gefühl zu geben, ich kümmere mich um sie. Ich bemühe mich wirklich, aber es passiert mir immer wieder, dass Prinzessin negativ reagiert. Etwa so: „Du bist aber heute schön angezogen" Sie: „Heißt das, ich bin sonst nicht gut angezogen?" Ich muss immer darauf achten, was ich sage.

Hassliebe

Ich weiß eben einfach nicht, wie sie reagieren wird. Bei jeder Kleinigkeit kann sie in den Widerstand gehen beziehungsweise explodieren. Am Anfang habe ich mir das nicht gefallen lassen. Das war schlecht. Es gab immer einen Kampf, geholfen hat er nicht. Und dann fällt mir wieder auf, und das verwundert mich wirklich, dass sie mich spiegelt. Wenn sie sich herrichtet, wenn sie Menschen unterhält, wenn sie ihre Meinung vertritt, das Bild also, das sie von sich zeigt, ist wie ein Abbild von mir. Vielleicht will ich sie auch als mein Abbild sehen, als meine Chance, jetzt keine Fehler zu machen. Ich habe wirklich geglaubt, sie würde eine perfekte Form von mir. Das war natürlich eine Vorgabe, die sie nicht erfüllen konnte. Natürlich weiß ich, sie sollte ihre eigene perfekte Form werden und nicht meine. Sie muss ja nicht ich werden. Das ist mir schon klar. Das alles weiß man ja – theoretisch. Eigentlich will man ja auch keine unselbstständige, abhängige Kopie. Aber wahrscheinlich verhält man sich unbewusst so, ohne es zu wollen. Jedenfalls ich.

Ich weiß, dass sie mich liebt, aber keinesfalls so sein will wie ich. Sie arbeitet schwer daran, sich selbst zu finden und diesen Spagat zu schaffen. Ich weiß auch, das ist nicht leicht. Ich habe ein paar Hürden vorgelegt, ein Doktorat, eine wirklich große Familie und noch dies und das. Das ist vielleicht ein Problem für meine Kinder. Wenn sie nämlich glauben, sie können diesen Ansprüchen ohnehin nicht gerecht werden, dann werten sie ab, was sie an mir sehen.

Um meine Liebe haben die zwei Schwestern nicht gekämpft. Für Prinzesschen war die Jüngere lange Zeit keine Konkurrenz. Es waren ja sechs Jahre zwischen ihnen. Es war vielmehr so, dass die Ältere die Jüngere irgendwie terrorisiert, an ihr ihren Frust abgeladen hat. Sonnenschein durfte dies nicht und jenes schon gar nicht. Schließlich habe ich sie getrennt, ihnen verschiedene Zimmer gegeben. Dann denkt man nach, warum Prinzessin ihre Schwester wohl so behandelt hat, und hofft, dass sie es nicht von einem selbst gelernt hat.

Die dritte Tochter ist das Nesthäkchen und wieder ganz anders. Um die Kleine haben sich alle gestritten. Alle Kinder haben sich an ihr aufgeladen. Wenn sie traurig waren, hat die Kleinste immer gelächelt, war immer lustig, immer nett. Und das ist bis jetzt so. Es gibt überhaupt keine Probleme. Das kommt wahrscheinlich alles noch. Prinzessin hat die Kleinste nur positiv wahrgenommen, da gab es gar keine Konkurrenz.

Platz in der Familie

Eines ist gewiss: Prinzessin hat sicher einen größeren Rucksack aus der Kindheit mitbekommen als die beiden anderen Töchter. Die anderen hatten ja auch schon die große Schwester, eine Vorkämpferin. Bei Prinzessin habe ich ja noch so reagiert wie bei ihren Brüdern und nicht verstanden, warum das nicht funktioniert, warum etwas bei ihr anders sein sollte. Warum ich so gedacht habe? Ich weiß es nicht. Es wäre halt viel einfacher gewesen, alle gleich zu behandeln.

Der Platz in der Familie spielt schon eine große Rolle. Man hat gar keinen Einfluss darauf, aber an der wievielten Stelle man in so eine Großfamilie hineingeboren wird, prägt einen sehr. In dem Familienverband ist Prinzessin diejenige, die das meiste Drama liefert – musste sie auch zwischen ihren sechs Brüdern. Sie wäre sonst untergegangen. Die Jüngere hat sicher daraus gelernt, einen anderen Weg gefunden und macht ihre Sachen ganz ohne Drama. Auch sie macht Dinge, die ich nicht gutheiße, aber ohne viel Aufheben. Inzwischen habe auch ich gelernt, dass ich manches ohnehin nicht ändern kann. Die Kinder müssen ihre Entscheidungen schon selbst treffen. Sie werden es auch ohne meine Kommentare schaffen.

Vielleicht ist bei Prinzessin dieses Vertrauen zu kurz gekommen. Heute kann ich manchmal sogar mit ihr darüber reden. Aber erst jetzt kommt die Zeit, in der das möglich ist, früher war das undenkbar. Selbst jetzt muss ich noch peinlich genau den richtigen Zeitpunkt treffen und die richtigen Worte. Wir haben viele Scherben hinterlassen, meine Prinzessin und ich. Manchmal ist sie lieb und gesteht mir zu, dass ich mich früher bemüht habe. Und dann bin ich dankbar und alles bekommt wieder einen Sinn.

Verständnis

Jetzt muss ich eigentlich mit der Person Frieden schließen, die sie aus sich macht, Abschied nehmen von der Person, die sie in meinem Kopf ist, und versuchen, sie so zu sehen, wie sie sein will.

Wie gehe ich damit um? Wenn ich loslasse, löst sich schon vieles auf, wird besser. Es dürfen nur nicht bestimmte Worte fallen, sonst kommt es wieder zu Assoziationen und der Konflikt geht erneut los. Wenn ich wüsste, welche diese Worte sind, wäre es leichter für mich. Wenn ich nicht achtsam bin, komme ich wieder in das gleiche Fahrwasser, falle immer wieder zurück in meine gewohnten, wertenden Gesten und Worte. Manchmal kann ich auch gut mit ihr reden, dann liegt eine ungewohnte Ruhe über unserem Gespräch. Wichtig ist dann, dass ich ehrlich bin, dass ich auch tatsächlich meine, was ich sage. Mein innerstes Bedürfnis ist es, mit ihr das Gespräch zu suchen, aber nicht nur oberflächlich, sondern über das, was ich wirklich empfinde. Es reicht nicht, nur Fehler einzugestehen oder belangloses Zeug zu reden. Sie merkt sofort, wenn ich nur oberflächlich daherrede. Ich muss schon wirklich meinen, was ich sage.

Ich habe das Gefühl, sie versteht mich heute besser, findet das Vergangene aber nach wie vor nicht so berauschend. Und dann höre ich plötzlich so nebenbei von meiner Mutter, wie toll meine Prinzessin mich eigentlich findet. Dann verstehe ich schon wieder nichts und freue mich trotzdem ganz vorsichtig.

Eine Tendenz zur Kampfhaltung ist auch bei mir unterschwellig da. Der Grund dafür liegt vielleicht in meiner Entscheidung, mich nur mehr um die Kinder zu kümmern. Mir hat dadurch die Bestätigung von außen gefehlt. Da wollte ich mich nicht auch noch von meiner Tochter kritisieren lassen. Sätze wie „Was tust du schon" und „Du hast ja nicht einmal eine Arbeit" haben mich verletzt. Deshalb kommt diese Kampfhaltung schon auch von mir und nicht nur von ihr.

Jeder stellt sich das Leben anders vor, als es kommt. Und jeder denkt sich zeitweise, es hätte auch besser sein können. Man grübelt ohnehin dauernd über seine Entscheidungen und sieht im eigenen Leben vieles kritisch. Ich war aber eigentlich nie gewillt, mich von meinen Kindern kritisieren zu lassen. Dagegen habe ich mich gewehrt, obwohl es ja nur natürlich ist, dass deine Kinder dir sagen, was du alles schlecht machst. Im Grunde war ich mit meinem Lebensweg und den vielen Kindern sehr zufrieden, obwohl ich immer gewusst habe, dass Teile der Gesellschaft mich für gestört halten. Damit wurde ich auch konfrontiert und damit kann ich umgehen. Aber dass meine eigenen Kinder meine Intelligenz anzweifeln, damit habe ich nicht gerechnet und das wollte ich bestimmt nicht hören. Dann gehe ich nicht nur auf Defensive, sondern auf Angriff.

Ich wollte alle meine Kinder. Kinderkriegen ist etwas so Unglaubliches. Es gibt eigentlich nichts Fundamentaleres. Mit jedem Kind macht man die Welt vollkommener. Man wirkt bei etwas Großartigem mit. Es war beim ersten Kind unglaublich und bei jedem weiteren genauso unfassbar. Das ist wie bei einem Drogenabhängigen. Der Entzug war für mich dann, als keine Kinder mehr gekommen sind. Jede Geburt war so ein Kick, der alles möglich gemacht hat. Das Kind gehört irgendwie ganz zu einem, besser – man ist mit ihm einfach eins. Das ist überwältigend.

Jedes Kind eröffnet eine neue Welt, konkurrenzlos. Ich suche immer Bilder dafür, wie zum Beispiel: Ich habe meine Welt, und dann sind da die Türen in die Welt meiner Kinder. Sie brauchen sie mir nur zu öffnen und ich kann eintauchen, ich kann einfach hineingehen. Da gibt es keine Tür oder keine Welt, die weiter weg ist von mir oder näher. Es gibt Gespräche, Stunden, Minuten, in denen man sich mit einem Kind ganz innig versteht, mit einem anderen zu einer anderen Zeit. Da existieren keine Abstufungen, das sind ganz unterschiedliche Welten, alle gleich viel wert.

Emotionales Gedächtnis

Wenn man dann auf Entzug ist, weil man keine Kinder mehr gebärt, kommt die Ernüchterung. Jetzt fehlt dir ohnehin schon der Kick und dann zweifelt auch noch die eigene Tochter alles an, was du gemacht hast: „Warum hast du so viele Kinder bekommen, wenn du doch total überfordert bist? Du bist selbst schuld, du hast dir diese viele Arbeit ja selbst ausgesucht." Dann gibt es da für mich schon Grenzen. Meine Prinzessin hat immer genau gewusst, wie sie mich trifft.

Beim achtzigsten Geburtstag meiner Mutter habe ich eine Rede gehalten. Da habe ich es erkannt und gesagt, dass meine Mutter „die erste große Liebe meines Lebens" ist. Da erst ist mir das bewusst geworden, und auch, dass es ja eigentlich für jedes Kind so ist. Die Mutter ist die Erste, die das Kind in die Arme schließt. Im Laufe des Lebens wird das aber durch Kleinigkeiten, die eine oder andere Ungerechtigkeit oder Missverständnisse oder Konkurrenzverhalten ganz verdeckt. Man vergisst dieses erste Gefühl so schnell und muss tief graben, um es wiederzufinden. Jetzt ist es für mich ganz toll, zu wissen, wer die erste große Liebe meines Lebens ist. Und ich bin ihr echt dankbar.

Wahrscheinlich kommt es zu vielen Konflikten, weil es diese enge innere Verbindung gibt. Mit meiner eigenen Mutter habe ich erst zu ihrem achtzigsten Geburtstag endgültig und ohne jegliche Vorbehalte vollkommen Frieden geschlossen. Ich hätte das schon viel früher machen sollen. Den Streit habe ich mit meiner Mutter nie gesucht, mein Weg war, ihm auszuweichen. Ich habe immer versucht, wegzugehen.

Meine Schwester war ganz anders, hat immer Aufregung und Drama verursacht. Ähnlich ist das bei meiner Prinzessin. Wahrscheinlich rege ich mich auch deshalb so auf, weil mich Prinzesschens Verhalten an meine Schwester erinnert. Dann kann ich richtig ärgerlich werden, obwohl ich weiß, dass es mit meiner Tochter an sich nichts zu tun hat. Sie kann nichts dafür. Da geht es um emotionale Erinnerung. Das ist mir erst unlängst neuerlich bewusst geworden. Wieder und wieder hat sie mir vorgehalten, was ich falsch gemacht habe. Ich: „Schau, ich sehe das ja ein, aber es genügt, wenn du es einmal sagst. Gib mir die Möglichkeit, darüber nachzudenken. Du kannst nicht von mir verlangen, dass ich sofort auf die Knie falle. Sage es mir ein Mal, dann sei aber bitte still." Meine Schwester hat Dinge auch ständig wiederholt. Damit kann ich nicht umgehen.

Seit Neuestem habe ich mir angewöhnt, es auch zu meinen Kindern zu sagen: „Ich kann damit nicht umgehen." Das hilft. Wenn Prinzessin sich benimmt wie meine Schwester, dann löst das bei mir die Emotionen von früher aus. Ich komme mir dann vor wie das kleine Kind von damals. Meine Schwester ist eineinhalb Jahre älter als ich und hat mir meist das Leben schwer gemacht. Wer daran schuld ist, lässt sich auch nicht mehr sagen – beide wahrscheinlich oder keiner.

Es stimmt schon, dass ich mit der mittleren Tochter leichter reden kann. Da sind viel weniger Emotionen im Spiel. Bei Prinzessin krieg ich die Krise und sie kann eigentlich gar nichts dafür. Wahr ist aber auch, dass man mehr Berührungspunkte mit einem Kind hat, das dich dauernd herausfordert. Man kennt dieses Kind gewiss auch besser als die anderen, die nicht so viel Aufmerksamkeit einfordern. Bei mir hält sich meist alles in der Waage – je mehr Konflikt, desto mehr Entspannung.

Lösung

Irgendwie ist meine Prinzessin gerade dabei, alles zu schaffen. Natürlich hat sie geglaubt, sich ganz distanzieren zu müssen, und ist ihren eigenen Weg gegangen. Es hat mich manche Träne gekostet, aber nun kommt sie langsam zurück. Sie will meine Meinung hören oder über etwas reden. Ich muss zwar nach wie vor aufpassen, was ich sage, sonst drücke ich so im Vorübergehen wieder einen Auslöser für den nächsten Konflikt. Aber wir schaffen das schon. Wenn es mir gelingt, sie in meinen Mittelpunkt zu stellen, sie anzunehmen, dann ist sie perfekt. Dann strahlt sie wie eine Königin. Ich merke schon, die Situation wird immer ruhiger. Ab und zu sagt sie mir auch etwas Nettes, manchmal aber auch noch was ganz Schlimmes. Ich muss einfach einmal nur zuschauen, nicht urteilen und bewerten.

Ich habe nicht damit gerechnet, dass meine Kinder mich erziehen werden, aber so richtig geschadet hat es mir nicht! Mit Prinzessin wird es bald ganz wunderbar werden. Ich muss nur meine Hürden überwinden.